新装増補

教行信証を読む

桜井鎔俊

法藏館

はしがき

本書は、桜井鎔俊《さくらいようしゅん》和上《わじょう》が昭和五十六年（一九八一）から昭和六十三年（一九八八）にかけて、八年間で七回十四日間の講義で語られたものであります。

和上は、知的理解を離れ身体《からだ》で会得《えとく》する「要藉会《ようせきかい》」という念仏実践の集いを毎月もたれていた。そのかたわら、能登在住のころは、寺院子弟のために「成蹊学会《せいけいがっかい》」という仏教学・真宗学についての学問の会を結ばれておられたが、東京に移られてからは、「現代仏教学会」として再出発し、春秋年二回の修学会をもち、『浄土論註《じょうどろんちゅう》』『選択集《せんじゃくしゅう》』に続いて、最後にこの『教行信証』ご自釈《じしゃく》の講義をしていただいた。

最後の講義から七カ月後の平成元年四月二十九日、親鸞聖人と同じ九十歳でご往生された。和上は病床にあっても、「『教行信証』を人間の知性で解釈するまちがいをおかしている」といつもつぶやかれ、また、「原稿整理が遅かった、遅かった」と話されていた。

力不足でも、師の願いを完遂《かんすい》することが子弟の責任だと、当初は二年計画で始めた作業も、月一回一泊二日の原稿整理の会議では計画どおり進まず、結局、四年二カ月五十三回の会合を福井県でもつこととなった。お念仏相続《そうぞく》で始まり、会議中もお念仏は絶えることなく、そしてお念仏で終わる。紙数の都合でやむなく削らねばならなくなり、「和上さん、ごめんなさいや」との声もしばしば。和上のお言葉にうたれて、「あー、ありがたいなー」と感激にひたることもたびたびであった。

お念仏という法眼《ほうげん》（真実の眼《まなこ》）に照らされて、この世のすがたや人間の奥底を、生涯かけて見とおされた聖人のお心は尊くありがたい。『教行信証』には、大乗仏教の真髄はもとより、後世の私たちへのこまかなご注意までもが書かれていることを、この講義で初めて気づかせていただいた。とくに今日、真宗で多い「私は、阿弥陀如来に確かにまちがいなくたすけてもらえる、と信じておるんだからこれで安心だ」という信仰に対しては、「これは危険な信仰だと思います……」と、まちがえることのないよう明快にこたえられておられます（本書七一頁）。

この『教行信証』は、親鸞聖人の主著であり仏教の真髄の書かれている本でありながら、高度な内容のためか、一般の人からは敬遠されている。「一般の人でもわかりやすいように、かみくだいた注釈書がほしいという長年の要望にこたえたい」との和上の願いであったので、法藏館から出版する普及版では、なるべく平易なところを選び抜いて編集した。講義全体を知りたい方は、保存版が真々園から発行されているので、そちらをご覧いただきたい。

『行巻』と『信巻』の間に書かれていて、その部分だけがとくに広く読まれている「正信念仏偈」は、親鸞聖人の深い宗教体験から「仏教とは念仏である」と讃嘆された、うた（偈）であります。しかし、このうたは『教行信証』の中身を明らかにすることで十分に味わうことができ、必要最小限にとどめられたこの講義では省略もやむを得ないものでした。

本書の講義全体には、『教行信証』の最後に書かれてある「無辺《むへん》の生死海《しょうじかい》を尽《つ》さんがため」という親鸞聖人の宗教的祈りがそのまま脈打っている。「あの人もこの人も、ほんとうの幸せの身になってほしい」と願われた和上の最後の「還相回向《げんそうえこう》のリハーサル」（一八八頁）であった、といただいています。本書によって、一人でも親鸞聖人のほんとうのお心にお遇《あ》いしていただけるならば、編集者にとってこれほどの喜びはありません。

平成七年四月成就日

編集委員一同

目次

〈凡例〉この本を読まれる前に

1. 聖典は、原則として本願寺出版社発行の『浄土真宗聖典註釈版』と『浄土真宗聖典七祖篇』を、その他は大八木興文堂発行の『真宗聖教全書』を使用した。ただし、和上は講義の際『教行信証明暦本』を使われた。

2. (聖典〇〇頁)とあるのは『浄土真宗聖典註釈版』の頁をさす。(〇〇頁)とあるのは本書の頁をさす。

聖典の表記について。『教行信証』については、【 】でくくった。文の途中からの引用、また、途中から省略の場合は、「……」で示した。促音は小さく表記し、歴史的かなづかいは現代かなづかいに直した。例、「もつて→もって、すくひ→すくい、ゆゑに→ゆえに、すなはち→すなわち、おほよそ→おおよそ、たまう→たもう」など。

3. ( )内の注はすべて編集段階でおぎなった。短文の場合はその直後に、長文の場合は節末に記した。参考書としては、次の辞書を使った。

『仏教大字彙』(龍谷大学編、冨山房)/『真宗辞典』(河野法雲・雲山龍珠編、法藏館)/『仏教辞典』(中村元・福永光司・田村芳朗・今野達編、岩波書店)/『仏教語大辞典』(中村元著、東京書籍)/『浄土真宗聖典』巻末註(本願寺出版社)/『学僧逸伝』(井上哲雄著、永田文昌堂)/『真宗新辞典』(金子大榮・大原性実・星野元豊編、法藏館)

4. 一般には『教の巻』『教巻』のようにどちらも使われるが、本書では『教巻』のように各巻統一した。

5. 「法然聖人」の表記は、真宗では一般に「法然上人」と書く慣わしになっているが、親鸞聖人、覚如上人、蓮如上人らの著述にならって「法然聖人」とした。

6. 仏さまの分別をこえた「智慧」と、人間の分別から出る「知恵」は、文字で区別した。

7. 蓮如上人のお手紙を集めたものを、大谷派（お東）では『御文』、本願寺派（お西）では『御文章』と表記するので、和上の工夫で『御文章』と書き、「おふみ」とふりがなをつけた。

8. 本文中に出てくる『真仏教』とは、真仏教協会（一九六〇―一九九〇年）から出された月刊雑誌のこと。現在、真々園から復刻版が出されている。

教行信証を読む

はじめに

親鸞聖人のように信じ、親鸞聖人のように生活しよう

真宗学というものはどういうものかといいますと、親鸞聖人の思想ならびにそのご信仰を、聖人のご著述をとおし、あるいはみ跡《あと》を慕《した》いこれを究《きわ》めて、われわれもまた聖人のごとく信じ、聖人のごとく生活しようということを目的として学ぶものだ、と私は定義をしてみたいと思っております。

今日、一般に真宗というものは親鸞聖人が開かれたものだといいながら、親鸞聖人がなにをどう信ぜられた、どう教えられた、ということになってくると、知らないのがほんとうじゃないかと私は思うのです。なにを知っているのかというと、蓮如上人《れんにょしょうにん》の教えを知っている。これはね、江戸時代以来、お説教をするときには、蓮如上人の教えを基礎にして説いて聞かせようということに、ずっとなってきているわけです。*七里和上《しちりわじょう》が大勢の人を教えられたけれども、それも蓮如教学であって、親鸞教学ではないと、私は思う。

なぜ蓮如教学をもって代用させるかというと、蓮如教学ほどわかりやすいものはないんです。まことに一目瞭然、簡明直截《かんめいちょくさい》そのものであって、こんなわかりやすい教えはない。難《むず》しければひろま

らんのですけれども、わかりやすかったからひろまった。とくに農民層に真宗がひろまったということは、いかにこの蓮如教学というものがわかりやすい簡明直截な教学であったかということを、証明して余りあるものがあります。禅などは非常に難しいですから、武士など指導者階級にひろまって、庶民のものにならなかった。真宗の教えが庶民層にひろまったということは、わかりやすいということがあったと思われます。それならば、親鸞教学はおろそかにされていたか、というとけっしてそうではない。一部の学者の間では孜孜《しし》として（熱心に）究められていたけれども、あまり難しいものですから、それを庶民のものにすることができなかったのが事実であろうと思われます。

こういうふうに、親鸞聖人が真宗を開かれたといいながら、蓮如上人を代用させて、「これが真宗である、これが親鸞の教義・信仰である」と今までやってきたと思うんです。これはおかしな話でしょ。親鸞教学と蓮如教学とまったく同じであればそれでもいいんですけれど、非常に違ったところがある。そこを明確にせずに蓮如教学を代用させて、これが親鸞教学だと思わせてきたということを、今ここにわれわれは是正《ぜせい》しなければならないところへきたと思っているんです。

＊七里和上——七里恒順《ごうじゅん》、一八三五—一九〇〇。福岡県博多万行寺住職。世間では日本の念仏の中心地ともいわれ、門前には三十軒あまりの万行寺参詣のための旅館が並んだ。村田静照和上（桜井和上の師。四三頁参照）の師。「和上」とは、和合衆（サンガ）のリーダーとなって上に立つ人。善《よ》き師として人びとから慕《した》われ、尊ばれる人につけられる敬称。典拠は『涅槃経《ねはんぎょう》』の「聖行品《しょうぎょうぼん》」にある。

総序

『教行信証』は、『教巻』、『行巻』、『信巻』、『証巻』、『真仏土巻』、『化身土巻』の六巻からなりたっており、その序文を「総序」の文《もん》（聖典の文章）といいます。桜井和上は、「総序」と「別序」と「後《ご》序《じょ》」について講義をされておられないが、おそらくご自釈の講義をひととおり終えられてから、総まとめとして講義されるつもりではなかったかと推測されます。

如来の智慧と慈悲のかたまりである南無阿弥陀仏は、いかんともし難い迷いのわれわれを自然にさとりの身へ転換させてくださるといわれて、「この南無阿弥陀仏につかえ、ただ信のハタラキをあおいでゆけ」とすすめておられる「総序」の文は、宗教的感動に満ちあふれている表現でありますす。それは「後序」に、「悲喜の涙を抑《おさ》えて」（聖典四七三頁）とあるとおりです。

和上のお心は、『教行信証』の言葉の知的解釈ではなく、お念仏を称えながら何回でも何十回でも読むことにより、聖人のお心に直結してゆくところにあったといただいています。よって、本書では親鸞聖人の三つの序文を延《の》べ書《が》きにしたものを挙《あ》げるだけにとどめておきます。その内容は、『教巻』以下六巻の和上の講義を味読していかれるうちに、おのずと明らかになってくるはずです。『信巻』の「別序」についても、聖人がいかに『信巻』を重要視されたかは、「三法門と四法門」（一五五頁参照）の中に講義されているので、延べ書きを挙げるにとどめます。（編集委員）

【顕浄土真実教行証文類《けんじょうどしんじつきょうぎょうしょうもんるい》 序《じょ》】

ひそかにおもんみれば、難思《なんじ》の弘誓《ぐぜい》は難度海《なんどかい》を度《ど》する大船《だいせん》、無碍《むげ》の光明《こうみょう》は無明《むみょう》の闇《あん》を破《は》する恵日《えにち》なり。しかればすなわち浄邦縁熟《じょうほうえんじゅく》して、調達《じょうだつ》（提婆達多）、闍世《じゃせ》（阿闍世）をして逆害《ぎゃくがい》を興《こう》ぜしむ。浄業機彰《じょうごうきあらわ》れて、釈迦《しゃか》、韋提《いだい》をして安養《あんにょう》を選《えら》ばしめたまえり。これすなわち権化《ごんけ》の仁《にん》、斉《ひと》しく苦悩《くのう》の群萠《ぐんもう》を救済《くさい》し、世雄《せおう》の悲《ひ》、まさしく逆謗闡提《ぎゃくほうせんだい》を恵《めぐ》まんと欲《おぼ》す。ゆえに知《し》んぬ、円融《えんにゅう》至徳《しとく》の嘉号《かごう》は悪《あく》を転《てん》じて徳《とく》を成《な》す正智《しょうち》、難信金剛《なんしんこんごう》の信楽《しんぎょう》は疑《うたがい》を除《のぞ》き証《さとり》を獲《え》しむる真理《しんり》なりと。

しかれば凡小修《ぼんしょうしゅ》し易《やす》き真教《しんきょう》、愚鈍《ぐどん》往き易《やす》き捷径《せっけい》なり。大聖一代《だいしょういちだい》の教《きょう》、この徳海《とくかい》にしくなし。穢《え》を捨《す》て浄《じょう》を欣《ねが》い、行《ぎょう》に迷《まど》い信《しん》に惑《まど》い、心昏《こころくら》く識寡《さとりすくな》く、悪重《あくおも》く障多《さわりおお》きもの、ことに如来《にょらい》（釈尊）の発遣《はっけん》を仰《あお》ぎ、かならず最勝《さいしょう》の直道《じきどう》に帰《き》して、もっぱらこの行《ぎょう》に奉《つか》え、ただこの信《しん》を崇《あが》めよ。ああ、弘誓《ぐぜい》の強縁《ごうえん》、多生《たしょう》にも値《もうあ》いがたく、真実《しんじつ》の浄信《じょうしん》、億劫《おくこう》にも獲《え》がたし。たまたま行信《ぎょうしん》を獲《え》ば、遠《とお》く宿縁《しゅくえん》を慶《よろこ》べ。もしまたこのたび疑網《ぎもう》に覆蔽《ふへい》せられれば、かえってまた曠劫《こうごう》を経歴《きょうりゃく》せん。誠《まこと》なるかな、摂取不捨《せっしゅふしゃ》の真言《しんごん》、超世希有《ちょうせけう》の正法《しょうぼう》、聞思《もんし》して遅慮《ちりょ》することなかれ。
　ここに愚禿釈《ぐとくしゃく》の親鸞《しんらん》、慶《よろこ》ばしいかな、西蕃《せいばん》・月支《げっし》の聖典《しょうてん》、東夏《とうか》・日域《じちいき》の師釈《ししゃく》に、遇《あ》いがたくしていま遇《あ》うことを得《え》たり、聞《き》きがたくしてすでに聞《き》くことを得《え》たり。真宗《しんしゅう》の教行証《きょうぎょうしょう》を敬《きょう》信《しん》して、ことに如来《にょらい》の恩徳《おんどく》の深《ふか》きことを知《し》んぬ。ここをもって聞《き》くところを慶《よろこ》び、獲《う》るところを嘆《たん》ずるなりと。】

（聖典一三一頁）

難思の弘誓――思いはかることのできない広大な誓願。／難度海――渡ることが難しい迷いの海。／浄邦縁熟して――釈尊が浄土の教えを解き明かす機縁が熟して。／浄業機彰れて――浄土往生の行業を修するにふさわしい機類があらわれて。／世雄――仏の尊称の一。仏は煩悩を断じ、魔を征服する世の雄者であるから、このようにいう。／円融至徳の嘉号――万物一如という完全にして最高の徳を備えた名という意。阿弥陀仏の名号のこと。／捷径――近道。／大聖――釈尊。／しくなし――及ぶものはない。／発遣――釈尊がこの世から浄土への往生を勧めること。／多生にも値いがたく――いくたび生を重ねても容易にあえるものではなく。／億劫――百千万億劫の略。無限に長い時間をあらわす。／疑網に覆蔽せられば――疑いの網におおわれるならば。／経歴――ここでは流転をくり返すこと。／聞思して……――本願のいわれを聞きひらき、疑いためらってはならない。／西蕃・月支――現在のインドとパキスタン・アフガニスタン地域。／東夏・日域――中国と日本。

教巻

愚《ぐ》禿《とく》釈《しゃく》親鸞《しんらん》集《しゅう》

【顕浄土真実教文類《けんじょうどしんじつきょうもんるい》 一

つつしんで浄土真宗《じょうどしんしゅう》を案《あん》ずるに、二《に》種《しゅ》の回向《えこう》あり。一《ひと》つには往相《おうそう》、二《ふた》つには還相《げんそう》なり。往相《おうそう》の回向《えこう》について真実《しんじつ》の教行信証《きょうぎょうしんしょう》あり。

それ真実《しんじつ》の教《きょう》を顕《あらわ》さば、すなわち『大無量寿経《だいむりょうじゅきょう》』これなり。この経《きょう》の大意《たいい》は、弥陀《みだ》、誓《ちかい》を超《ちょう》発《ほっ》して、広《ひろ》く法蔵《ほうぞう》を開《ひら》きて、凡小《ぼんしょう》を哀《あわ》れんで選《えら》んで功徳《くどく》の宝《ほう》を施《せ》することを致《いた》す。釈迦《しゃか》、世《よ》に出興《しゅっこう》して、道教《どうきょう》を光闡《こうせん》して、群萌《ぐんもう》を拯《すく》い恵《めぐ》むに真実《しんじつ》の利《り》をもってせんと欲《おぼ》すなり。ここをもって如来《にょらい》の本願《ほんがん》を説《と》きて経《きょう》の宗致《しゅうち》とす、すなわち仏《ぶつ》の名号《みょうごう》をもって経《きょう》の体《たい》とするなり。】

（聖典一三五頁）

心と形

『教行信証』（正しくは『顕浄土真実教行証文類《けんじょうどしんじつきょうぎょうしょうもんるい》』という）全体のアウトラインをいうべきでしょうが、それをいうていますと、こりゃ、一年もかかる宗門大学の講義のようになり、一年に一回、一泊二日の研究会を開いて要点だけを学ぼうという本会の趣旨ではおよばぬことになりますから、すぐ『教巻《きょうかん》』の「ご自釈《じしゃく》」（経論釈《きょうろんしゃく》の意味を親鸞聖人が解《と》き明《あ》かされた文章）にはいります。

初めの一行が「顕浄土真実教文類《けんじょうどしんじつきょうもんるい》 一 愚禿釈親鸞集《ぐとくしゃくしんらんしゅう》」、これが「標挙《ひょうこ》」で、つまり標題《ひょうだい》をかかげたということです。「つつしんで浄土真宗を案ずるに、二種《にしゅ》の回向《えこう》あり。一つには往相《おうそう》、二つには還相《げんそう》なり。往相の回向について真実の教行信証あり」が、「真宗大綱《しんしゅうたいこう》」といって、真宗というものの大づかみな要領はこうなんだ、ということをいわれたので、これが「開章《かいしょう》」または「開宗《かいしゅう》」といわれるお言葉ですねー。

それからあとが「正釈《しょうしゃく》」（はじめにかかげたことを明らかにすること）で、大別して「直明《じきみょう》」（直接に明かすこと）と「引証《いんしょう》」（引用して証明すること）との二つになる。その「直明」の中に、『大無量寿経《だいむりょうじゅきょう》』の大意《たいい》と宗体《しゅうたい》とを明かされてある。

ここでたいせつなのは、如来《にょらい》の本願《ほんがん》を説くのが宗《しゅう》で、仏《ぶつ》の名号《みょうごう》が体《たい》であるという、その宗とか体とかいうことは、どう違うのか。「宗体論《しゅうたいろん》」と昔からやかましく論ぜられてきました。宗という字はムネと読みます。「宗は胸なり」と申しまして、人間の体の胸部は心臓のあるところで一発やられたら一巻の終わりになる一番大事なところ。宗要《しゅうよう》の宗がぬけたら『大無量寿経』もなくなってしまう、という要点が如来の本願というものですから、『大無量寿経』の生命《せいめい》は如来の本願を説くということである、とこういわれたのであります。宗とは宗要、体とは形体のことです。本願は宗要、宗であり要であるが、それを名号という形体にせねば衆生に届かないからであります。たとえて申しますと、友だちが病気で入院したとき、「はやく全快して退院してくれよ」と念願したとします。その念願を友人に知らせるためには形ある病気見舞いの品物、リンゴとかナシとかの果物か何かの品物にしなければ、相手に念願が届かないのであります。阿弥陀仏の本願という救済の宗要を、念仏(名号)という形体にしなければ届かない。これが念仏という、本願をして本願たらしめる形体を必要とするゆえんであります。『歎異抄《たんにしょう》』には、「誓願《せいがん》の不思議によりて、やすくたもち、となえやすき名号を案じいだしたまいて」といってある。名号という、耳に聞き口に誦《じゅ》することのできる形体が要求された理由であります。

お釈迦さまがこの世に出られたほんとうの意味

それから「引証」にある『大無量寿経』ですが、中国で十二回翻訳《ほんやく》されたが、明治時代に＊大谷光瑞《おおたにこうずい》師がネパールで発見されたサンスクリットの原本を持ち帰って、ご自分で日本文に直接翻訳された『無量光如来安楽荘厳経《むりょうこうにょらいあんらくしょうごんぎょう》』というのがあります。みなさんが読んでいらっしゃる『大無量寿経』は、曹魏《そうぎ》時代に僧鎧《そうがい》というお坊さんが翻訳されたお経です。原名《げんめい》のサンガ＝ヴァルマンを僧鎧と訳したのが、翻訳者のお名前であります。康僧鎧《こうそうがい》と書いてありますが、康と申しますのは国名で、どここにあった国やら、さっぱりわかりませんでした。このごろよく、テレビにもうつされるようになりましたシルクロードは、大谷光瑞師がいちはやくお歩きになって、大谷探検隊の名が歴史にも残りました。いろいろお調べになりました康の国の話を光瑞師から承《うけたまわ》ったことがあります。そのお話によりますと、「おそらく、康の国というのは、サンガ＝ヴァルマンのころには、サマルカンドの付近にあったと思われるが、遊牧民族の国でしたから、牛や羊を追って牧草のあるところへ移動する。そして、あの天山山脈《てんざんさんみゃく》の北の方へずーっと移動したのですが、どこかへ消えていって、わからなくなってしまった」（笑）といわれました。（現在は康とはサマルカンドであると学会の定説になっている）

僧鎧はよほどの学者であったとみえます。光瑞師が原本を手に入れて、ご研究なされば なさるほど「その翻訳の正しさ、すばらしさがわかってきた」と申されました。「ただ終わりのほうへいって、すこし抜けているところがあるのは残念であるが、そこのところを逆にくわしく訳してある異本（唐訳『無量寿如来会』）があるから、それさえ補えば、やはり僧鎧の訳は完璧《かんぺき》に近いものである」と申されました。

【しかればすなわち、これ真実《しんじつ》の教《きょう》を顕《あらわ》す明証《みょうしょう》なり。まことにこれ、如来興世《にょらいこうせ》の正説《しょうせつ》、奇《き》特最《どくさい》勝《しょう》の妙典《みょうでん》、一乗究竟《いちじょうくきょう》の極説《ごくせつ》、速疾円融《そくしつえんにゅう》の金言《きんげん》、十方称讃《じっぽうしょうさん》の誠言《じょうごん》、時機《じき》純熟《じゅんじゅく》の真教《しんきょう》なりと、知《し》るべしと。】　（聖典一三八頁）

「まことにこれ、如来興世《にょらいこうせ》の正説《しょうせつ》」以下の六句は結嘆《けったん》と申しまして、『教巻』を結ぶにあたって一巻の要領を六句の言葉としてたたえられたのであります。この六句の中では、最初の「如来興世の正説」が一番たいせつな一句で、「釈迦《しゃか》、世《よ》に出興《しゅっこう》して、道教《どうきょう》を光闡《こうせん》して、群萌《ぐんもう》を拯《すく》い恵むに真実《しんじつ》の利《り》をもってせんと欲《おぼ》すなり」の句に直結しています。道教とは釈尊（釈迦牟尼世尊《しゃかむにせそん》の略、お釈迦さまとも親しみいう）一代に説かれた教えのこと。光闡とは、闡《せん》は開くということで、開いて光あらしめたということ。真実へ導くいろいろな手だて（方便《ほうべん》）がなくては、浄土の真実の利も恵まれないから、群萌（迷いの衆生）は救うていただけぬわけで、真実さえあれば方便はいらないものということはできません。よって真実はつねに方便を垂《た》れ、方便はつねに真実をして真実たらしめて、救いは成就《じょうじゅ》されるけれども、如来の出世《しゅっせ》の本懐《ほんがい》（釈尊がこの世に出現された本意）は何であったかを見誤らないよう、「『大無量寿経』こそ出世の本懐である」ことを明らかにしておかなければならないのであります。

しかし、出世本懐は、『大無量寿経』にも『妙法蓮華経《みょうほうれんげきょう》』にも、どちらにも説かれてありますから、古来、法華《ほっけ》と念仏の間に論争の絶え間がなかったのであります。どちらも釈尊の説法である限り真実であります。私としては、どちらも必要があって釈尊がお説きになったもので、矛盾するものではないと思います。そのことによって、末法《まっぽう》の弟子たちの無用の論争は氷解《ひょうかい》され、過去数百年におよぶ法華と念仏の仏教徒らしからぬ無用の争いに終止符を打っていただきたいのであります。ナムナムナム……。（くわしくは『真仏教』一五一―一五七号「法華と念仏」参照）

＊大谷光瑞――一八七六―一九四八。本願寺派第二十二世門主。明治時代、大谷探検隊を中央アジアに三回派遣、自らも調査に加わる。光寿会を主宰し、宗派真宗ではなく、大乗経典に照らし、大乗仏教の至極としての大真

宗を鼓吹された。月刊誌『大乗』を発行。

行巻

【諸仏称名《しょぶつしょうみょう》の願《がん》　浄土真実《じょうどしんじつ》の行《ぎょう》　選択本願《せんじゃくほんがん》の行《ぎょう》】　（聖典一四〇頁）

そこで『行巻《ぎょうかん》』を開いてみてください。『行巻』はじまりのところ、これを「標挙《ひょうこ》の文《もん》」（最初にあげるテーマ）というております。

「諸仏称名の願」

それから割注《わりちゅう》（本文の途中で小さく二行にわたって書いた注）をして「浄土真実の行、選択本願の行」、「顕浄土真実行文類《ぎょうもんるい》　二　愚禿釈親鸞集《ぐとくしゃくしんらんしゅう》」。その次は「正釈《しょうしゃく》」、いよいよ解釈が始まってくる。

すばらしく値うちの高いお念仏

【つつしんで往相《おうそう》の回向《えこう》を案《あん》ずるに、大行《だいぎょう》あり、大信《だいしん》あり。大行《だいぎょう》とはすなわち無碍光如来《むげこうにょらい》の＊名《みな》を称《しょう》するなり。この行《ぎょう》はすなわちこれもろもろの善法《ぜんぼう》を摂《せっ》し、もろもろの徳本《とくほん》を具《ぐ》せり。極速《ごくそく》円満《えんまん》す、真如一実《しんにょいちじつ》の功徳宝海《くどくほうかい》なり。ゆえに大行《だいぎょう》と名《な》づく。しかるにこの行《ぎょう》は大悲《だいひ》の願《がん》（第十七願）より出《い》でたり。すなわちこれ諸仏称揚《しょぶつしょうよう》の願《がん》と名《な》づく、また諸仏称名《しょぶつしょうみょう》の願《がん》と名《な》づく、また諸仏咨嗟《しょぶつししゃ》の願《がん》と名《な》づく、また往相回向《おうそうえこう》の願《がん》と名《な》づくべし、また選択称名《せんじゃくしょうみょう》の願《がん》と名《な》づくべきなり。】

（聖典一四一頁）

＊桜井和上は、「名《みな》を称《しょう》したてまつるなり」と読まれている。

ここまでですね、ご自釈といわれるのは。そこでですね、問題はこの標挙です。「諸仏称名《しょぶつしょうみょう》の願《がん》」というのは、阿弥陀仏の四十八願《しじゅうはちがん》中の第十七番目の願ですね。諸仏称名の願というものは何か。こういうと、浄土真実の行《ぎょう》である。これは選択本願《せんじゃくほんがん》の行である。ここに、はや問題がおこってきておるんです。大行《だいぎょう》というものは、無碍光如来《むげこうにょらい》、南無阿弥陀仏《なもあみだぶつ》、翻訳すれば帰命尽十方無碍光如来《きみょうじんじっぽうむげこうにょらい》です。その帰命尽十方無碍光如来の名《みな》すなわち、南無阿弥陀仏という名を称える。私は、「無碍光如来の名を称したてまつるなり」というんだから、「ナムアミダブツ、ナムアミダブツ」というてお念仏を申すことじゃと、はじめ思うておった。ところがそうはいかん。なぜいかんのかというたら、こういう大行というもののおこりは何か。阿弥陀如来の第十七願《じゅうしちがん》がおこりだと、諸仏称名の願だというてある。諸仏の称名であって、われわれの念仏とはいっていない。

第十七願には法蔵菩薩《ほうぞうぼさつ》が、「私が仏になるときは、十方の諸仏が必ず私の名をほめる。ほめなかったら私は仏にならない」こうお誓いになった。なにも私どもが念仏を申すとか申さんとか、ということではないんですね。諸仏がほめることをお誓いになったのが第十七願でしょ。そうしたらね、「無碍光如来の名《みな》を称したてまつるなり」というのは、口にナムアミダブツ、ナムアミダブツと称えることじゃないんです。諸仏がほめること、名を称する称揚《しょうよう》の意味なんだ。称揚讃嘆、第十七願という本願の中にはこう書いてある。「咨《し》嗟《しゃ》して我《わ》が名《な》を称《しょう》す」（咨嗟称我名《ししゃしょうがみょう》）、と誓うてある。咨嗟というのはほめたたえるということです。ほめたたえて私の名を称する。称するというのは何か。これは称揚だ、ほめあげるという。称揚か称名か、これが問題なんだ。称揚なんだ、ほめたたえるんだ、もしほめたたえなかったらおれは仏にならない。こういわれるんです。

そうすると諸仏称名の願ですから、諸仏のほめたたえるということをバックにし、それをよりどころにして浄土真実の行というものをうちだされるんです。行は何かというと、ほめるということ。そうすると浄土真実の行、これは諸仏が阿弥陀如来の名をほめたたえてくださるということが浄土真実の行なのです。こういうことで、われわれの関係することではないわけですね。ナムナムナム……。

ところが選択本願の行とこういわれてある。選択本願というと第十八願になってくるんですよ。いいですか。だから親鸞教学は難しいというんですよ。選択本願は第十八願。選択本願にはどんな行を誓ってあるのか、第十八願の行というのは何か、そうすると「乃至十念《ないしじゅうねん》」が行ですね。選択本願の行は「乃至十念」、それよりほかに行はないでしょ。「至心信楽欲生我国《ししんしんぎょうよくしょうがこく》」の三心、これは信《しん》心《じん》です。行というたら「乃至十念」ナムアミダブツ、ナムアミダブツと少なくとも十声《とこえ》称える。十声以上、いのちのある限り称えるのにきりがない。そこで、「乃至」という字をつけた。「乃至」というのは、一乃至十、十乃至百、百乃至千と自由自在になるのが「乃至」ですね。だから、「乃至十念」、いのちがあったらどれだけでもということ。その念仏、それが第十八願の行でしょ。そうすると、選択本願の行とはわれわれの称える念仏だ。こうなってこなけりゃならん。いいですか。さぁ、この二つが諸仏称名の願から出るんだぞ、と親鸞聖人が標挙の文のところでうちだされてきたわけですね。

諸仏称名の願

浄土真実の行
選択本願の行

諸仏がほめたたえるのも阿弥陀如来の名号、われわれが口で称えるということも阿弥陀さまをほめるんだ。われわれの称える念仏は弥陀をほめたたえる念仏なのである。諸仏の口にかかってほめるのも阿弥陀如来の名号。汚《きたな》い凡夫《ぼんぶ》の口にかかって称えられるのも阿弥陀如来の名号。称えるものには諸仏と凡夫とたいへんな違いだけども、称えられるのは南無阿弥陀仏で一緒なんだ。諸仏がほめても阿弥陀さま、われわれがほめても阿弥陀さまだから、それで二つともに諸仏称名の願の中におさまってくる。

諸仏称名の願から、お釈迦さまはこの世に出てこられて、『大無量寿経』を説かれた。われわれはその諸仏称名の願によって、ナムアミダブツ、ナムアミダブツと念仏を称えさせていただけるんだ。それで、諸仏の讃嘆《さんだん》と、私どもの称えるお念仏と、値うちがすこしも変わらない。こういうすばらしく値うちの高い念仏をうちだされたのが親鸞という人なんだ。

こんなことは法然聖人はいわれていないんですよ。法然聖人と親鸞聖人の違いはどこにあるかというと、法然聖人はあくまでも人間の称えさせていただくお念仏なんだ。親鸞聖人のお念仏は、**人間が称えておるけれどもそれはそのまま仏《ほとけ》の行《ぎょう》である。仏の位に属するものなんだ。**こういうね、お念仏というものの値うちをひじょうに高くいただかれたのが、親鸞聖人の行の味わいなんです。これが、『行巻』の大事なところです。ナムナムナム……。

称えなくても……、称えてさえいれば……

そこで、その諸仏讃嘆《しょぶつさんだん》を本意にみるのを所行系《しょぎょうけい》という。所行の所というたらパッシブ（passive）。所というのは、受け身のほう、行《ぎょう》ぜられる。お念仏そのものにつくと行ぜしめられるということになる。お念仏が名号（南無阿弥陀仏）になる。お念仏というものを、称えられる名号そのものに重点を置いて考えるのが、所行系統といわれる人たちの学説です。

お念仏とは口に南無阿弥陀仏と称えるよりほかない、というのが能行系《のうぎょうけい》ですね。能行の、能とはアクティブ（active）。南無阿弥陀仏は、われわれが称えるというところからいえば能行であって、よく行ずる。こっちのほうは称名になっていく。これが能行系統の学説ですね。この論争がずーっと続いてきたわけなんです。

「つつしんで往相《おうそう》の回向《えこう》を案《あん》ずるに、大行《だいぎょう》あり、大信《だいしん》あり。大行《だいぎょう》とはすなわち無碍《むげ》光如来《こうにょらい》の名《みな》を称《しょう》したてまつるなり」。この「称」の中に、称揚讃嘆《しょうようさんだん》の意味と、称名ということと、両方の意味をもっている。称揚と称名の二つの意味が含まれているとみなければなりません。

「この行《ぎょう》はすなわちこれもろもろの善法《ぜんぼう》を摂《せっ》し、もろもろの徳本《とくほん》を具《ぐ》せり。極速円満《ごくそくえんまん》す、真如一実《しんにょいちじつ》の功徳宝海《くどくほうかい》なり。ゆえに大行《だいぎょう》と名《な》づく」。これは大行の具徳《ぐとく》（そなわっている徳）をあきらかにされたものですね。

その次に第十七願の名をあらわされた。「しかるにこの行《ぎょう》は大悲《だいひ》の願《がん》より出《い》でたり」。大悲の願、第十七願というのはあわれみの願だ。なぜあわれみか。迷いの衆生がどんなに苦しんでいようとも、それは阿弥陀如来の南無阿弥陀仏という名号をもってたすけたい。その名号のおいわれを耳に届けてやりたい。そういう如来の大悲心《だいひしん》というものがもとになって、諸仏の口に阿弥陀如来の名号をたたえさせなければおかないぞという誓いが生まれたんですから、これは大悲の願ですね。

「すなわちこれ諸仏称揚《しょぶつしょうよう》の願《がん》と名《な》づく、また諸仏称名《しょぶつしょうみょう》の願《がん》と名《な》づく、また諸仏咨嗟《しょぶつししゃ》の願《がん》と名《な》づく」。

称揚も称名も咨嗟もみな諸仏、諸仏、諸仏、これは諸仏に関係したものですね。

ところがその次、

「また往相回向《おうそうえこう》の願《がん》と名《な》づくべし、また選択称名《せんじゃくしょうみょう》の願《がん》と名《な》づくべきなり」。これはちょっと書き方が違ってきた。前は「名づく、名づく」できっぱりしている。なぜかというと、今までこういわれてきたんだと。ところが、今まで誰もいわれたことのない名が出てきた。「往相回向の願、選択称名の願」こんなことをいわれた人は誰もない。親鸞聖人がはじめて独創的にいいだされた。「名づくべきなり」とは、こうもいえるということ。さぁ、ここですね。親鸞聖人の以前には、第十七願にお念仏の根拠があるなんてことといわれた人はないですよ。善導大師《ぜんどうだいし》（三五頁参照）以来、お念仏の根拠はみんな第十八願の「乃至十念《ないしじゅうねん》」です。

ところが、この「乃至十念」の称名の念仏は、第十七願の諸仏の称名と位が同じだといわれる。われわれの称名をここまで引き上げないと親鸞聖人は腹がふくれないんだ。だから「往相回向の願」だ。**「往相回向の願」ということは、如来さまから私にくださる願なんだ。**諸仏がほめたたえるということは、そのまんまで私にくださるためにほめられる。だから、それは、私がいただくための、私へくださるための願である。それが第十八願の「乃至十念」だから、この第十七願までも、「選択称名の願」と名をつけていいじゃないか。ここになると、諸仏の称名よりも、まったく私どもの称えるお念仏のほうが、歴然と現われてきたわけですね。

前の三つの「諸仏称揚の願、諸仏称名の願、諸仏咨嗟の願」の願名《がんめい》を根拠として所行系統は諸仏の称名をたてる。後《あと》の二つの「往相回向の願、選択称名の願」は、われわれのほうに属する願名《がんめい》になっていますから、これこそまさに能行系統のすがたです。表の1と2と3は従来用いられてきた伝統的名称で、4と5とは親鸞聖人の独創であるから、「名づくべきなり」といわれた。「往相回向の願、選択称名の願」というのは、まったくの能行である。われわれの口で称えるお念仏である。

◉ 17願の立名《りゅうみょう》によってみる能所不二《のうじょふに》

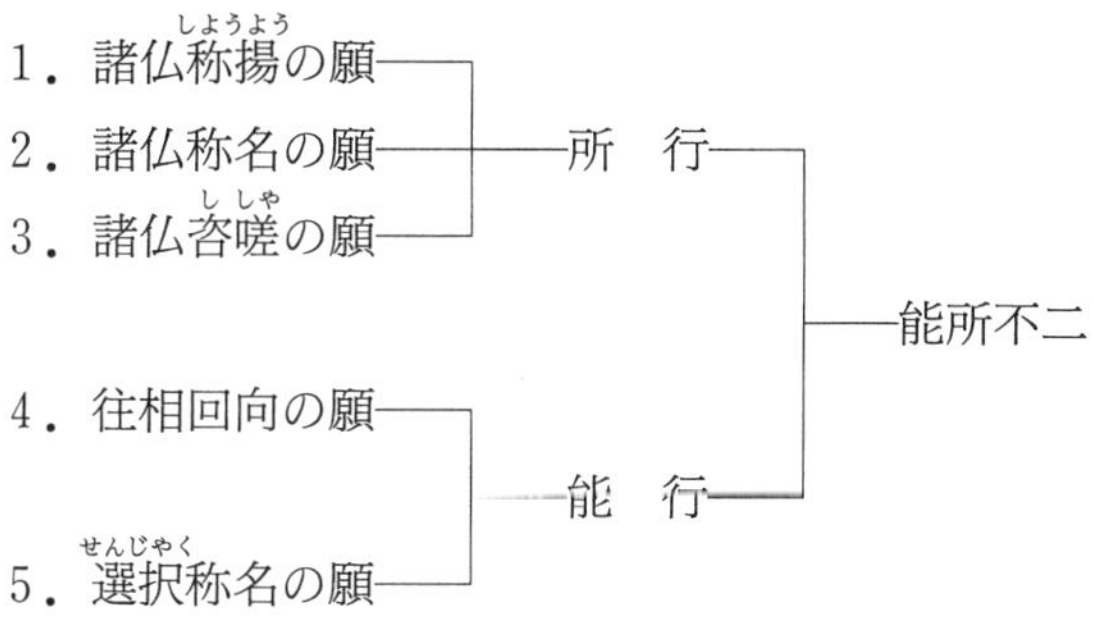

次に引用の経論釈に照らしてみると、「能所《のうじょ》不二《ふに》」――能行、所行と分かれてもそれは一つのものです。「不二」ということをいうときには、二つということをいちおう許した上でないと不二とはいえない。初めから最後まで一つであって二つでないものは、「不二」とはいわんですね。オンリー一《ワン》、ここから、不二論は出てこない。

初めは二つであって、後に一つになるというときに、二即不二《にそくふに》、二即一《にそくいち》、これが不二の論理ですね。それで、願名の立て方によってここに不二論が出てくる。能所不二、能行も所行も一つになっていくということをここにみなければならない。こういうふうに味わっていく系統が、これが能行系統の学説なんです。こんなことは所行系統の人たちはいわないんです。

「行」を、称える念仏だといいだしたのは石泉《せきせん》

（本名は僧叡《そうえい》、石泉と号した。一七六二―一八二六）が初めてです。称える念仏とすると、なぜ真宗では問題になるのか。

「教行信証」の「教」というのは『大無量寿経』でしょ。「教」の内容は何かというと、「行信証」です。行信《ぎょうしん》はたすかるための因《たね》です。証《しょう》はたすかった結果で、これはもう後の話です。今、問題なのは行信なんです。

で、行と信とはどういう関係か。行というたら信の対象なんだ。何を信ずるか。信は信ずる、行は信ぜられるほう。行をどう信ずるか。「南無阿弥陀仏と称えりゃたすかると信ずる」。そんなことは真宗にはありません。真宗で「南無阿弥陀仏と称えたらこれでたすかる」（称名正因《しょうみょうしょういん》）と、そんなことをいったら異安心《いあんじん》です。だから、真宗ではそれをなるべくいわないようにしてきた。

「それなら、『歎異抄《たんにしょう》』に――ただ念仏して弥陀《みだ》にたすけられまいらすべし――とあるが、南無阿弥陀仏と称えりゃたすかるということじゃないんですか」

「称えりゃたすかるんだけれども、称えりゃたすかると思うて称えたんじゃそれはおかしい。それはやっぱり称名正因じゃ」

それで、行というものを、所行学説では、称名の行だということを極力避けてきた。ところが江戸時代の終わりごろに石泉という人が、――それでは親鸞聖人のお書物の筋がとおらないじゃないか。『行巻』に「無碍光如来《むげこうにょらい》の名《みな》を称《しょう》したてまつるなり」とある。これが、称える念仏ではないとこういうたら、いったいどうするんだ。親鸞聖人のお言葉に合わんじゃないか。ただこれ南無阿弥陀仏という名号だ。名号というのはただ空転するものか。人間の口を借らざる名号というのはどこにあるんだ。ただ字で書いた名号か。そんなら字さえ見ていりゃそれでたすかるのか。懐中名号《かいちゅうみょうごう》（携用のお名号）でもふところに入れておけばそれでたすかるのか。おかしいじゃないか。「名《みな》を称したてまつるなり」と、こりゃ口で称えることでなけりゃならんじゃないか——こういう学説をうちだしたのが石泉。

だからこの石泉は大革命をおこしたわけです。今までの、二百年やってきた所行学説を、ひっくり返すような能行学説をたてたのです。けれども、石泉のいうところにもいろいろ無理がありますから、どうしたら称名正因説におちいらずして、能行学説がたてられるか。ここの研究にみんな血みどろの努力をした。そして、やっとこれを大成された方が足利義山《あしかがぎざん》（一八二四—一九一〇、広島県の人）という方なんだ。義山にいたって、この石泉の能行説は完璧なものになって、もう絶対に、称名正因の異安心じゃといわれる心配のない学説が生まれてきた。

それで大谷光瑞師の行の解釈がすばらしいのは、師匠の義山がそういうすばらしい学者であったということに原因しておる。

能行説と所行説との大きな別れ道は、『行巻』の標挙《ひょうこ》の文《もん》からである。

諸仏称名の願　浄土真実の行①
　　　　　　　選択本願の行②

①を所行説とするならば、②を能行説、この二つの説とも「諸仏称名の願」に含まれている。と

いうので、私どもがいただく場合には、所行・能行と二つに分けないで、両方の意味が含まれているとみるほうが穏当ではないかと思う。

初めに経文《きょうもん》の引用がありまして、それから論文《ろんもん》の引用があって、釈文《しゃくもん》の引用がある。経というのは釈尊《しゃくそん》が説かれたもの。論というのは菩薩（ここではインドの龍樹《りゅうじゅ》・天親《てんじん》をさす）のお作りになったもの。それから、釈というのは人師《にんし》（ここでは中国の曇鸞《どんらん》・道綽《どうしゃく》・善導《ぜんどう》、日本の源信《げんしん》・源空《げんくう》をさす）のお作りになった聖典。ここでは初めに経の上で諸仏の味を出され、真ん中に論を出され、そして釈になると、完全に称えるお念仏になってくる。ナムナムナム……。

これらを親鸞聖人は経論釈の三つの上で、どのように味わっておられたかということを学んでいきましょう。

なぜナマンダブ

【諸仏称名《しょぶつしょうみょう》の願《がん》『大経《だいきょう》』（上）にのたまわく、「たといわれ仏《ぶつ》を得《え》たらんに、十方世界《じっぽうせかい》の無量《むりょう》の諸仏《しょぶつ》、ことごとく咨嗟《ししゃ》してわが名《な》を称《しょう》せずは、正覚《しょうがく》を取《と》らじ」と。】（聖典一四一頁）

これは、私どもがいつもいただいている魏訳《ぎやく》の『大経《だいきょう》』（『大無量寿経』の略）ですね。その次は、同じ『大経』の中の、名声《みょうしょう》普聞《ふもん》の文《もん》。

【またのたまわく（同・上）、「われ仏道《ぶつどう》を成《な》らんに至《いた》りて、名声《みょうしょう》十方《じっぽう》に超《こ》えん。究竟《くきょう》して聞《きこ》ゆるところなくは、誓《ちか》う、正覚《しょうがく》を成《な》らじと。衆《しゅう》のために宝蔵《ほうぞう》を開《ひら》きて、広《ひろ》く功徳《くどく》の宝《ほう》を施《せ》せん。

◉真宗の七高僧

—親鸞聖人が浄土教の祖師と定め尊ばれたインド・中国・日本の七人の高僧—

龍樹菩薩《りゅうじゅぼさつ》	インド	一五〇ころ—二五〇ころ	十住毘婆沙論《じゅうじゅうびばしゃろん》
天親菩薩《てんじんぼさつ》（世親菩薩《せしんぼさつ》）	インド	三二〇ころ—四〇〇ころ	浄土論《じょうどろん》
曇鸞大師《どんらんだいし》	中国	四七六—五四二	往生《おうじょう》（浄土）論註《ろんちゅう》
道綽禅師《どうしゃくぜんじ》	中国	五六二—六四五	安楽集《あんらくしゅう》
善導大師《ぜんどうだいし》	中国	六一三—六八一	観経四帖疏《かんぎょうしじょうしょ》・礼讃《らいさん》
源信和尚《げんしんかしょう》（恵心僧都《えしんそうず》）	日本	九四二—一〇一七	往生要集《おうじょうようしゅう》
源空聖人《げんくうしょうにん》（法然聖人《ほうねんしょうにん》）	日本	一一三三—一二一二	選択本願念仏集《せんじゃくほんがんねんぶつしゅう》

○参考

釈尊	インド	紀元前四六三—三八三（中村元説）
聖徳太子	日本	五七四—六二二
親鸞聖人	日本	一一七三—一二六二

つねに大衆《だいしゅ》のなかにして、説法獅子吼《せっぽうしく》せん」と。】（聖典一四一頁）

大衆《だいしゅ》の中にあって説法獅子吼《せっぽうしく》するというのはどういうことかというと、南無阿弥陀仏を申すということは、如来さまが大衆《たいしゅう》の中にあって説法獅子吼なさるということなんですよ。諸仏がどこでそんな説法しておられるかというと、今の世の中ではどうもあまり諸仏の説法聞いたことがない。大衆の中に説法していらっしゃる――われわれの口から念仏が出てくるということは、**仏さまが大衆の中に説法しなさる末世的な表現なんですよ。**電車の中でわれわれが「ナマンダブ、ナマンダブ」というて、人が変な顔をしても構わん――ナマンダブというておるのは、大衆の中において説法獅子吼するということです。

【願《がん》（第十七願）成就《じょうじゅ》の文《もん》、『経《きょう》』（大経・下）にのたまわく、「十方恒沙《じっぽうごうじゃ》の諸仏如来《しょぶつにょらい》、みなともに無量寿仏《むりょうじゅぶつ》の威神功徳不可思議《いじんくどくふかしぎ》なるを讃嘆《さんだん》したまう」と。】（聖典一四二頁）

これは第十七願成就《じょうじゅ》のご文ですね。ここに本願と願成就の文と両方を並べ、まん中に名声普聞のお言葉を加えなさった。その次は諸仏の讃嘆。

【またのたまわく（同・下）、「無量寿仏《むりょうじゅぶつ》の威神極《いじんきわ》まりなし。十方世界無量無辺不可思議《じっぽうせかいむりょうむへんふかしぎ》の諸仏《しょぶつ》如来《にょらい》、かれを称嘆《しょうたん》せざるはなし」と。】（聖典一四二頁）

みな、阿弥陀如来をほめたたえまつっておる。ほめる、ほめる、ほめるということです。

【またのたまわく（同・下）、「その仏《ぶつ》の本願力《ほんがんりき》、名《みな》を聞《き》きて往生《おうじょう》せんと欲《おも》えば、みなことごとくかの国《くに》に到《いた》りて、おのずから不退転《ふたいてん》に至《いた》る」と。】（聖典一四二頁）

それから唐訳の『大経』。

【『無量寿如来会《むりょうじゅにょらいえ》』(上)にのたまわく、「いま如来《にょらい》に対《たい》して弘誓《ぐぜい》を発《おこ》せり。まさに無上菩提《むじょうぼだい》の因《いん》を証《しょう》(証《しょう》の字《じ》、験《げん》なり)すべし。もしもろもろの上願《じょうがん》を満足《まんぞく》せずは、十力無等尊《じゅうりきむとうそん》を取《と》らじと。心《こころ》、あるいは常行《じょうぎょう》に堪《た》えざらんものに施《せ》せん。広《ひろ》く貧窮《びんぐ》を済《すく》いてもろもろの苦《く》を免《まぬか》れしめ、世《せ》間《けん》を利益《りやく》して安楽《あんらく》ならしめんと。

　最勝丈夫修行《さいしょうじょうぶしゅぎょう》しおわりて、かの貧窮《びんぐ》において伏蔵《ぶくぞう》とならん。善法《ぜんぽう》を円満《えんまん》して等倫《とうりん》なけん。大《だい》衆《しゅ》のなかにして獅子吼《ししく》せん」と。】(聖典一四二頁)

これは『大無量寿経』の異訳《いやく》、『如来会《にょらいえ》』のご文ですね。これ、大衆の中に説法獅子吼するということをいいたかったので、『如来会』のご文をここに引かれたわけです。

その次は唐訳の諸仏讃嘆《さんだん》の文ですね。

【またのたまわく(如来会・下)、「阿難《あなん》、この義利《ぎり》をもってのゆえに、無量無数不可思議無有等《むりょうむしゅふかしぎむうとう》等無辺世界《とうむへんせかい》の諸仏如来《しょぶつにょらい》、みなともに無量寿仏《むりょうじゅぶつ》の所有《しょう》の功徳《くどく》を称讃《しょうさん》したまう」と。】(聖典一四三頁)

私どものいただいておる魏訳の『大無量寿経』に対して、「このとおり、どのお経をいただいてみてもこういってあるぞ」と、異訳を並べ証明されたわけです。

その次は呉訳です。『仏説諸仏阿弥陀三耶三仏薩楼仏檀過度人道経《ぶっせつしょぶつあみださんやさんぶつさるぶつだんかどにんどうきょう》』。これもみな『大経』の異訳です。このご文を引いて、やはり諸仏の讃嘆をここにいうてある。

その次は漢訳の『平等覚経』を引いてある。「諸仏おのおの弟子衆のなかにして、わが功徳・国土の善を嘆《たん》ぜん」と、やはりほめたたえるということですね。

それから次に、『悲華経《ひけきよう》』の「大施品《だいせぼん》」をもってこられた。

こういうふうにお経のご文を引いてあるのは何かというと、みな広讃《こうさん》です。広くほめたたえる。お経というのは、仏さま方がみな、阿弥陀如来の徳を広くほめたたえなさった。

それから略讃《りやくさん》というのは略してほめたたえる。阿弥陀如来の名《みな》を略してほめたたえる。ちょうど、芝居を見に行くというと役者の名《な》を呼んでおる。成駒屋《なりこまや》とか、何とか屋とか、歌舞伎座へ行くとよくやっていますね。名をたたえるということは、略して端的《たんてき》にほめたたえるということです。『大無量寿経』に、ながながと阿弥陀如来をほめたたえてあるのも、広く讃嘆されたんだけれども、われわれが南無阿弥陀仏と称えることは、お経のご文をひっくるめて、「阿弥陀如来はすばらしいなー」という叫びをあげた。これを略讃という。

われわれの称える念仏はすべて略して讃嘆《さんだん》する、略讃なんだ。お経は広く讃嘆する、広讃なんだ。広い讃嘆も略した讃嘆も讃嘆に変わりはない。同じことなんだ。讃嘆する者に違いはあるけれども、讃嘆せられる阿弥陀如来の名号は、広く讃嘆されても、略して讃嘆されても、変わるところは少しもないんだと、こういうのが親鸞聖人のすわり（基本姿勢）なんです。ナムナムナム……。

それから、論釈《ろんしやく》のところへいくというと略讃が出てくる。「しかれば名《みな》を称するに……」と、まずご自釈。それから「『十住毘婆沙論《じゆうじゆうびばしやろん》』（以下『十住論』と略す）にいわく」と、今度は論が出てくる。

ほんとうの喜び

『十住論《じゅうじゅうろん》』に書いてあることは、歓喜地《かんぎじ》の意味するもの。何が歓喜地か。歓喜地って何か。その歓喜地って何が喜びか、というと、喜びということはね、大悲《だいひ》を行《ぎょう》ずるというのが喜ぶことなんだ。何がありがたいのか。おれがお念仏申しておったら、ある人は聞いてこういうてくれた。「お念仏はひじょうに尊い」。これが大悲を行ずるわけなんですね。喜ぶということはそういうことなんです。なにも、喜びといっても踊ってあるくことが喜ぶことじゃない。「手の舞い足の踏むところを知らず」、そんな喜びはほんとうの喜びじゃない。

われわれがお念仏申す、それを聞いた、尊いとこういうてくれた、お念仏が伝わった、この大悲を行ずるということが喜びなんだ。それが称名であって、『十住論』に無量の徳を称讃する（称讃無《しょうさんむ》量徳《りょうとく》）とこういわれた。それが歓喜ということなんだ。歓喜ということは、大悲を行ずることだ。それはお念仏のことなんだ。こういうふうにいわれてあるのが『十住論』です。

その次には『浄土論』が出てまいりまして、自利利他双行《じりりたそうぎょう》の念仏。念仏というものは、自分が喜ばせられ、自分が楽しませられると同時に、人をも喜ばせ、人をも楽しませる。そういう自利と利他と、両方のご利益《りやく》がある、ということが書かれてあります。

その次は『論註《ろんちゅう》』で、一心五念《いっしんごねん》（一七七・二〇九頁参照）ということがいうてあります。一心も五念もみな、南無阿弥陀仏というお念仏の中に入っておるんだ、ということをいわれてあります。

その次は『安楽集《あんらくしゅう》』。これは転悪成善《てんあくじょうぜん》を具《ぐ》する念仏である。お念仏というものは、悪いことがみんないいことに変わるんだ。こういうことをいわれた。

それから、『礼讃《らいさん》』のご文が引いてありまして、念仏は現当二世《げんとうにせ》のご利益がある。現世《げんぜ》のご利益、来世《らいせ》のご利益、ともに満足させられるものがお念仏である、と書かれてあります。

これはみなさん方で、あとで十分に原文を読んで、なるほど書いてあるとおりだな、と味わってください。

称えるまんまが

【しかれば名《みな》を称《しょう》するに、よく衆生《しゅじょう》の一切《いっさい》の無明《むみょう》を破《は》し、よく衆生《しゅじょう》の一切《いっさい》の志願《しがん》を満《み》てたもう。称名《しょうみょう》はすなわちこれ最勝真妙《さいしょうしんみょう》の正業《しょうごう》なり。正業《しょうごう》はすなわちこれ念仏《ねんぶつ》なり。念仏《ねんぶつ》はすなわちこれ南無阿弥陀仏《なもあみだぶつ》なり。南無阿弥陀仏《なもあみだぶつ》はすなわちこれ正念《しょうねん》なりと、知《し》るべしと。】（聖典一四六頁）

先に経文を引用されて、経文と論釈文との中間にこういうご自釈のご文が入っているわけですね。これが味わい深いんです。昔からね、専門用語があるんです。独特の言葉なんです。承上起下《じょうじょうきげ》、上をうけて下をおこす。こういう便利な言葉があります。

まん中にこのご自釈をおいたということは、上のお経にみなこの阿弥陀仏をほめたたえるということがあって、それがなければ、いっさいの生きとし生けるものはたすからないんだ。阿弥陀さまをほめたたえて、みなに聞かせなければならん。論釈のところに出てくるのは、みな、人間の称え

◉経文《きようもん》と論釈文《ろんしやくもん》との中間にご自釈のあるわけ

経文（広　讃）――――ご自釈――――論釈文（略　讃）
《所　行》　　　　　　　　　　　　　《能　行》

これによって，能所不二《のうじよふに》をあらわす。

称　名＝正　業	名号がやがて念仏となるはたらき
正　業＝念　仏	行為となっても所行位
念　仏＝南無阿弥陀仏	名体不二
南無阿弥陀仏＝正　念	行信の体は不二

る念仏になってくる。仏さまが讃嘆するんじゃない。**われわれが称える念仏、それがみんなお釈迦さまの説法と一緒なんだ。諸仏の称讃と少しも変わらない、こういうすばらしい念仏なんだ、**というのが親鸞聖人の明証《めいしよう》ですから、ここを味わっていただきたい。ナムナムナム……。

広讃＝略讃、所行即能行《しよぎようそくのうぎよう》なんです。これは、諸仏の口にかかっても、汚い私たち念仏行者《ぎようじや》の口にかかっても、口は違っても、中身のお念仏は如来の名《みな》だから、名《みな》そのものは同じもんなんだ。このように能行・所行不二《ふに》をご自釈であらわしておられる。

能所不二《のうじよふに》、こういうふうに解釈されているんだから、所行系だの、能行系だと、一方だけをかついでね、相手をお前のほうは異解《いげ》だ、まちがいだとか、異安心だといわんばかりのことをいうことは、私どもは賛成できないんですよ。

能所不二ですよ。

それで、われわれの口に称えておってもそのお念仏というものは、みんな人間の迷いを破る、疑いを破るはたらきがあるということを、「よく衆生《しゅじょう》の一切《いっさい》の無明《むみょう》を破《は》し、よく衆生の一切の志願《しがん》を満《み》てたもう」といわれた。それはまた、われわれの往生の志願、仏さまにさせていただくというその望み、また、お念仏をひろめたいという望みも満たしてくださる。これは私の独特の解釈ですからそう思ってください。お念仏をひろめようとするのも志願の一つである。

「称名《しょうみょう》はすなわちこれ最勝真妙《さいしょうしんみょう》の正業《しょうごう》なり」、ナマンダブ、ナマンダブと称えるということは正業なのです。正業って何か。正しきしわざ、お浄土へ参る者のなす正しきしわざなのです。その正しきしわざっていうのは何か。それは念仏なんだ。これはね、名号がやがて念仏となるはたらき、行為となってもやはり仏さまの名号の位というもの、所行の位というものを離れておらんということを正業＝念仏、念仏＝南無阿弥陀仏ですから、名体不二《みょうたいふに》をあらわす。名号と本体と二つないんだ。

南無阿弥陀仏という名号は、そのまんま如来のご本体そのものなんだ。ナマンダブ、ナマンダブとわれわれの口にかかっても、これが阿弥陀如来の真実なる仏さまなんだ。お念仏のほかに阿弥陀さまを考えても、われわれは理解できない。これが名体不二。

「南無阿弥陀仏はすなわちこれ正念《しょうねん》なり」。これは信行不二《しんぎょうふに》。行《ぎょう》と信《しん》、南無阿弥陀仏がそのまま正念、正念とは信心のこと。南無阿弥陀仏が、名号が、そのまんま信心になるのである。お念仏のほかに信心というものを考えてもわからないんだ。南無阿弥陀仏の名号が信心。

こういう信行の体不二、信も行も二つあるものではない。――その信と行とを二つに分けて考えるということがおかしいぞ、とこういうことをいわれたわけです。たいへん意味深いことが、ここに出てくるんですよ。

私は大学時代に、『教行信証』を読んでいてここへくるとね、これ何のことを親鸞聖人がいわれたものかな、と不思議に思っておりました。

*村田和上さんが、「家へ帰ったら真宗学をもう一ぺんやり直せ」といわれた。それでね、家へ帰ってから『教行信証』をまたゆっくり研究して、所行学説も能行学説も、全部読んでみました。そして、能行だ、所行だというて、一方だけをかついでいくのはよくない、ということも気づかせていただきました。

こういうふうに、お念仏についていろいろいわれていますが、親鸞聖人は、お念仏という行体《ぎょうたい》そのものが阿弥陀如来なんだ。だから念仏というのは尊いんだ、とおっしゃっています。

「南無阿弥陀仏はすなわちこれ正念なり」。南無阿弥陀仏という名号が、やがて信心になるんだぞ、というところで、その次に出てくる『信巻』を、ここでちゃんと予測させてしまってあるわけです。

＊村田和上――村田《むらた》静照《じょうしょう》、一八五五―一九三二。三重県明覚寺《みょうかくじ》に生まれる。三十一歳のとき、博多万行寺の七里《しちり》恒順《ごうじゅん》和上に師事。高田派本山専修寺《せんじゅじ》から安心《あんじん》調査を受ける。大正の親鸞といわれ、全国から求道者が絶えなかった。桜井鎔俊和上の師。くわしくは『我が師村田和上』（春秋社）参照。

仏が人間の声をかりて

『十住論』から『礼讃文《らいさんもん》』までを列挙して、上記の諸利益はすべて、名号は如来のよび声である証拠として六字釈《ろくじしゃく》を出された。南無阿弥陀仏というのは如来のよび声だというのが、この『行巻』の解釈です。ナムアミダブツと人間が称えるけれども、仏が人間の声をかりて、「たすけるぞー」というよび声をあげていらっしゃるのが念仏なんだ。こういうふうに解釈しないと、親鸞聖人のこのご文（四〇頁参照）がわからんようになってしまうんです。そこで、よび声ということを証明するために六字釈を出されたわけです。

【しかれば南無《なも》の言《ごん》は帰命《きみょう》なり。帰《き》の言《ごん》は、至《し》なり、また帰説《きえつ》なり、説《せつ》の字《じ》は、悦《えつ》の音《こえ》なり。また帰説《きさい》なり、説《せつ》の字《じ》は、税《さい》の音《こえ》なり。悦税二《えつさいふた》つの音《こえ》は告《つぐる》なり、述《のぶ》なり、人《ひと》の意《こころ》を宣述《せんじゅつ》するなり。命《みょう》の言《ごん》は、業《ごう》なり、招引《しょういん》なり、使《し》なり、教《きょう》なり、道《どう》なり、信《しん》なり、計《はからう》なり、召《めす》なり。ここをもって帰命《きみょう》は本願招喚《ほんがんしょうかん》の勅命《ちょくめい》なり。発願回向《ほつがんえこう》というは、如来《にょらい》すでに発願《ほつがん》して衆生《しゅじょう》の行《ぎょう》を回施《えせ》したまうの心《しん》なり。即是其行《そくぜごぎょう》というは、すなわち選択本願《せんじゃくほんがん》これなり。必得往生《ひっとくおうじょう》というは、不退《ふたい》の位《くらい》に至《いた》ることを獲《う》ることを彰《あらわ》すなり。『経《きょう》』（大経）には「即得《そくとく》」といえり、釈《しゃく》（易行品）には「必定《ひつじょう》」といえり。「即《そく》」の言《ごん》は願力《がんりき》を聞《き》くによりて報土《ほうど》の真因決定《しんいんけつじょう》する時剋《じこく》の極促《ごくそく》を光闡《こうせん》するなり。「必《ひつ》」の言《ごん》は審《つまびらか》なり、然《しからしむる》なり、分極《わかちきわむる》なり、金剛心成就《こんごうしんじょうじゅ》の貌《かおばせ》なり。】

（聖典一七〇頁）

ここが有名な六字釈ですね。南無《なも》の言《ごん》は帰命《きみょう》、帰は至るなり。それから帰説《きえつ》、説《えつ》というのはよろこぶということですね。説《えつ》はイコール悦《えつ》なんです。それから帰説《きさい》なり。その説《さい》という字を辞書でひいてみますとね、「せい・ぜ・たい・て・たつ・たち・せつ・せち」とも読めます。この説という字には、いろいろな読み方があって、一様ではありません。その説が税金の税の字とイコールなんです。「えつ・えち・すい・ずい」とこういう読み方があるんですね。今日のかなの読み方からいいますと、「こんな妙な読み方あるかいな」と、こうお思いでしょうけれども、辞書をひいてみるといろいろな読み方があります。

「帰」ということは、「より、たのむ」ということ。あてにする、よりかかっておる、よりたのむ、ということが帰命の帰です。説《えつ》とか説《さい》とかいうことは、告《つ》ぐる、述《の》ぶるということ、口で述ぶるということが説《えつ》とか説《さい》という言葉になるわけですね。帰命の「命《みょう》」というは業《ごう》。命という言葉には、命令という意味もあります。人間の行為ですね。口で言うのは行為的ないい方なんで、これは招き引くという意味が出てくる。命から招き引く。「使《し》」、させる・させしむる・しむる、というときは、この使という字を書きますね。「教《きょう》」とは教えるということ。「道《どう》」とは口で述べる、言うという意味で、言うということは導くということです。それから「信」ということは、たよるということです。「計《けい》」という字は、はからうということで、同時にまかせるという意味があります。「召《しょう》」ということは、来たれという。招喚《しょうかん》はここから出る。それで本願招喚の勅命《ちょくめい》なりということが、こういう召《め》すという意味から出てくるわけです。それで親鸞聖人はこの六字釈において、**念仏は、衆生《しゅじょう》の口業《くごう》**（口の行為）**という道具を使用して招喚すること、とあらわされた。**如来のよび声です。われわれの称える念仏は、みんな如来のよんでくださる声なのです。

それから「発願回向《ほつがんえこう》」という解釈は、他力回施《たりきえせ》のことで、それは他力の行《ぎょう》を施すという意味。「即是其行《そくぜごぎょう》というは、すなわち選択本願《せんじゃくほんがん》これなり」。即是其行の行とは如来の願《がん》、願いのあらわれなのです。南無阿弥陀仏という行は、如来の願い＝本願のあらわれるすがたなんだ。念仏というものは、阿弥陀如来が人間を救いたい、救いたいというその願いをあらわす、こういうことになります。

「必得往生《ひっとくおうじょう》」というは、不退《ふたい》の位《くらい》にいたる。それから「即得《そくとく》」ということは、現生不退《げんしょうふたい》ということを意味する。「必《ひつ》の言《ごん》は審《しん》なり、然《ねん》なり、分極《ぶんごく》なり」。「審なり」とはつまびらか、歴然、はっきりしている。「然なり」。これは他力をあらわしている。「分極なり」とは、分《わか》つ、極《きわ》まるという。「分《ぶん》」は一部分、現生《げんしょう》の利益は一部分です。「極《ごく》」ということは極意、徹底すること。これよりほかにないという意味。これが如来さまのさとりを開くというご利益。分は現生のご利益、極は当来《とうらい》のご利益。その、分つ、極まる、それを「必」の字であらわした。だから、死なきゃ何のご利益も味わえないというのではなく、今ここですぐ、一部分をはや必ず味わわさせていただけるのです。

帰命《きみょう》の命《みょう》は、口で述べるという意味なのに、いのちと解する学者もいますね。学者というものは立派なこともいうけれども、ときには脱線もする。「無量寿のいのちへ帰りたい。命という字はいのちで、無量寿のいのちへわれわれは帰るんだ」という解釈をされます。これは親鸞聖人にない解釈です。

親鸞聖人は命という字をいのちと解釈せずに、どこまでも言葉で述べるというのが命だとここにかいてある。
「命《みよう》の言《ごん》は、業《ごう》なり、招引《しょういん》なり、使《し》なり、教《きょう》なり、道《どう》なり、信《しん》なり、計《はからう》なり、召《めす》なり」。
業《ごう》という字は人間の行為だ。業というのはカルマ、行為ですよね。招き引くということは、口で来いよ来いよということです。

『行巻』のご引用の経文の中に、名号が諸仏の口によって讃えられる、称揚《しょうよう》、咨《し》嗟《しゃ》、讃嘆《さんだん》、そういうものを経文であらわしになって、論文《ろんもん》と釈文《しゃくもん》――つまり人師《にんし》（三四頁参照）のお書きになったもの――そういうところは、それは広い讃嘆でなしに、略した讃嘆の念仏というものであらわしてある。そして、諸仏の口にかかって讃嘆せられる名号も、凡夫の口にかかって称えられてくださる名号も、名号に変わりはないんだ。称える者には格段の相違があるけれども、お念仏というものを、第十七願の上で親鸞聖人がお味わいになったということは、結局、凡夫のお念仏も、諸仏の讃嘆も少しも変わるところはないというところにあるわけです。

その中間に六字釈が出てきた。これは善導大師のご文をお引きになるところの、一応の結びのような形です。これは、南無阿弥陀仏という名号が如来のよび声である、「帰命《きみよう》は本願招喚《ほんがんしようかん》の勅命《ちょくめい》なり」こういう言葉をここに述べられた。これを通常なら、帰命とは本願招喚の勅命を聞くことなりとか、あるいは、帰命とは本願招喚の勅命を信ずることとなり、とこういわなければならんところでしょ。

それを、信ずる、聞く、ということを取り除いて、帰命とは本願招喚の勅命そのものなんだ、ということは、如来招喚の勅命というものがおのずからはたらいて、われわれの心の帰命のすがたになってくださる。そこに、如来のよび声のほかに、われわれのほうでプラスするなにものもないんだ。よび声がそのまんまわれわれの口へ出て、そしてそれが帰命の信になってくださる、こういうことをいいあらわすためであります。

信心とは、よび声がそのままはたらいて信心になってくださったので、よび声を聞くことは聞いたんだし、信ずることは信じた。聞くも信ずるも、それもみなよび声そのものの中に入っているんだ。こういうことをいいあらわすために、六字釈に、「帰命は本願招喚の勅命なり」と、こういうふうなご自釈を加えられたわけであると思います。このようにたいへん味わいの深いところであります。

それで能行系の学説で一番困るのは、行《ぎょう》を口で称えるお念仏と解釈すると、称名正因になりはしないか。口で南無阿弥陀仏と称えるということが信ずる対象になって、信心というものがなりたつ、とこういたしますと、どうもお念仏を申さないとたすからない、ということに受けとられやすい。そこで、能行系ではこの弱点をすくうために教位《きょうい》説をうちだしました。南無阿弥陀仏という名号・念仏はいつでも招喚の声、つまりよび声、これを教位というんです。機位《きい》というのは、仏さまのよび声を聞いた、信じた、という私どもの立場ですね。私どもの立場でいえば、信ぜさせたものは何か、というと招喚のよび声が信ぜさせた。如来のよび声がわれわれの信心をよびおこしてきた。つまり『行巻』の念仏は、いつでも教位でなければならん。よび声というものは教位の立場。どういうよび声かというと、「念仏する者をたすけるぞ、救うぞ」ということ。「念仏するばかりで救うぞ」ということは、いつまでもよび声の立場でなければならん。受ける手前がそれをいうと、称名正因になってしまう。「おれは念仏称えたからたすかるんだ」こういう領受《りょうじゅ》のしかたでは、これは称名正因だといわれてもしかたがありませんね。

それから、教える立場として、「念仏するばかりで救われるぞ」というのは、これは法然聖人のご化導《けどう》（おのずとその人がほんとうのよりどころに目ざめるように導くこと）ですから、「ただ念仏して弥陀にたすけられまいらすべし」（『歎異抄』第二節）、というこの立場というのは、教位の立場に立っておる。いつまでもよび声の立場である。教位ということはよび声ということである。本願招喚の勅命というよび声の立場においては、ただ念仏するだけで救われるんだぞということは、すこしもあぶないことでもあやしいことでもない。そのとおりなんだ。そこに如来の大慈《だいじ》大悲《だいひ》というものがよび声の中に入っておるんであって、それを受ける立場が、「おれは念仏称えたからたすかる」というう受けたんでは称名正因になってしまう。

よび声、行というものは念仏である。念仏はよび声である。こういう教位の立場において『行巻』を語るならば、決して称名正因におちいる心配はない。

だからよく話にでてきますね。大厳《だいごん》（一七九一―一八五六。山口県の人）師を本願寺のほうで、あれは称名正因でないかという噂があって、原口針水《はらぐちしんすい》（一八〇八―一八九三。熊本県の人）師が調べに行ったという。そしたら大厳師が、領解《りょうげ》を一首の詩にした。その詩が、「罔極《もうきょく》の仏恩報謝《ぶっとんほうしゃ》の情《じょう》、清晨幽《せいしんゆう》夜《や》ただ称名《しょうみょう》、歓《よろこぶ》に堪《た》えたり、われ称えわれ聴くといえども、これはこれ大悲招喚の声」と、こういう詩を提示したところが、原口針水師がびっくりして、「あなた、そういうふうにお念仏を味わっていらっしゃるんならすこしも疑わしいところはないんだ。ありがとうございました」といって、本願寺へ帰って報告したところが、本願寺の学者たちが「そういうありがたいお念仏の人でありましたか」とみな感心した。

これは明らかに教位説を大厳師がいわれたわけですね。大悲招喚《だいひしょうかん》の声として念仏を聞いている。よんでくださる声として念仏を称えている。この念仏にはすこしも危ないところはない。〈おしえの言葉〉をそのまんま〈受けとる〉ところには問題が出てくるけれども、機位においては、ただ如来の大悲に目をつけて、自分が称えたというところに目をつけないならば、それは称名正因の心配はすこしもないんです。その教位説、機位説というものがうちだされたということは、能行系の学説の一大躍進であったと私は思うのであります。

そういうことで、六字釈がここへ出てきたのを解釈いたしますというと、この六字釈がたいへんにありがたい。ナムナムナム……。

めざめさせられた悪人

その次、たいへん大事なご自釈が出てきますね。

【あきらかに知《し》んぬ、これ凡聖自力《ぼんしょうじりき》の行《ぎょう》にあらず。ゆえに不回向《ふえこう》の行《ぎょう》と名《な》づくるなり。大小《だいしょう》の聖人《しょうにん》・重軽《じゅうきょう》の悪人《あくにん》、みな同《おな》じく斉《ひと》しく選択《せんじゃく》の大宝海《だいほうかい》に帰《き》して念仏成仏《ねんぶつじょうぶつ》すべし。

ここをもって『論《ろん》の註《ちゅう》』（下）にいわく、「かの安楽国土《あんらくこくど》は、阿弥陀如来《あみだにょらい》の正覚浄華《しょうがくじょうけ》の化生《けしょう》するところにあらざることなし。同一《どういつ》に念仏《ねんぶつ》して別《べつ》の道《みち》なきがゆえに」とのたまえり。】

（聖典一八六頁）

こういうご文がここに引かれております。これは不回向《ふえこう》ということをいわれたかった。われわれのほうから回向*を用いるということはありえない。他力には、われわれの回向はいらない。ただ如来の回向を用いるだけなんだ。回向とは如来がくださるということ。これ、たまわる念仏である。行ぜしめられる念仏である。こういうことをいいあらわされた。

悪人成仏《あくにんじょうぶつ》ということは、他力をはずしては語れないことなんだ。悪人がたすかるということはありえない。ありえないことがありうるということは、他力があって、悪人がたすかるということがありうるのである。「同一《どういつ》念仏」を除外して悪人成仏をいえば、悪魔の説になってしまう。悪人成仏という裏は、必ず他力ということですね。他力の言葉をかえたのが、悪人成仏という言葉であるというてよろしいかと思います。

『歎異抄』第三節の「善人なおもって往生をとぐ、いわんや悪人をや」とあるのを、近ごろは文化人がいろいろに解釈いたしますけれども、あの解釈はみなおかしいと私は思う。この『歎異抄』というものを何の書物と思っておるのか。『歎異抄』というのは宗教書であって、道徳の本じゃない。道徳書なら道徳の悪人を論じているが、宗教書なら、出てくる悪人という言葉は、宗教的悪人にきまっておる。宗教からいうたら、宗教的自覚をした者は全部悪人なんだ。善人とは宗教的自覚のない者のことをいう。

世間の善悪と宗教の善悪とは逆になっておる。それさえわかればなんでもない。親鸞聖人はとんでもない言動をもてあそんだのではないんですがね。宗教的自覚者はすべて悪人、おれは悪人だという自覚ができた人がはじめて他力を信ずることができるんであって、その自覚のない者には、絶対他力ということはどうしても信じ難い。

そういう宗教体験がないから、つまりこの悪人が道徳上の悪人のように、文化人の目には見えるんだろうと私は思う。いつでも、その親鸞は偉い。何が偉い？　悪人がたすかるというた。それをもう一つひっくり返すと、じゃー、悪いことした者がたすかるんで、たすけてもらうときには悪いことしなけりゃたすからない。こういうことになってしまう。

道徳と宗教とをはきちがえて、宗教的観点に立った悪人であることを忘れてもらっては困る。「あんまりとんでもないところを喜んでもらっては困る」と、親鸞聖人はおっしゃるだろうと思います。

＊回向――こちらのものをかなたへふり向けること。自力の回向とは、自分のおさめた善根功徳《ぜんごんくどく》をふり向けて、仏になるたねとすること。他力の回向とは、仏のほうで成就《じょうじゅ》されてある功徳を衆生《しゅじょう》のほうへふり向けてくださること。

慈悲のきわまり

【おおよそ往相回《おうそうえ》向《こう》の行信《ぎょうしん》について、行《ぎょう》にすなわち（則）一念《いちねん》あり、また信《しん》に一念《いちねん》あり。】（聖典一八七頁）

この行《ぎょう》の一念《いちねん》と信の一念という場合に、ちょっと字のつかい方が違っております。行の下に則《そく》という字が書いてある。

「また信に一念あり」。ここに則の字がない。一念をいう。行の一念とは、一声《ひとこえ》の念仏ですね。それから信の一念というのは、心に受け入れたその当体《とうたい》（本体そのもの）、時剋《じこく》の極促《ごくそく》（人間の意識をこえたひじょうに短い時間。一二五頁参照）といわれる。その当体を信の一念という。なぜ行のところに則が入ったか、その理由が次のところに、就顕《じゅけん》の法門《ほうもん》として出てきます。

【行《ぎょう》の一念《いちねん》というは、いわく、称名《しょうみょう》の遍数《へんじゅ》につ（就）いて選択易行《せんじゃくいぎょう》の至極《しごく》を顕開（けんかい）す。】（聖典一八七頁）

「称名（念仏）の遍数《へんじゅ》に就《つ》いて」の就いてとは、ことよせてという解釈なんですよ。これを就顕の法門という。就顕の就の字は、この称名の数についてであって、念仏についてではなく、念仏の数についてです。

それはどういうことかというと、『大無量寿経』の終わりのほうの付属のところ（聖典八一頁）に、行の一念をお示しになって、一声の念仏でたすかるんだ。親鸞聖人はこの付属の一念というものは、行の一念だと、はっきりおっしゃってありますから、付属の一念は行と解釈する。

何で付属を行と解釈しなければならんかと申しますと、付属ということは渡すということですね。お念仏を、このつぎ仏になる弥勒《みろく》に、「あんたにあげます」と渡す。渡すものは信心であるけれども、信心は形が見えませんから渡すことができない。渡すというときは形あるものにしなければなりませんから、念仏という形にした。それで親鸞聖人は、ここは行で解釈しなければ動きがとれない、というので「いま弥勒付属《ふぞく》の一念はすなわちこれ一声《いっしょう》なり」（聖典一八九頁）。この念仏は一声《ひとこえ》の念仏だ。ということは、「念仏一声《ひとこえ》称えるだけで、もう浄土往生まちがいないということが決まってしまう」と、弥勒菩薩にいわれた。

これは何のことか。念仏の数にことよせて、「選択易行《せんじゃくいぎょう》の至極《しごく》を顕開《けんかい》す」る。これほど安らかなことはないということをあらわす、易行《いぎょう》の至極《しごく》です。

これについてある人がね、「信心、信心というとあんまり難しゅうて困る。なんとかもっと楽な法がないだろうか。阿弥陀さまが、あんまり難しいことを考えずに、そんな信心なんてことといわずに、南無阿弥陀仏とこういえばそれでたすかる、というておってくださったほうがいいのに」と、こぼしたので、「いや、それは心配せんでもあるぞ。行《ぎょう》の一念ということがあって、南無阿弥陀仏と一声称えれば、確かにまちがいなくそれでいいんだ。信心いただけっていわれりゃ困るけれども、南無阿弥陀仏といっぺんいえば、それでいいんだ」というと、「ああ、そうだったか、ありがとうございます。ナムアミダブツ」それで信心が決定《けつじょう》した。易《やす》いということの、これ以上の楽ないい方はないいんですね。

何か信心というと、難しいことを心に考え出さんならんように思うているから、ガタガタと苦労して、一生かかってもご信心がもらえないでしょ。そこで、「一声念仏称えりゃそれでいいんだ」といいましたら、「いやーありがたい」というて泣いた人があった。金沢で『歎異抄』の講義をしたときに、中寺市之《なかでらいちの》輔《すけ》さんがこの話を聞いて、泣いたことを私は覚えている。それは何でかというと、中寺さんは、ひじょうに信心に苦労しておった。そしたらね、「一声念仏称えると、それでもう往生が成就《じょうじゅ》するんだぞ。もう、いらんこと考えんでいい、南無阿弥陀仏、それでもうきちっと決まりだ」というたら、中寺さんが、「ワァーッ」と声をあげて泣いた。ここだと思うんだ、「選択易行の至極を顕開す」というおおせの意味は。信心というと難しくなるでしょ。楽なといえば、南無阿弥陀仏と一声称えりゃいい。こんな楽な話はない。

親鸞聖人は、「選択易行の至極を顕開す」。称名の一声という、声にことよせて、最高に楽な法ということをいいあらわされた。それを就顕の法門という。それに対して、信一念《しんいちねん》を顕《あら》わす斯顕《しけん》の法《ほう》門《もん》というのがある。『信巻』ちょっと開いてみましょうか。

【それ真実《しんじつ》の信楽《しんぎょう》を案《あん》ずるに、信楽《しんぎょう》に一念《いちねん》あり。一念《いちねん》とはこ（斯・）れ信楽開発《しんぎょうかいほつ》の時剋《じこく》の極促《ごくそく》を顕・（あらわ）し、広大難思《こうだいなんじ》の慶心《きょうしん》を彰《あらわ》すなり。】（聖典二五〇頁）

信の一念というものは、これそのものが往生の因《いん》を成《じょう》ずるところの至極の時剋である。これを斯《し》顕《けん》というのです。

信の一念は、やはり『信巻』へいかないと出てきませんが、この信の一念は、そのままで直接にあらわしてある。行の一念のほうは、称名の声の数にことよせて、易行《いぎょう》ということをあらわしてある。信の一念のほうは、領受《りょうじゅ》の当体《とうたい》、お念仏の一声さえ必要としないということになる。称えることさえいらないんです。だから、行の一念には則の字があり、信の一念には則の字がないんです。信の一念で往生の因《いん》が決定する。

そうすると、称えるということはもういらなくなりますから。何のために称えるかというたら、ご恩報ずるために南無阿弥陀仏を称える、ということにならざるを得ない。信心が決定することは、即時《そくじ》に必定《ひつじょう》に入る。そうすると称名はいらんものになってくる。ちっともいらないんだ。事実いらない。一声の念仏をも待たない大慈悲《だいじひ》だから仏の恩を報ぜざるをえない。**何で恩を報ずるか。念仏称えていると仏法がひろまるから。仏法をひろめたいのが阿弥陀如来の本願だから。**本願にかなうことになるから、お念仏を称えるということはご恩報謝ということになる。

称名報恩《しょうみょうほうおん》ということは、信心正因《しんじんしょういん》なるがゆえに、称名は報恩となる。信心正因なら称名報恩といわざるをえない。称名は報恩の行であるからして、信心というものでこと足るということにならざるをえない。信心決定《しんじんけつじょう》のときに往生の因《いん》が満足《まんぞく》するからして、それで称名というものは報恩というよりいいようがない。

それから『集諸経礼懺儀《しゅうしょきょうらいさんぎ》』を引いて、二種《にしゅ》の深信《じんしん》をあらわしてあります。これは、何の意味かと申しますと、二種深信*といえばこれは信心のことですから、**行というものはやがて行者の心へ入って、二種深信の信となる**ということを、予備知識としてここに与えられた。この次、『信巻』にくわしく出てまいりますが、その伏線として、二種深信を持ちだされた。これがその『集諸経礼懺儀』の二種深信引用のお心かと思われます。

【しかれば大悲《だいひ》の願船《がんせん》に乗《じょう》じて光明《こうみょう》の広海《こうかい》に浮《うか》びぬれば、至徳《しとく》の風静《かぜしず》かに、衆禍《しゅか》の波転《なみてん》ず。すなわち無明《むみょう》の闇《あん》を破《は》し、すみやかに無量光明土《むりょうこうみょうど》に到《いた》りて大般涅槃《だいはつねはん》を証《しょう》す、普賢《ふげん》の徳《とく》に遵《したが》うなり、知《し》るべしと。】（聖典一八九頁）

これは有名な一文《いちぶん》です。大行《だいぎょう》の利益《りやく》を述べられたもので、念仏生活の楽しさを謳歌された、味の深い、妙味のある表現と味わわせていただいております。ナムナムナム……。

【『安楽集《あんらくしゅう》』（上）にいわく、「十念相続《じゅうねんそうぞく》とは、これ聖者《しょうじゃ》の一《ひと》つの数《かず》の名《な》ならくのみ。すなわちよく念《ねん》を積《つ》み、思《おもい》を凝《こ》らして他事《たじ》を縁《えん》ぜざれば、業道成弁《ごうどうじょうべん》せしめてすなわち罷《や》みぬ。また労《いたわ》しくこれが頭数《ずしゅ》を記《き》せざれと。またいわく、〈もし久行《くぎょう》の人《ひと》の念《ねん》は、多《おお》くこれによるべし。もし始行《しぎょう》の人《ひと》の念《ねん》は、数《かず》を記《き》する、またよし。これまた聖教《しょうぎょう》によるなり〉」と。】（聖典一八九頁）

ここに十念釈《じゅうねんじゃく》が出てまいります。お念仏の数のことですね。もう熟練した念仏行者《ぎょうじゃ》は、一声一声《ひとこえ》というて、お念仏のことを数えなくてもいいんだと。数なんか数える必要はないんだ。数にとらわれる必要のないことをおっしゃったのです。新米《しんまい》の人は数を数えておってもいいと、こういうてあります。

【これすなわち真実《しんじつ》の行《ぎょう》を顕《あらわ》す明証《みょうしょう》なり。まことに知《し》んぬ、選択摂取《せんじゃくせっしゅ》の本願《ほんがん》、超世希有《ちょうせけう》の勝行《しょうぎょう》、円融真妙《えんにゅうしんみょう》の正法《しょうぼう》、至極無碍《しごくむげ》の大行《だいぎょう》なり、知《し》るべしと。】（聖典一八九頁）

ここに大行《だいぎょう》——行《ぎょう》ということの総結びをしてございます。

それで、「選択摂取《せんじゃくせっしゅ》の本願《ほんがん》」とほめたたえた。これは総括的な讃嘆です。これを各論的に分けて、「超世希有の勝行、円融真妙の正法、至極無碍の大行」とそれぞれ讃嘆された。選択摂取は総論的に、あとの三つは各論的に讃嘆をされたので、名号にもろもろの功徳がそなわっているのは、すべて選択摂取（選びとり、おさめすくう）を目的としているからです。如来の選択の願心をもってわれわれを救うてくださる。極重悪人を救いとる目的のため、十方浄土の生因《しょういん》に、すぐれた名号を成就されたと、ご自釈を結ばれたのです。念仏一行《いちぎょう》をあがめられた、祖師親鸞聖人の信仰の態度を学ぶべきであります。ナムナムナム……。

＊二種深信——『観無量寿経』の九品往生《くぼんおうじょう》（人間生活における九種の相《そう》）を明かす中で、第一は至誠心《しじょうしん》、第二は深《じん》心《しん》、第三は回向発願心《えこうほつがんしん》とあり、まず、この第一と第三は第二の深心に包括《ほうかつ》される。この深心に二種ある中で、その第一を機《き》の深信《じんしん》、第二を法《ほう》の深信《じんしん》といわれたので、これを七里恒順《しちりごうじゅん》和上は次のようにたとえられた。「一枚の鏡をもって内に向ければ床の間がうつり、外に向けると庭がうつる。鏡が二枚あるのではなくて向けるところによる。一つの信心がわが身をうつすときたすからぬ機《き》（こころ）がうつり、法の手前に向ければたすくるお慈悲がうつる。この機、この法一体にして二つ信心はない」。絶対にたすからぬことが絶対たすかることである。この道理を鈴木大拙《すずきだいせつ》は「般若即非《はんにゃそくひ》の論理《ろんり》」と説かれ、西田幾多郎《にしだきたろう》は「絶対矛盾《ぜったいむじゅん》の自己同一《じこどういつ》」とあきらかにされているというのが、桜井和上独自の説である。

信　巻

信巻別序

【顕浄土真実信文類《けんじょうどしんじつしんもんるい》　序《じょ》

愚禿釈親鸞集《ぐとくしゃくしんらんしゅう》

それおもんみれば、信楽《しんぎょう》を獲得《ぎゃくとく》することは、如来選択《にょらいせんじゃく》の願心《がんしん》より発起《ほっき》す。真心《しんしん》を開闡《かいせん》することは、大聖《だいしょう》（釈尊）矜哀《こうあい》の善巧《ぜんぎょう》より顕彰《けんしょう》せり。

しかるに末代《まつだい》の道俗《どうぞく》、近世《こんせ》の宗師《しゅうし》、自性唯心《じしょうゆいしん》に沈《しず》みて浄土《じょうど》の真証《しんしょう》を貶《へん》す、定散《じょうさん》の自心《じしん》に迷《まど》いて金剛《こんごう》の真信《しんしん》に昏《くら》し。

ここに愚《ぐ》禿《とく》釈《しゃく》の親鸞《しんらん》、諸仏如来《しょぶつにょらい》の真説《しんせつ》に信順《しんじゅん》して、論家《ろんげ》・釈家《しゃくけ》の宗義《しゅうぎ》を披閲《ひえつ》す。広《ひろ》く三経《さんぎょう》の光沢《こうたく》を蒙《かぶ》りて、ことに一心《いっしん》の華文《かもん》を開《ひら》く。しばらく疑問《ぎもん》を至《いた》してついに明証《みょうしょう》を出《いだ》す。まことに仏恩《ぶっとん》の深重《じんじゅう》なるを念《ねん》じて、人倫《じんりん》の哢言《ろうげん》を恥《は》じず。浄邦《じょうほう》を欣《ねが》う徒衆《としゅ》、穢域《えいき》を厭《いと》う庶類《しょるい》、取捨《しゅしゃ》を加《くわ》うといえども毀謗《きぼう》を生《しょう》ずることなかれとなり。】（聖典二〇九頁）

如来選択の願心――阿弥陀仏が因位において一切の自力の行信を選び捨て、他力の行信を選び取り、万人を平等に救おうと誓願された大慈大悲心のこと。／開闡――説き明かすこと。／善巧――善巧方便のこと。大悲が巧みな方法便宜をもって衆生をすくうこと。／末代の道俗――末法の時代の僧侶と在家の者。／自性唯心――自己の心に内在する清浄なる本性のほかに、仏や浄土等が別に存在しないという立場。／自心――自力の心。／金剛の真信――如来回向の信心。非常に堅固なことから金剛の二字を付す。／論家――龍樹・天親の二菩薩をいう。／釈家――曇鸞大師・道綽禅師・善導大師・源信和尚・源空聖人をいう。

念仏が私たちの腹に入ってきて

『行巻《ぎょうかん》』は終わったのですが、行《ぎょう》というのは、われわれの信ずる対象ですね。何を信ずるか、というと行を信ずる。この信ずる対象を所信と申しますが、それは南無阿弥陀仏という名号《みょうごう》です。ですから、行は無碍光如来の称えられつつある名号そのものである。だから、読むときには、「称したてまつるなり」と、こう読まなければなりません（一般的には、「大行とはすなわち無碍光如来の名《みな》を称するなり」と読まれている）。人間の行為にかかわる如来の名号ですから、如来の名《みな》がそのまま衆生の行です。

「念仏」というから、われわれが口で称えるだけのものかと思うたら、「念仏はすなわちこれ南無阿弥陀仏なり」（『行巻』）で、念仏こそ阿弥陀仏の生きてはたらきつつあるすがたであるという。その念仏が私たちの腹に入ってきて、ひとつの念仏の体《たい》、すなわち名号がわれわれの信となる。**この信じさせるのも念仏であり、称えさせるのも念仏である。念仏それ自体がはたらいて、動いて、口にも出てくる。**心に入れば念仏の信、他力の念仏であり、他力の信心であるからして、人間のすることはなにもないんだ。

こういうことをいおうとしたのが『行巻』なんですよ。ですから『教行信証』を勉強するのに、一番難しいのが『行巻』。

『信巻』は難しくない。どうもせんときゃいいんだ。やるとぐあいが悪い。どうもせんとたすかるんだから、「なにかやるとおかしいぞ」と、こういうことをいわれるのが『信巻』であってね。それに比べると『行巻』はひじょうに難しい。「行」は、称名のような気もするし、名号のような気もする。そうかというと、本体のようにも説いてある。親鸞聖人の場合は、「行」ということに難しい意味をもっておられます。これは、そのままでは、当時の人たちには受け入れられにくいということから、蓮如教学では所信をいう場合、必ず名号にきめてしまって、念仏ということをいわない。こういえば一番わかりやすいんで、まちがう気づかいがないんです。蓮如上人が、単純化することにいろいろ骨を折られたんです。だから蓮如教学で念仏というたら、ご報謝にきまっています。信ずるものは何かというと、名号だ。南無阿弥陀仏だと。

「……阿弥陀如来の仰《おお》せられけるようは、『末代《まつだい》の凡夫《ぼんぶ》罪業《ざいごう》のわれらたらんもの、罪《つみ》はいかほどふかくとも、われを一心《いっしん》にたのまん衆生《しゅじょう》をば、かならずすくうべし』と仰《おお》せられたり。……これをすなわち仏恩報謝《ぶっとんほうしゃ》の念仏《ねんぶつ》とは申すなり。……」

（『御文章《おふみ》』、聖典一一八〇頁）

だから、信ずる前のところに、念仏はけっしていわない。念仏という場合は信後《しんご》のご報謝、そこだけにきめていますから、まちがいをおこす心配はありません。そのかわり親鸞教学のように、かみしめて味わえば味わうほど、味が出るというわけにはいきません。

ところが、親鸞教学の「行」というものは、かめばかむほど味わいがあります。そうして**「信ずる」ということが、いつでも人間の意識的な問題になろうとするのを抑《おさ》えている。**そういう絶対他力ということをあらわす意味において、親鸞聖人の「行」の扱いというものは、じつにすばらしいものがあると思います。

次に『信巻』へすすんでいきます。信ずるのは念仏である。念仏といっても、念仏を称えるものは、「名号のはたらき」を信ずるのであって、「おれが称えたからこれでたすかる」というような念仏ではない。「ただ念仏して」と『歎異抄《たんにしょう》』にいわれるのはこれですね。「ただ念仏して弥陀にたすけられまいらすべし」というのは行《ぎょう》です。「よきひとのおおせをこうむりて」というのは教《きょう》ですね。法然聖人の教えです。『歎異抄』の第二節の扱いは、どうしても「教行信証」の扱いではなく、「教行証」の扱いです。親鸞聖人はご晩年に『教行信証』を略して『浄土文類聚鈔《じょうどもんるいじゅしょう》』をお書きになりました。ここでは、信はどこへいったのかというと、行に入っている。信を表に出していらっしゃらない。これを「行中摂信《ぎょうちゅうせっしん》」と申します。行の中へ信を摂《おさ》めた。そういう扱いをされているんです。（二五八頁参照）

お念仏も結構には違いないけれども、信ずることができなかったら「棚の上のぼたもち」と受けとれますね。「信ずる」ということを、親鸞聖人は『教行信証』でひじょうに強調され、とくに『信巻』には序文を別におかれて、「信ずる」ということがいかに大事かを、述べておられることも十分うなずけるんです。だからといって、横道にそれて、「信ずる」ということが、人間の意識的な観念になってしまったのではなんにもならない。「信ずる」ということは大事であるけれども、同時に、観念化しないように用心を怠《おこた》ってはならないということも申し上げておきます。この点につきましては、私の著書、『歎異抄を読み解く』（春秋社）で語りつくしたつもりです。ナムナムナム……。

集めたご文が尊い

さて『信巻』の組織について申し上げます。

【顕浄土真実信文類《けんじょうどしんじつしんもんるい》　三
愚禿釈《ぐとくしゃく》 親鸞集《しんらんしゅう》】

最初（聖典二一一頁）にありますのが、「標挙《ひょうこ》」とよばれている標題《ひょうだい》です。タイトルですね。この意味は、親鸞自らの解釈を本意とせず、浄土門流の文類《もんるい》が本意。親鸞聖人が「自分がこういうことをいうんだ」というのではなく、「自分が仰いでいるところの浄土門流の信心について、お教えくださったお言葉はかくのごとくである」「自分が信仰しているよりどころのご文をここへ集めたんだ」というのが『信文類』。それで、「愚禿釈親鸞集《あつ》む」といわれたところに、ひじょうに味わいがあるんです。ご自釈というのは、それに対する聖人のご感想。そのご感想がわれわれにとってはたいへん尊いものなんですが、親鸞聖人ご自身としては、「これは自分の感想で、じつは集めたご文が尊いんだ」と、こういう意味で「親鸞集む」とお書きになった。

信心は人間の意識の中にありながら……

善導大師《ぜんどうだいし》は二河譬《にがひ》に「衆生《しゅじょう》の貪瞋煩悩《とんじんぼんのう》のなかに、よく清浄願往生《しょうじょうがんおうじょう》の心《しん》を生《しょう》ぜしむる」（聖典二二五頁）といわれた。願往生心《がんおうじょうしん》は、意識中に顕現《けんげん》すれども、意識をこえさせる、それが正定聚《しょうじょうじゅ》（信をえて、正しく仏になることに決まっている仲間）の機《き》（如来のすくいのめあて）である。

ご承知のように、二河白道《にがびゃくどう》の譬《たとえ》は、南のほうに火の河、北のほうに水の河が果てしなくあって、その中に四、五寸《すん》（約十五センチ）幅の白い道が見えておる、というのですね。その二河というのが、われわれの果てしのない貪欲《とんよく》（むさぼり）と瞋恚《しんに》（いかり、ねたみ）にたとえられた。四、五寸幅の白道というと、本願の大道《だいどう》が幅四、五寸とはけしからんと思うかもしれませんが、四、五寸とは四大《しだい》五蘊《ごうん》。つまり体と心のこと。四大とは地《ち》・水《すい》・火《か》・風《ふう》。地は堅《かた》い、水は湿《うるお》す、火は煖《あたた》かい、風は動く。このように堅《けん》・湿《しつ》・煖《なん》・動《どう》という性質をあらわしている。つまりわれわれの肉体のこと。五蘊というのは、色《しき》・受《じゅ》・想《そう》・行《ぎょう》・識《しき》。色蘊《しきうん》というのは顕色《けんじき》（カラー）と形色《ぎょうしき》（フォーム）ですから完全な物質ですね。われわれの肉体は物質からできておる。その物質である肉体が、外界から内界への刺激を受けるというのが受蘊《じゅうん》。受けるとそこに想念がはたらく、人間の心が動く、それが想蘊《そううん》。動くからそれが行為的欲求となって出てくる、というのが行蘊《ぎょううん》。そして、いろいろと識別する、心の総括をする作用を識蘊《しきうん》という。

この四大五蘊《しだいごうん》を、白道四、五寸にたとえられた。このたよりない四、五寸のわれわれの肉体および精神に、如来の大慈悲が宿りたもう。阿弥陀仏の大慈悲というものは、われわれの肉体があり心があって、そこへ入ってきてはたらきをしてくださる。われわれというものがなくなり、信心だけがポカーンとあるということになると、主体性がないということになるでしょ。主体性がなければ、救われるものがないことになる。これではどうにも説明になりませんから、主体を白道四、五寸といわれた。われわれの四、五寸の肉体・精神の中に、阿弥陀如来の心が入ってくる。

それを、善導大師が「衆生貪瞋煩悩中《しゅじょうとんじんぼんのうちゅう》、能生清浄願往生心《のうしょうしょうじょうがんおうじょうしん》」といわれた。衆生の貪欲・瞋恚の煩悩の中に、阿弥陀仏をおもい、参りたい・たすかりたいという願往生心というものが生まれてくるんだ。人間の意識を超越した信心だけれども、それがやがて意識の中に宿るということをいわないと、信心はまったく意識から離れたものになってしまう。信心は人間の意識から生まれ出るものではないが、**意識をこえながら意識の中にある。**こういうところをね、よく味わってみないと、わけのわからないことになりますから。そこのところを善導大師がいわれておるんだ。意識中に顕現すれども、願往生心は意識をこえさせる。その意識をこえさせるはたらきのあるもの、すなわち阿弥陀如来のみ心が、願往生としてわれわれの心に入ってきた。それがやがて「正定聚《しょうじょうじゅ》の機《き》」といわれるものなんだ。

長生きして死なないように

【つつしんで往相《おうそう》の回向《えこう》を案《あん》ずるに、大信《だいしん》あり。大信心《だいしんじん》はすなわちこれ長生不死《ちょうせいふし》の神方《しんぽう》、欣浄《ごんじょう》厭穢《えんね》の妙術《みょうじゅつ》、選択回向《せんじゃくえこう》の直心《じきしん》、利他深広《りたじんこう》の信楽《しんぎょう》、金剛不壊《こんごうふえ》の真心《しんしん》、易往無人《いおうむにん》の浄信《じょうしん》、心光摂護《しんこうしょうご》の一心《しっしん》、希有最勝《けうさいしょう》の大信《だいしん》、世間難信《せけんなんしん》の捷径《せっけい》、証大涅槃《しょうだいねはん》の真因《しんいん》、極速円融《ごくそくえんにゅう》の白道《びゃくどう》、真如一実《しんにょいちじつ》の信海《しんかい》なり。この心《しん》すなわちこれ念仏往生《ねんぶつおうじょう》の願《がん》（第十八願）より出《い》でたり。この大願《だいがん》を選択本願《せんじゃくほんがん》と名《な》づく、また本願三心《ほんがんさんしん》の願《がん》と名《な》づく、また至心信楽《ししんしんぎょう》の願《がん》と名《な》づく、また往相信心《おうそうしんじん》の願《がん》と名《な》づくべきなり。】

（聖典二一一頁）

『行巻』には「大行《だいぎょう》あり、大信《だいしん》あり」とありましたが、行はもうすみましたから、今は単に「大信あり」とだけいわれた。そして信心の十二とおりを列挙《れっきょ》された。これを大信十二嘆釈《だいしんじゅうにたんじゃく》という。讃嘆する、解釈するということです。

初めの二つは関連がありますね。他の十とは意味がかわっている。まず、長生不死《ちょうせいふし》ということは、長生きして死なない。これは人間の本能的欲望ですね。なんといわれようとも死ぬのだけはごめんで、いつまでも生きていたいという。しかし、いつまでも生きていたいと思うだけではなんにもならん。くふうがいる。その方法というのが「ご信心をいただくということなんだ」と、まっ先にもってこられた。「本能だけの人間を、そのまま抱えこんで満足させてくださるということがご信心なんだ」と、親鸞聖人がおっしゃったんだと思います。

次が「欣浄厭穢《ごんじょうえんね》の妙術《みょうじゅつ》」。浄土を欣《ねが》い、穢土《えど》を厭《いと》うということ。欣求浄土《ごんぐじょうど》、厭離穢土《えんりえど》のことですね。こんなことを誰がいいだしたのか、というと善導大師（真宗の七高僧の第五祖）。日本での言いだし人は源信僧都《げんしんそうず》（七高僧の第六祖）で、『往生要集《おうじょうようしゅう》』の中におっしゃっておられる。これはどういうことか。厭離穢土とは、この世を厭《いや》だと思うということでしょ。欣求浄土とは、お浄土を恋しくねがうということですね。この世がいやだと思わない人が、信仰の道に入れますか？　この世はいい所だなぁ、おもしろいなぁ、と思っている人に、信仰を求める気持ちはありませんよ。人間の世界はあさましいなぁ、自分の心はもっとあさましい、という愛想《あいそ》づかし、すなわち現実否定があってこそ、念仏門に入れるんですね。これは単なる悲観的・退嬰的《たいえいてき》（逃避的・消極的）な思想ではないんです。厭離穢土、これは否定ですね。欣求浄土、これは肯定ですよ。否定のないところに肯定もない。この世がいやだと思うからお浄土をねがう。お浄土をねがうから、この世のあさましさが目につく。「否定即肯定」ですね。

ところがここに一つの問題が出てくる。厭離が先か欣求が先か。だいたい一般的な仏教から浄土教に進んでくる場合には、否定が先になるんですね。厭離為先《えんりいせん》といいます。それから浄土宗の方々は、どうもお浄土にあこがれる思想が強くて欣求為先《ごんぐいせん》、お浄土をねがうほうを先とする。

そこで、親鸞聖人はどうかということですが、この問題を取り扱っておられるのが『愚禿鈔《ぐとくしょう》』(聖典五二〇頁)で、これを勉強しますと、厭離穢土・欣求浄土の教えが大きく書かれてあります。それでね、親鸞聖人の場合は厭欣無次第《おんごんむしだい》、どっちが先か、そんなことはいう必要がない、というお考えですね。それで、従来の真宗学でもこういうてきましたが、これを今日の哲学用語に直してみますと、*西田幾多郎《にしだきたろう》先生がいわれるように、「否定即肯定」なんです。厭離穢土という否定が、同時に欣求浄土という肯定である。これは次第順序があるもんじゃない。否定がそのまんまで肯定になるところが、**ほんとうの他力信仰のみ教え**なのです。否定と肯定がバラバラのままであると、**人間の心の真の安らぎ**ということはありえないのです。

さて、以上の「長生不死《ちょうせいふし》の神方《しんぽう》」「欣浄厭穢《ごんじょうえんね》の妙術《みょうじゅつ》」は、人間生活の中にいつまでも長生きして死なないようにという思い、それから、この世や自分を否定しつつ肯定していく。こういうものが一緒になって流れていく、これが信仰生活であります。こういうことを親鸞聖人が「長生不死の

神方」「欣浄厭穢の妙術」と並べておっしゃったといただいているのが、桜井の流儀でございます。（笑）

＊西田幾多郎——一八七〇—一九四五。石川県生まれの人。京都大学名誉教授・文化勲章受章。『善の研究』で世界的に有名になった日本の代表的哲学者。石川県宇ノ気《うのけ》町《まち》に西田記念館がある。桜井和上は龍谷大学で一年間教えを受けられた。

如来が来てくださった

第三「選択回向《せんじゃくえこう》の直心《じきしん》」。選択回向ですから、阿弥陀如来が法蔵菩薩《ほうぞうぼさつ》として、五劫《ごこう》の間ご思案をいただいたときに、諸仏浄土をご覧になって、あれがいいか、これがいいか、といろいろ選択《せんたく》をされた。そのことは、法然聖人《ほうねんしょうにん》の『選択本願念仏集《せんじゃくほんがんねんぶつしゅう》』の第三章「本願章」の中に書かれてありますが、つまり、もっとも立派な国へ、もっとも安らかに参らせていただくことができる、そういう方針で選択《せんたく》をされた。そしてそれを回向《えこう》してくださった。今、これから話をしていこうとするところの、親鸞聖人のいわれる「至心《ししん》・信楽《しんぎょう》の信心《しんじん》」というものは、最高のお浄土へ、最高の楽な方法でもってまいらせていただくところの、もっともまっすぐな心である、ということが「選択回向《せんじゃくえこう》の直心《じきしん》」である。「直」は正直の直、まっすぐな心で、これはちょうどそのまんま「至心」ということにあたるでしょ。「至心《ししん》・信楽《しんぎょう》・欲生《よくしょう》」の三心の中の「至心」というのが、いかにも如来のまごころ、まっすぐな心、これが「選択回向の直心」にあたると思います。これは私ばかりでなく、そういう解釈をなされた真宗学者たちが何人もいらっしゃいます。

第四「利他深広《りたじんこう》の信楽《しんぎょう》」。利他ということはここでは他力ということですが、そのほかにいろいろの使い方があってね。「自利利他《じりりた》」という場合は、人を利するということが利他になります。自利に対して人を済度《さいど》するというね。それから「他利利他《たりりた》」、他利とは他のなにものかに利用されるということです。他とは何かというと阿弥陀如来ですよ。阿弥陀如来に動かされる。ご利益を与えてくだされる。これを他利という。「他利利他」の利他という言葉は、他力という言葉の別名になってくる。これに対して、「自利利他」の自利というのが自力の別名ですね。こういう使い方が、親鸞教学の中にあるんです。

「利他深広の信楽《しんぎょう》」ということは、他力の深い広い信心である。深い広いという味わいからいいますと、「三心の中の信楽」の言葉がぴったりです。深く信ずる味わいのことを、「信楽」といわれたのですから。

人間の思いが信仰かな?

第五「金剛不壊《こんごうふえ》の真心《しんしん》」。金剛不壊とは固くてこわれないということ。固いということをいわれるときにはいつでも出てくる、善導さまお得意の言葉です。そして、いつでも「欲生心《よくしょうしん》」のところでおっしゃっておられる。ですから金剛のように丈夫な心、これを「欲生」にあてはめてみるとぴったりします。

以上の「選択回向《せんじゃくえこう》の直心《じきしん》」「利他深広《りたじんこう》の信楽《しんぎょう》」「金剛不壊の真心」の三つは、それぞれ「至心」

「信楽」「欲生」の三心《さんしん》にあてはまる。すなわち、本願三心の当体《とうたい》（五三頁参照）を示されたとみるわけです。従来の学説の中で、この説を主張するのがもっともよろしいと、私は思います。

そこでね、本願の三心が出てきたところで、もう一つこの問題を申し上げておきます。本願で三心をいうたら、次に出てくるのが「乃至《ないし》十念《じゅうねん》」、これは当然、念仏です。乃至がついておるから一生涯のお念仏。それで、人間の行為に信仰が左右されるという、そういう信心はないんだ。*三業惑乱《さんごうわくらん》のとき、正義《せいぎ》派《は》といわれていた人たちの信仰は、三業派の「欲生安心《よくしょうあんじん》」に対して、「信楽安心《しんぎょうあんじん》」といわれ、「離《り》三業《さんごう》の安心《あんじん》」だと。つまり三業にかかわりがないのが、正しい信心だということですね。

今日、われわれが問題にしなけりゃならんのは、形で拝むとか、口でたすけたまえというたからたすかるとか、そんなことを思うておる人はおらんでしょう。しかしね、真宗で多いのは、「私は、阿弥陀如来に確かにまちがいなくたすけてもらえる、と信じておるんだからこれで安心《あんしん》だ」と、そういう信仰ですね。これは危険な信仰思想だと思う。私はこれを一種の「意《い》業安心《ごうあんじん》」だというんですよ。人間の思いを信仰だ、と意識の上に信仰を語っている。ところが、信心というものは、離三業ですから、人間の意識を持ちだしたらいかん、超意識的なものである。その意識をこえたものが、意識の中に入ってくる。やはり、われわれの心の中に入ってこないとね。心の外に信仰があるということはないんですから。人間の心の中に宿ってこなければならないけれども、宿ったものは、じつは意識的なものではない。「来《きた》ったもの」「与えられたもの」だと、西田幾多郎先生はいつもいっておられる。

信仰というものは、来るものである。もらうもの、いただくもの、如来が与えてくださったもの、それが人間の意識に宿った。これが他力という信仰のすがたなのである。ここが、現代の一番大きな問題点ですね。自分の心を思い固めることを信心といっているが、そういう信心は壊れていってしまう。そのような信心は、けっして、われわれに安らぎを与えるところの信心ではないんです。**超意識的なものが、次第にわれわれの意識の上にあらわれてくる、という信仰のすがたでなければならない。**

「至心・信楽」というのは、完全に人間の意識を離れておる。しかし、これがやがて「乃至十念」という生涯の念仏となって、私たちの口から出てくる。これは完全に人間の意識化したもの、人間の意識の上に真実が出てくる。ここまで下がってくるんですよ。これは意識ばかりではない。体も口もそうです。体ではありがたいありがたいと拝む、口ではありがたいありがたいとお念仏を称えるでしょ。みんな人間の意識のところへ出てくるんです。超意識的なものが、意識の世界にあらわれてくる、というのが信後《しんご》相続《そうぞく》の念仏なんです。そのあらわれてくる中間にあるものが「欲生」なのです。

超意識の「至心・信楽」といわれるものが、われわれの意識のところへ下がって入って、やがて意識化する中間の点に、「欲生」がなければならんのです。だから善導大師は、「欲生はこれ願往生の心なり」あるいは「作得生想《さとくしょうそう》」参らんと想う心なり、といわれる。決定心（ご信心）を浄土という方向へ向けてみると、「あー、あの世界へ参らせていただけるんだなぁ」という喜び心になってくるのです。信楽の当体には浄土はないけれども、その信楽が浄土の方へ向かうと、「参らせていただける」の想いとなる。

「信楽」では、超意識のものが意識の世界へ出てくるだけで、まだ意識化するわけにはまいりませんが、やがて意識化しだすところを「欲生」というのであります。こういうところをくふうして、誤解しないように、現代の人たちにもわかるように、お取り次ぎくだされればよろしいかと思います。あまり、離三業、離三業と、「人間の意識に関係がない」ばかりをいいますと、「そんなら、無意識の寝言みたいな信心」といわれますからね。味わい深くおっしゃっていただきたいと思います。

＊三業惑乱——一七九七—一八〇六年。本願寺派において三業安心《さんごうあんじん》派と正義派との間でおこった安心上の騒乱。九三頁参照。

信心はさとりの世界より

それから第六「易《い》往《おう》無《む》人《にん》の浄信《じょうしん》」。これは『大無量寿経』の中に、「往《ゆ》き易《やす》くして人《ひと》なし」（聖典五四頁）ということをおっしゃってあります。それをとってきて、じつにお浄土へは参りやすいが、ご信心をいただく人が極めて少ないので、そのことを「往き易くして人なし」といわれたのである。「人なし」とは、人少なしという意味である、と解釈されてあります（『尊号真像銘文』、聖典六四七頁）。条件のようなものを持ちだしてきて、こうなったからたすかる、こういうことをしたからたすかる、というようなことならどこにでもあることで、信心に骨を折る必要もないけれども、人間の行為のおよぶところになくて、如来が来りたまい、入りたもうご信心ですから、その受け入れのできる人は極めて少ないのです。

それから第七「心光摂護《しんこうしょうご》の一心《いっしん》」。『観無量寿経』に、「一々《いちいち》の光明《こうみょう》は、あまねく十方《じっぽう》世界を照らし、念仏の衆生《しゅじょう》を摂取《せっしゅ》して捨てたまわず」（聖典一〇二頁）とあり、阿弥陀如来の光明は念仏の人を摂取して、包んでくださるところの光で、その中に摂《おさ》め取《と》られるところの信心である。

第八「希有《けう》最勝《さいしょう》の大信《だいしん》」。これは『観経疏散善義《かんぎょうしょさんぜんぎ》』から名づけられた。『観経』の流通分《るずうぶん》に「もし念仏するものは、まさに知るべし、この人はこれ人中の分陀利華《ふんだりけ》なり」（聖典一一七頁）とある。その分陀利華というのを、善導大師が五とおりに解釈をされて、好人《こうにん》、妙好人《みょうこうにん》、上々人《じょうじょうにん》、希有人《けうにん》、最勝人《さいしょうにん》、と誉《ほ》められた。これを「五種《ごしゅ》の嘉誉《かよ》」と申します。念仏者をして、もっとも勝れた、ひじように希《まれ》な人であるといわしめるものは何であるかというと、親鸞聖人は「信」ということがたいせつなんだと、そこで「希有最勝の大信」といわれた。

第九「世間難信《せけんなんしん》の捷径《せっけい》」。『阿弥陀経』の中に、念仏の教えというものは、難信の教えであるとお説きになってある。まさに信じ難い。なぜか。他力なるが故に信じ難い。自力ならば信じ易い。修行を積めば仏になる。これは当然ですね。「何もせんで仏になる」「なに！　そんなことあるかい！」と容易に信じられない。他力は信じ難いということ。それで「世間難信の捷径」。信じ難いが、もっとも近道なんだ、とおっしゃった。

第十「証大涅槃《しょうだいねはん》の真因《しんいん》」、第十一「極速円融《ごくそくえんにゅう》の白道《びゃくどう》」、第十二「真如一実《しんにょいちじつ》の信海《しんかい》」、これらは未来に頂戴する果報《かほう》に関係する。極速というのは極めて速い。そうして円満で融通《ゆうずう》のきく白道である。「証大涅槃の真因」というものも、それに続くところの白道のありさまをいわれたものだ、というように解釈してあります。*金子大榮《かねこだいえい》先生は、第九・十・十一を「道《どう》」とみておられます。これは参考に聞いておいてください。

それから*明教院僧鎔《みょうきょういんそうよう》師は、第一から十一までをインディヴィデュアル（個々）な讃嘆の仕方と見、最後の十二番目は、総括した誉め方とみられた。これはさとりの道に続いたものなんだ、さとりの世界から出てきたものなんだ、ということを「真如一実の信海」といわれたものでしょう。信心が、人間の意識を超越したものであることを、明白に示された一句ですね。よく味わってみなければなりません。

今日、浄土真宗の仲間が多いといいながら、何やら純粋ならざるものが多く混じっている。ほんとうに「真如一実の信海」へ来ない人がたくさんいるわけで、ひじょうに残念であります。ナムナムナム……。

*金子大榮——一八八一—一九七六。新潟県出身。近代の代表的仏教学者。清沢満之門下。大谷大学教授。著書『浄土の観念』がそれまでの実体的浄土観を破る異安心と誤解され大問題になった時期もある。

*明教院僧鎔——一七二三—一七八三。富山県の人。空華学派の祖。名号そのものが如来の行と力説した所行系の代表。

私を見とおして願いがたてられた

「念仏往生の願《がん》」というのが最初に出てきますが、元来、これは善導大師が名づけられたものであり、これを受けて、源信僧都が『往生要集』の巻中に、仏道修行の要《かなめ》を総括して「往生の業《ごう》は念仏を本《ほん》と為《す》」といわれた。法然聖人はこれによられて、『選択本願念仏集《せんじゃくほんがんねんぶつしゅう》』の中に、「念仏為本《ねんぶついほん》」（聖典一八五頁）と書かれたわけです。

それから「選択本願」という名は、四十八願すべてが本願ですけれども、第十八願を指していわれるのが、『教行信証』のお心。だからこれは親鸞流の見方といえます。『唯信鈔文意《ゆいしんしょうもんい》』もまた同じく、第十七願を「選択称名の願」という。これ第十七と第十八の二願は一つとみて、信・行の別あれども、信行不離不二《しんぎょうふりふに》なり。第十七願と第十八願と、選択という名が重複するわけですけれども、これは信と行とわけて、第十七願のほうにお念仏をいわれるものですから、それは行であるとして、第十八願のほうに信をもってこられた。信と行と区別はないんだけれども、ないものをちょっと分けてみるとすれば、第十七願を行とし、第十八願を信とする、とこうなるわけです。

それから、『正像末和讃《しょうぞうまつわさん》』に、

超世無上《ちょうせむじょう》に摂取《せっしゅ》し　選択五劫思惟《せんじゃくごこうしゆい》して
光明《こうみょう》・寿命《じゅみょう》の誓願《せいがん》を　大悲《だいひ》の本《ほん》としたまえり
（聖典六〇三頁）

というお言葉がありますね。そうしますと、選択ということは、十七・十八の願以外にも使われるということになります。このご和讃からいうと、光明無量（十二願）・寿命無量（十三願）の誓願を大悲の本としたといわれるんだから、これは光寿二《こうじゅに》無量《むりょう》を指して、選択本願とこういわれるように思われますけれども、これは異例なことであって、元来が「選択本願」というのは、第十八願なのである。「選択の本願」ということについては、法然聖人が『選択集』にくわしく書かれましたから、そちらへ譲っておきます。

次が「本願三心《ほんがんさんしん》の願《がん》」。内容からこの願名《がんめい》を立てられた。三心をお誓いになった第十八願なので、この名をつけられた。

次の「至《し》心信楽《しんしんぎょう》の願《がん》」も、やはり内容からつけられた願名《がんめい》ですね。

それから「往相信心《おうそうしんじん》の願《がん》」。これは親鸞聖人ご自身が、独特のお名前をあげられたので、前例がありません。それで、前の三つの願は「名づく」といわれて、最後の「往相信心の願」だけは、「名づくべきなり」といわれた。「べきなり」とは「こうもいえる」ということです。ナムナムナム……。

飛行機に乗りさえすれば

【しかるに常没《じょうもつ》の凡愚《ぼんぐ》、流転《るてん》の群生《ぐんじょう》、無上妙果《むじょうみょうか》の成《じょう》じがたきにあらず、真実《しんじつ》の信楽《しんぎょう》まことに獲《う》ること難《かた》し。なにをもってのゆえに、いまし如来《にょらい》の加威力《かいりき》によるがゆえなり、博《ひろ》く大悲《だいひ》広慧《こうえ》の力《ちから》によるがゆえなり。たまたま浄信《じょうしん》を獲《え》ば、この心顛倒《しんてんどう》せず、この心虚偽《しんこぎ》ならず。ここをもっ

て極悪深重《ごくあくじんじゅう》の衆生《しゅじょう》、大慶喜心《だいきょうきしん》を得《え》、もろもろの聖尊《しょうそん》の重愛《じゅうあい》を獲《う》るなり。】（聖典二一一頁）

「常没《じょうもつ》の凡愚《ぼんぐ》、流転《るてん》の群生《ぐんじょう》」とはわれわれのことです。われわれが迷いを離れることができないのは、さとりを開くのが難しいのではなくて、信心を獲《う》ることが難しいのである。なぜ難しいか、といえば造作《ぞうさ》のないことが難しいのである。

　さとりを開くということは、造作のないことなんだ。ちょうど、アメリカへ渡るようなもので、飛行機に乗りさえすれば造作もありませんね。乗るか乗らんかが問題だけれど、アメリカ行きのルートに乗ってしまえばなんでもない。われわれがさとりを開くことは、信心さえいただけばなんでもないことなんだが、その信心を獲《う》ることが難しい。

「真実の信楽《しんぎょう》まことに獲《う》ること難《かた》し」。じつに獲難《えがた》い。なんでかというと、「いまし如来の加威力《かいりき》によるがゆえなり、博《ひろ》く大悲広慧《だいひこうえ》の力《ちから》によるがゆえなり」。如来さまの力でいただく信心だから、難しいんだといわれる。

　これを、釈迦《しゃか》・弥陀《みだ》二尊《にそん》に分けますと、「如来の加威力」というのはお釈迦さまのお導き、「大悲広慧の力」というのは阿弥陀さまのお恵《めぐ》みの力と、このようにいわれております。

　それで信心は、お釈迦さまのお力、阿弥陀さまのお力によるので、自分の力で作り出すものではないから難しいんだ。与えられるものをいただくのだから難しい。意識によって把握されるべきものでないから難信《なんしん》。如来からたまわる信心で、われわれが作れるものではない。

　ところがね、同じく親鸞聖人がお書きになった『浄土文類聚鈔《じょうどもんるいじゅしょう》』には、「いまし如来の加威力《かいりき》によるがゆえに、博《ひろ》く大悲《だいひ》広慧《こうえ》の力《ちから》によるがゆえに、清浄《しょうじょう》真実《しんじつ》の信心《しんじん》を獲《う》るなり」（聖典四八〇頁）と逆のいい方になっています。もっと徹底していうと、難しいから楽なんだ、楽なんだから難しい、ということになる。楽ともいうたり、難しいともいうたり、どっちもいえるんです。「他力だから楽なんだ」といわれたのが『浄土文類聚鈔』。「他力だから難しい」といわれたのが『教行信証』。両方ありますから、どうぞそのおつもりで『浄土文類聚鈔』のほうもご覧ください。

「たまたま浄信《じょうしん》を獲《え》ば、この心顚倒《しんてんどう》せず、この心虚偽《しんこぎ》ならず」。われわれの心は嘘《うそ》いつわりの心です。顚倒というのはさかさま。きれいなものを汚《きた》ないと思うたり、ほんとうのものを嘘というたり、われわれのほうはまちがったさかさまばっかりの心。そういうさかさまの心、いつわりの心が信心ではないんです。つまり、信心は人間の意識からは出てこない。もっとはっきりいえば、意識的自己の上に信心をたてることはできない。信心とは、如来が来《きた》れるものだから。ナムナムナム……。

大きなごほうび

「ここをもって極悪深重《ごくあくじんじゅう》の衆生《しゅじょう》、大慶喜心《だいきょうきしん》を得《え》、もろもろの聖尊《しょうそん》の重愛《じゅうあい》を獲《う》るなり」と、極悪深重のわれわれが、とびあがるほどの喜びを感じ、お釈迦さまやら阿弥陀さまはいうにおよばず、十方《じっぽう》の諸仏方までもが、信心いただいたものを「あー、わが心にかのうたもの」と喜んでくださるのは、これによってなんだ。自分の嘘いつわりの心が信心ではないから、仏さま方におほめをいただけるんだ、とこういうことなんです。「もろもろの聖尊の重愛を獲るなり」とは、じつにありがたいですね。まことに何度いただいても、尽きぬほどのありがたいことであります。と同時に、いつも申しておりますように、如来が来りたまい、宿りたもうたのが信心であります。しかけたのが如来、しかけられたのがわれわれだから、口にあらわれてお念仏となり、心にあらわれて信心となってくださるので、けっしてわれわれの心から出てきたものではないということが、このお言葉によってはっきりと味わえるわけであります。ナムナムナム……。

それでね、極悪深重ということを大否定といたしますと、大慶喜心《だいきょうきしん》は大肯定であります。極悪深重という大否定がはたらかなければ、信心はわがものとならず、大慶喜心という大肯定が、それと表裏一体となっておる。否定と肯定が表裏になって、ひっくり返しにならんというとほんとうのものにならない。こういうふうに味わわせていただくことができるので、西田哲学でいう「否定即肯定」「超越転換の論理」が、ここに示されていると味わわせていただく。

「もろもろの聖尊の重愛を獲るなり」ということは、自己を否定するものへの大きなごほうび、と自覚せられるすがたでございます。ナムナムナム……。

本来は一つ

【しかれば、もしは行《ぎょう》、もしは信《しん》、一事《いちじ》として阿弥陀如来《あみだにょらい》の清浄願心《しょうじょうがんしん》の回向成就《えこうじょうじゅ》したまうところにあらざることあることなし。因《いん》なくして他《た》の因《いん》のあるにはあらざるなりと、知《し》るべし。】（聖典二二九頁）

行も信もすべて、如来より回向されるものであること。するとそれは、救われる因《いん》がないのに救われる、ということに解《かい》されますと*他因外道《たいんげどう》の説と同じことになる。それはもう仏教の説ではない。外道の説なんです。それで、弥陀の願行《がんぎょう》が衆生に回向されるのが、あたかも他因外道のように聞こえるのです。人がやったことが自分のものになるというんですから、こういう誤解がおこるんですね。

それで親鸞聖人は、他因外道ではないんだ。なぜかというと、弥陀とわれということは、二つに分けて考えられないものなんだ。それをいちおう分けるから、衆生が救われ、弥陀が救うとこういうけれども、本来、この弥陀と念仏衆生とは一つのものなんだ。だから、阿弥陀如来の願行《がんぎょう》が成就《じょうじゅ》したとき衆生の願行もまた成就したのであって、他因ではない。すなわち、衆生の領受《りょうじゅ》によって、他は自となる。他因外道でいうところの関係とは違うんだ、ということをいわれたのであります。

ナムナムナム……。

＊他因外道——人間や現象世界を成立せしめる原因は、宇宙の主宰神《しゅさいしん》である大自在天《だいじざいてん》にあるという仏教以外の教え。

三つの心がそのまま一つ

【問《と》う。如来《にょらい》の本願《ほんがん》（第十八願）、すでに至心《ししん》・信楽《しんぎょう》・欲生《よくしょう》の誓《ちかい》を発《おこ》したまえり。なにをもってのゆえに、論主《ろんじゅ》（天親）一心《いっしん》というや。

答《こた》う。愚鈍《ぐどん》の衆生《しゅじょう》、解了《げりよう》易《やす》からしめんがために、弥陀如来《みだにょらい》、三心《さんしん》を発《おこ》したまうといえども、涅槃《ねはん》の真因《しんいん》はただ信心《しんじん》をもってす。このゆえに論主《ろんじゅ》（天親）三《さん》を合《がっ》して一《いち》とせるか。

わたくしに三心《さんしん》の字訓《じくん》を闚《うかが》うに、三《さん》すなわち一《いち》なるべし。その意《こころ》いかんとなれば、至心《ししん》というは、至《し》とはすなわちこれ真《しん》なり。実《じつ》なり、誠《じょう》なり。心《しん》とはすなわちこれ種《しゅ》なり、実《じつ》なり。信楽《しんぎょう》というは、信《しん》とはすなわちこれ真《しん》なり、実《じつ》なり、誠《じょう》なり、満《まん》なり、極《ごく》なり、成《じょう》なり、用《ゆう》なり、重《じゅう》なり、審《しん》なり、験《げん》なり、宣《せん》なり、忠《ちゅう》なり。楽《ぎょう》とはすなわちこれ欲《よく》なり、願《がん》なり、愛《あい》なり、悦《えつ》なり、歓《かん》なり、喜《き》なり、賀《が》なり、慶《きょう》なり。欲生《よくしょう》というは、欲《よく》とはすなわちこれ願《がん》なり、楽《ぎょう》なり、覚《かく》なり、知《ち》なり。生《しょう》とはすなわちこれ成《じょう》なり、作《さ》（作《さ》の字《じ》、為《い》なり、起《き》なり、行《ぎょう》なり、役《えき》なり、始《し》なり、生《しょう》なり）なり、為《い》なり、興《こう》なり。あきらかに知《し》んぬ、至心《ししん》は、すなわちこれ真実誠種《しんじつじょうしゅ》の心《しん》なるがゆえに、疑蓋雑《ぎがいまじ》わることなきなり。信楽《しんぎょう》は、すなわちこれ真実誠満《しんじつじょうまん》の心《しん》なり、極成用重《ごくじょうゆうじゅう》の心《しん》なり、審験宣忠《しんげんせんちゅう》の心《しん》なり、欲願愛悦《よくがんあいえつ》の心《しん》なり、歓喜賀慶《かんぎがきょう》の心《しん》なるがゆえに、疑蓋雑《ぎがいまじ》わることなきなり。欲生《よくしょう》は、すなわちこれ願楽覚知《がんぎょうかくち》の心《しん》なり、成作為興《じょうさいこう》の心《しん》なり。大悲回向《だいひえこう》の心《しん》なるがゆえに、疑蓋雑《ぎがいまじ》わることなきなり。いま三心《さんしん》の字訓《じくん》を案《あん》ずるに、真実《しんじつ》の心《しん》にして虚仮雑《こけまじ》わることなし、正直《しょうじき》の心《しん》にして邪偽雑《じゃぎまじ》わることなし。まことに知《し》んぬ、疑蓋間雑《ぎがいけんぞう》なきがゆえに、これを信楽《しんぎょう》と名《な》づく。信楽《しんぎょう》すなわちこれ一心《いっしん》なり、一心《いっしん》すなわちこれ真実信心《しんじつしんじん》なり。このゆえに論主《ろんじゅ》（天親）、建《はじ》めに「一心《いっしん》」といえるなりと、知《し》るべし。】

（聖典二二九頁）

この問答段には、ひじょうに重要なことが述べられてありますので、くわしくお話しせねばなりません。最初にまず問答をお出しになってあります。阿弥陀如来は、すでに至心《ししん》・信楽《しんぎょう》・欲生《よくしょう》という三つの心をお誓いになった。それをなぜ天親菩薩《てんじんぼさつ》が「世尊我一心《せそんがいっしん》」、一心だといっておられるのか。これに対して、「愚鈍《ぐどん》の衆生《しゅじょう》、解了易《げりょうやす》からしめんがために」。三つあるなんていうと迷うからして、一つといわれた、とひじょうに単純なお答えなんです。これを「所為《しょい》」と申します。そしてその次の答えを「所由《しょゆう》」とこういう。「弥陀如来、三《さん》心《しん》を発《おこ》したまうといえども、涅槃《ねはん》の真因《しんいん》はただ信心をもってす」。これは理由ですね。元来、一つのものなんだから一つだと。一つのものを無理に三つにしたのでも、また、三つのものを無理に一つにしたのでもないんだ、ということです。

　そして次に「三心字訓釈《さんしんじくんじゃく》」を述べておいでになる。一つ一つの字訓をおっしゃって、それから合わせてありますから、合わせたほうだけ申しますと、至心とは「真実誠種《しんじつじょうしゅ》の心《しん》」だとおっしゃる。真《しん》・実《じつ》・誠《じょう》、これは同じことですね。真心《まごころ》だ。これはわれわれの心ではなく、如来さまのものであるという感じですね。そして、至心というのはじつは種《しゅ》なんだ。真実なるものの種《たね》なんだといわれる。その種《たね》が、われわれの心に来っていっぱいになってくださるというのが、信楽の「真実誠満《しんじつじょうまん》の心《しん》」。信楽というのは、至心がわれわれに来って、疑いが晴れたということになりますから、これはわれわれの心を意味するように思われますね。

　至心の種が衆生の心中に満入し、自覚せしめた審《つまび》らかな験《しるし》のものとなり、喜びがおこってくる。喜びのはじまりというのが、この信楽で語られなければならない。だから「歓喜賀慶《かんぎがきょう》」でしょう。

その喜びが、欲生の「願楽覚知《がんぎょうかくち》の心《しん》」となる。

願ですから願わしい。どうぞお願いしますという願ではない。そういう願なら不定の境地ですね。決定していないところに向かって、どうぞお願いしますと百万円借りにいくようなもんだ。「阿弥陀さん、どうぞひとつよろしくお願いします」という願ではないんです。願わしい、ほんとうに恋しいというのが願です。なぜかというと、信楽という、この安心した心ですね。われわれの心に如来の真心《まごころ》が満ち満ちた、こういう心をお浄土のほうへ向けてみた場合こうなるんです。欲生ですから、これはお浄土のほうへ向いておる。

信楽はまだお浄土のほうへ向いておらん。信楽というのは何を対象にしているのかというと、阿弥陀如来のよび声です。阿弥陀如来のよび声が相手になっておる。そのよび声によって満たされた心をお浄土へ向けると、「あー、あそこへまいれるんだなぁ。今にああいうさとりが開けるんだ。楽しい世界なんだなぁ」と、こうなるでしょ。それが欲生です。こうなってくるとお浄土が対象になってくるのです。

お浄土をみて、そこへ往《ゆ》かれるか往かれんか、そんなことを信仰の問題にしておったらいかん。お浄土へは往かれんにきまっておる。「ああいう結構なところへ往きたい往きたい」と思うていたって、とても往かれやしない。本願のよび声です、相手になってくださるのは。その本願のよび声が聞こえた心をお浄土へ向けるというと、「あそこへ参らせてもらえる。楽しい世界なんだな、たのもしい世界なんだ、うれしいなぁ」ということになる。だから願楽です。それから覚知が出てきますね。覚えがある。いわゆる無意識の境涯が、今度は意識の世界に顔を出してくる、その中間にこの欲生がある、と昔から学者がいう理由はここにある。こういうところは妙味のあるところですよ。ナムナムナム……。

それから「成作為《じょうさい》興《こう》の心《しん》」。われわれの心の中で勃然《ぼつぜん》としてそういう喜びがおこってくるというありさまを、「成作為興」という。それは「大悲回向《だいひえこう》の心《しん》」である。如来のよび声が、しからしめたのである。「大悲回向の心」というのは如来のよび声、それを欲生の上で、字でお示しになったのが、この「三心字訓釈《さんしんじくんじゃく》」のお心であります。

「至心」とは「まこと」で、やがて衆生の信心となるであろう種《たね》なんだ。「信楽」とは、至心の種が衆生の心中に満入し、自覚せしめられたのでありますから、「審《しん》なり、験《げん》なり」。審とはつまびらかな、験とはしるしということ。つまびらかなもの、しるしのものとなり、喜びがおこってくる。喜びのはじまりというのが、この『信楽」というところで語られなければならない。自己の意識に自覚される所信《しょしん》の当体《とうたい》を「信楽」という。これは人間の意識だと、はっきりはしていないけれども、しかしながら、やはり意識の上にかかってこないというとね、無意識であってはなりません。人間の疑いがすっとんでしまうという、一つの決定《けつじょう》の心がともなうておりますから、これは意識に知覚される所信の当体であると、私はいうんです。次の「欲生」ではその自覚がひじょうに明瞭になっておる。だから「願楽覚知《がんぎょうかくち》の心《しん》」とこういわれた。そしてそれは元来、如来の回向であるから、「大悲回向の心」とこういわれたのであります。ナムナムナム……。

うそのまじらないまごころ

【また問《と》う。字訓《じくん》のごとき、論主《ろんじゅ》（天親）の意《こころ》、三《さん》をもって一《いち》とせる義《ぎ》、その理《り》しかるべしといえども、愚悪《ぐあく》の衆生《しゅじょう》のために阿弥陀如来《あみだにょらい》すでに三心《さんしん》の願《がん》を発《おこ》したまえり。いかんが思念《しねん》せんや。

答《こた》う。仏意《ぶっい》測《はか》りがたし。しかりといえども、ひそかにこの心《しん》を推《すい》するに、一切《いっさい》の群生海《ぐんじょうかい》、無《む》始《し》よりこのかた乃至《ないし》今日今時《こんにちこんじ》に至《いた》るまで、穢悪汚染《えあくわぜん》にして清浄《しょうじょう》の心《しん》なし、虚仮諂偽《こけてんぎ》にして真実《しんじつ》の心《しん》なし。ここをもって如来《にょらい》、一切苦悩《いっさいくのう》の衆生海《しゅじょうかい》を悲憫《ひびん》して、不可思議《ふかしぎ》兆載永劫《ちょうさいようごう》において、菩《ぼ》薩《さつ》の行《ぎょう》を行《ぎょう》じたまいしとき、三業《さんごう》の所修《しょしゅ》、一念一刹那《いちねんいっせつな》も清浄《しょうじょう》ならざることなし、真心《しんしん》ならざることなし。如来《にょらい》、清浄《しょうじょう》の真心《しんしん》をもって、円融無碍《えんにゅうむげ》不可思議不可称不可説《ふかしぎふかしょうふかせつ》の至徳《しとく》を成就《じょうじゅ》したまえり。如来《にょらい》の至心《ししん》をもって、諸有《しょう》の一切煩悩悪業邪智《いっさいぼんのうあくごうじゃち》の群生海《ぐんじょうかい》に回施《えせ》したまえり。すなわちこれ利他《りた》の真心《しんしん》を彰《あらわ》す。ゆえに疑蓋《ぎがい》雑《まじ》わることなし。この至心《ししん》はすなわちこれ至徳《しとく》の尊号《そんごう》をその体《たい》とせるなり。】

（聖典二三一頁）

今度は「三心実義釈《さんしんじつぎしゃく》」、実義《じつぎ》というのは、おいわれ（如来のお心）の実際についてということ。理由はわかったが、三心にいわれがあるかないか、という問いに対して、われわれの凡知《ぼんち》（凡夫の知恵）では考えられないんだ。考えられないんだけれども、私なりに阿弥陀さまのお心を推しはかってみるとこうなんだ、ということですね。

無始よりこのかた、われわれの心は汚ないものばかりできれいな心はない。いつわりばっかりで真実の心はない。そういうわれわれを阿弥陀さまがあわれんで、真心《まごころ》をもって修行を励んでくだされたんだ。円融《えんにゅう》とは円満融通《えんまんゆうずう》の意。欠けめなく徳が備わっているから円満。阿弥陀如来が成就せられた徳を、われわれのほうへ融通していただける。無碍――煩悩の妨げなしに、如来の徳が私のものになってくだされる。至徳《しとく》とは至極の功徳、この上ない功徳。

この如来さまの「まごころ」を、われわれのような煩悩悪業よこしまなる知恵の群生《ぐんじょう》――生きとし生けるものにお与えくださるんだ。如来さまからのいただきものであるから、疑いというものがまじっていないんだ。これが至心ということなんだ、とご解釈になって、南無阿弥陀仏が至心《ししん》の体《たい》なんだ、至心の本質は何かというと、これ「名号」だ、とおっしゃっておられる。

大悲のおこころ

【次《つぎ》に信楽《しんぎょう》というは、すなわちこれ如来《にょらい》の満足大悲《まんぞくだいひ》円融無碍《えんにゅうむげ》の信心海《しんじんかい》なり。このゆえに疑蓋《ぎがい》間雑《けんぞう》あることなし。ゆえに信楽《しんぎょう》と名《な》づく。すなわち利他回向《りたえこう》の至心《ししん》をもって信楽《しんぎょう》の体《たい》とするなり。しかるに無始《むし》よりこのかた、一切群生海《いっさいぐんじょうかい》、無明海《むみょうかい》に流転《るてん》し、諸有輪《しょうりん》に沈迷《ちんめい》し、衆苦輪《しゅくりん》に繋《け》縛《ばく》せられて、清浄《しょうじょう》の信楽《しんぎょう》なし、法爾《ほうに》として真実《しんじつ》の信楽《しんぎょう》なし。ここをもって無上《むじょう》の功徳《くどく》値遇《ちぐう》しがたく、最勝《さいしょう》の浄信《じょうしん》獲得《ぎゃくとく》しがたし。一切凡小《いっさいぼんしょう》、一切時《いっさいじ》のうちに、貪愛《とんない》の心《しん》つねによく善心《ぜんしん》を汚《けが》し、瞋憎《しんぞう》の心《しん》つねによく法財《ほうざい》を焼《や》く。急作急修《きゅうさきゅうしゅ》して頭燃《ずねん》を灸《はら》うがごとくすれども、すべて雑毒《ぞうどく》雑修《ざっしゅ》の善《ぜん》と名《な》づく。また虚仮諂偽《こけてんぎ》の行《ぎょう》と名《な》づく。真実《しんじつ》の業《ごう》と名《な》づけざるなり。この虚仮雑毒《こけぞうどく》の善《ぜん》をもって無量光明土《むりょうこうみょうど》に生《しょう》ぜんと欲《ほっ》する、これかならず不可《ふか》なり。なにをもってのゆえに、まさしく如来《にょらい》、菩薩《ぼさつ》の行《ぎょう》を行《ぎょう》じたまいしとき、三業《さんごう》の所修《しょしゅ》、乃至《ないし》一念一刹那《いちねんいっせつな》も疑蓋《ぎがい》雑《まじ》わることなきによりてなり。この心《しん》はすなわち如来《にょらい》の大悲心《だいひしん》なるがゆえに、かならず報土《ほうど》の正定《しょうじょう》の因《いん》となる。如来《にょらい》、苦悩《くのう》の群生海《ぐんじょうかい》を悲憐《ひれん》して、無碍広大《むげこうだい》の浄信《じょうしん》をもって諸有海《しょうかい》に回施《えせ》したまえり。これを利他真実《りたしんじつ》の信心《しんじん》と名《な》づく。】（聖典二三四頁）

次に「信楽釈《しんぎょうじゃく》」へまいります。信楽というのは阿弥陀如来の至心がよりどころになっている。至心は名号を体《たい》とする。信楽は至心を体とする。如来の真心《まごころ》が本質にあるから、疑いというのは混じらない。ゆえに信楽の本質は如来の真心ということ、衆生の信心というのは、如来の真心が本体である。しかるに無始《むし》よりこのかた、いっさいの群生海《ぐんじょうかい》は、もろもろの迷いの世界に沈み、もろもろの苦しみにしばられて、清浄《しょうじょう》の信楽あることなし。どんなにしたってわれわれの心からは安心は出てこないんだ。法爾《ほうに》（本来あるすがた）として真実の信楽がないから、この上もない結構な功徳があるけれども、その功徳には遇《あ》い難いんだ。最勝《さいしょう》の浄信《じょうしん》は受け入れ難い。信心が獲《え》がたいというのはそこなんですね。たまわるものだから獲がたいんだ。くださるものだから信じ難いんだ。

凡夫は朝から晩まで、いろんな苦しみをまぬがれない。怒《いか》り・そねみ・ねたむようなそんな心、貪《むさぼ》り・執着《しゅうじゃく》そんな心は、いつも善心《ぜんしん》を汚《けが》し、たまにありがたい心がおこるんだけれども、みんな続かない。みんな汚れていってしまう。だから仏法の宝――法財《ほうざい》というものが焼かれていってしまう。

そこで、頭の髪の毛に火がついたのを払いのけるように、いっしょうけんめいやったってなんにもならない。われわれの善は雑毒《ぞうどく》の善《ぜん》、虚仮《こけ》の行《ぎょう》、やっぱり嘘なんだ。人間がどんなに努力してほんとうだといっても、みな嘘なんだ。そういう嘘・いつわりで固まった人間の心から、信心なんて出てくるはずがない。

その虚仮・雑毒の善をもって、お浄土へまいりたいというても、生まれるはずがない。だから阿弥陀如来が私どもの身代りにやってくださった。嘘・いつわりのない、疑いというものを露《つゆ》ほどももたない、真実なるお心で修行をしてくださったのだ。これが大悲のお心なのだ。大悲が来《きた》って私の信心となってくださるのだから、お浄土へ参らせていただくということは、絶対まちがいのないことなんだ、とこうおっしゃる。**信心すなわち大悲心**という、こういうところへ目をつけなければいけない。「信心！　信心！」と、人間がこしらえたように、騒ぎまくっているけれども、信心とは如来さまからたまわるもので、私の心から出てくるものではないんだぞ、とこういうことをおっしゃったのが「信楽釈」です。ナムナムナム……。

願いのこころ

【次《つぎ》に欲生《よくしょう》というは、すなわちこれ如来《にょらい》、諸有《しょう》の群生《ぐんじょう》を招喚《しょうかん》したまうの勅命《ちょくめい》なり。すなわち真《しん》実《じつ》の信楽《しんぎょう》をもって欲生《よくしょう》の体《たい》とするなり。まことにこれ大小《だいしょう》・凡聖《ぼんしょう》、定散自《じょうさんじ》力《りき》の回向《えこう》にあらず。ゆえに不回向《ふえこう》と名《な》づくるなり。しかるに微塵界《みじんかい》の有情《うじょう》、煩悩海《ぼうのうかい》に流転《るてん》し、生死海《しょうじかい》に漂没《ひょうもつ》して、真実《しんじつ》の回向心《えこうしん》なし、清浄《しょうじょう》の回向心《えこうしん》なし。このゆえに如来《にょらい》、一切苦悩《いっさいくのう》の群生海《ぐんじょうかい》を矜哀《こうあい》して、菩薩《ぼさつ》の行《ぎょう》を行《ぎょう》じたまいしとき、三業《さんごう》の所修《しょしゅ》、乃至《ないし》一念一刹那《いちねんいっせつな》も、回向心《えこうしん》を首《しゅ》として大悲心《だいひしん》を成就《じょうじゅ》することを得《え》たまえるがゆえに、利他真実《りたしんじつ》の欲生心《よくしょうしん》をもって諸有海《しょうかい》に回施《えせ》したまえり。欲生《よくしょう》すなわちこれ回向心《えこうしん》なり。これすなわち大悲心《だいひしん》なるがゆえに、疑蓋《ぎがい》雑《まじ》わることなし。】（聖典二四一頁）

欲生というのは、たすかるぞとよんでくださる声、阿弥陀如来のよび声だ、とおっしゃる。そして今度は、信楽が欲生の体《たい》となっている。信楽から欲生が出てくるんであって、信楽は至心をよりどころにし、欲生は信楽をよりどころにする。だから、回向《えこう》というのは、仏さまからくださることを意味することになっているのであって、われわれのほうから回向することはない。

死んだ人に回向するとか、仏さまに回向するとか、こちらから回向するのは自力で、そんなものはだめなんだ。だから不回向と名づける。迷いの世界に浮きつ沈みつしているわれわれには、真実の回向心とか、清浄《しょうじょう》の回向心なんてものはないんだ。それで、如来さまは苦悩の群生を哀れまれて、われわれにくださることを首《しゅ》（目的）として大悲心を成就してくださった。

「利他真実《りたしんじつ》の欲生心《よくしょうしん》をもって諸有海《しょうかい》に回施《えせ》したまえり。欲生《よくしょう》すなわちこれ回向心《えこうしん》なり。これすなわち大悲心《だいひしん》なるがゆえに、疑蓋雑《ぎがいまじ》わることなし」。ありがたいじゃないですか。われわれがしなけりゃならんことは一つもない。みんな如来さまのほうで仕上げて、われわれにくださるというんですから。ナムナムナム……。

さて、三心に共通して「機無《きむ》」「円成《えんじょう》」「回施《えせ》」ということがいわれてきました。機とはわれわれの心のこと。「機無」とは、まことがない。われわれのほうにすることがない。「円成」とは、まことを円満に成就したということ。「回施」とは、まことを衆生に与えること。われわれのほうにまことがないから、如来のまことを成就して、そのまことをもって回向するということが「欲生」ということになる。

この三心について、「仏辺成就《ぶつぺんじょうじゅ》の三心《さんしん》」と「衆生領受《しゅじょうりょうじゅ》（機受）の三心《さんしん》」と、この二つを語らなければならないわけがあるのです。「仏辺成就の三心」とは、仏さまのほうに（仏辺）三心が成就されておる。「衆生領受（機受）の三心」とは、仏さまの三心をわれわれが受けとる。いただくということ。「仏辺成就の三心」というのは、至心――与えるべきまことの心。信楽――与えらるべき疑惑なき心。欲生――与えらるべき往生願生心、浄土を願う心。この場合に、与えらるべきものは、この三心の中でどの心に総括されるかというと、「欲生心」によって総括される。だから、「至心・信楽」を全《まっと》うしてよび声になってくるわけです。「参らせるぞよ」というよび声になったのが、三心における仏辺成就のしくみであります。

私はここに鍋をかきました。欲生鍋の中に（笑）、「至心・信楽」の豆腐やらコンニャクやら入っておりまして、鍋を食べずに中身を食べてくれよ、ということです。鍋をかじっちゃいかんですよ。「欲生」をかじっちゃいかん。中身の「至心・信楽」を食べてくれ、そういうのが「至心・信楽・欲生」の味わいなのです。これを『尊号真像銘文《そんごうしんぞうめいもん》』の中に、「『至心信楽《ししんしんぎょう》』というは、『至心《ししん》』は真《しん》実《じつ》と申《もう》すなり、……『信楽《しんぎょう》』というは、如来《にょらい》の本願真実《ほんがんしんじつ》にましますを、ふたごころなくふかく信《しん》じ

◉三心の関係

欲生
(鍋)
⋮
まいらせるというよび声

※鍋を食べず中身を食べる

て疑《うたが》わざれば、信楽《しんぎょう》と申《もう》すなり。この『至心信楽《ししんしんぎょう》』は、すなわち十方《じっぽう》の衆生《しゅじょう》をして、わが真実《しんじつ》なる誓願《せいがん》を信楽《しんぎょう》すべしとすすめたまえる御《おん》ちかいの至心信楽《ししんしんぎょう》なり、凡《ぼん》夫自力《ぶじりき》のこころにはあらず」（聖典六四三頁）という、じつにすばらしいご文《もん》を残されています。ナムナムナム……。

「至心釈《ししんじゃく》」とか、「信楽釈《しんぎょうじゃく》」とか、「欲生釈《よくしょうじゃく》」というところは、もう学問ばなれしていて、ご文をいただくだけでありがたいですね。

安心はどこで

「仏辺成就の三心」のほうは、「至心」とはまごころで、「信楽」はたしかに、「欲生」はまいらせてやりたい。この「至心・信楽・欲生」を総括するものはよび声でありますから、欲生がこれを代表するものである。それを「衆生領受の三心」のほうは、「至心」とは如来のまことで、「信楽」はまちがいなく、「欲生」はまいれる。「如来のまことで、まちがいなく、まいれる」と、こう受けとる。この受けとるのは何かというと、まん中の「信楽」だ。**如来から渡されるときは、「欲生」で渡される。私の受けとるのは、「信楽」で受けとる。**

　これが真宗教学の本筋になっておりまして、これを三業惑乱《さんごうわくらん》のときには、仏さまが欲生でよんだのだから、衆生も欲生でこたえなければならない、すなわち欲生安心というまちがいになったんですね。

　弥陀のよび声を聞いたとたんに有無をいわさず、「あー、これですっきりしたなー」という、疑いというものがなくなったのが聞こえたそのまんまですから、そこには、まいれるもまいれぬもあったもんじゃない。もう何も疑うところがないというのが、受けたほうのすがたでなければならない。「あーまいりたいなぁ」というそんな信心はないので、疑いが晴れたというその心を、お浄土のほうへ向けてみるというと、「まいれる」とこうなる。これを義別《ぎべつ》という。「欲生《よくしょう》は信楽《しんぎょう》の義別《ぎべつ》なり」と学問上いわれていますが、受けとるときの三心では、欲生を義別として受けていくんです。三業惑乱という大騒動のとき、本願寺派の学者が血みどろになって研究した結論ですから、これはじつに尊重すべきことだと思います。ほんとうに綿密に研究したもんですね。

　また、ここに絵をかいておきました。酒を渡すときの銚子《ちょうし》なんです。「至心・信楽」という銚子から、酒をつぐときは、注ぎ口の「欲生」のところでつぐんです。「欲生」からトクトクトクと酒が出てくるんです。それを受けるときは、「信楽」の杯で受けなければならない。それを、「欲生」

で渡すんだから、「欲生」で受けなければならないというのが、智洞《ちどう》（一七三六—一八〇五。京都・浄教寺。第七代能化職）をはじめ三業派《さんごうは》の主張なんですね。能化職《のうけしょく》（本願寺派の学職の名称）功存《こうぞん》（一七二〇—一七九六。福井県平乗寺。第六代能化職）が『願生帰命弁《がんしょうきみょうべん》』という本を書いたころから、欲生安心《よくしょうあんじん》が芽生《めば》えてきたので、これをいうては、やはりまちがいですね。受ける私どもは、「欲生」の銚子で受けずに、「信楽」の杯で受ける。安心しました、疑い晴れました、というところが私どものいただく、当面した（如来のまごころにまさしく向きあった）信仰のすがたということであります。今から二百年ほど前におこった欲生安心というまちがいを、ひっくり返した研究の結論のすがたがこれでございます。「信楽」の杯で受ける正しい信仰のほうを信楽安心《しんぎょうあんじん》と名づけました。ナムナムナム……。

その信楽安心がなぜ正しいかというと、ここに書いてある。「疑蓋雑《ぎがいまじ》わることなし、ゆえに真実の一心《いっしん》な

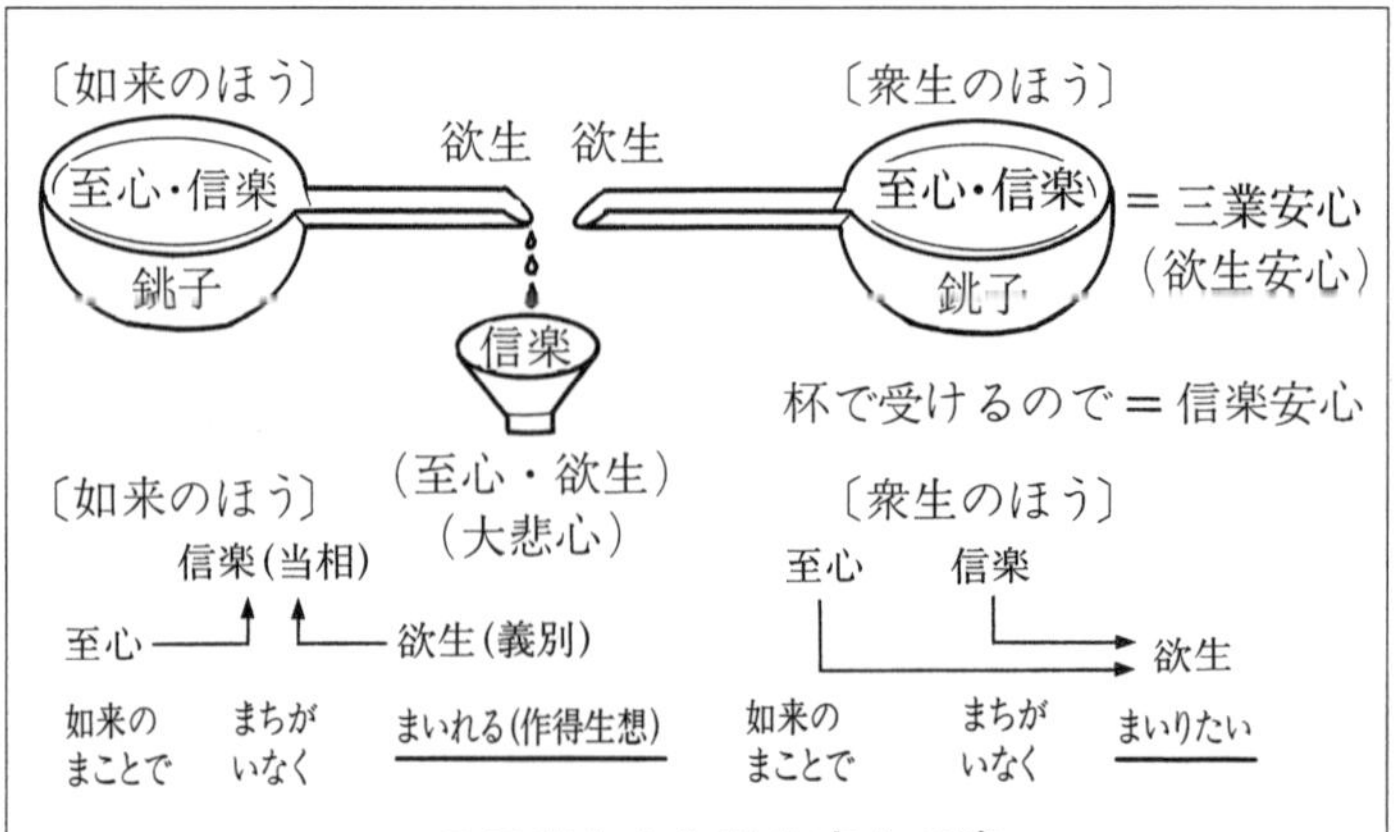

◉信楽安心と欲生安心の違い

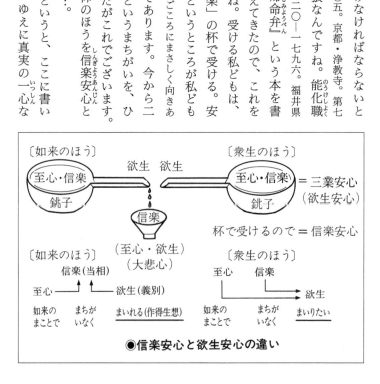

り。これを金剛《こんごう》の真心《しんしん》と名づく」。疑蓋、疑いがまじらない。その疑いがまじらないということが、信楽ということなんだ。信楽安心と書いたところに図が書いてありますね。信楽とまん中に書いて（当相《とうそう》）とカッコしてあります。疑いがない信楽というものが、当相である。至心《ししん》というのは如来のまこと。その如来のまごころというものが信楽の信の字の中に入っている。欲生というものは信楽の楽の字の中に入っている。まん中の信楽というものの中に、至心も欲生も入ってくるんだ。だから、三心といってもまん中の信楽でもって三心を代表するので、信楽安心でなければならぬ。欲生というのは正当な解釈では義別である。ということは、「安心した、疑いが晴れた」というその心を浄土へ向かわせた場合、「はぁ、これは参れるなぁ」という味が出てくる。味が別なものだということを義別という。「欲生は信楽の義別なり」というのでございます。今日、真宗の東西両本願寺ともに信楽安心が正しく、欲生安心は正当ではないということになっております。信楽をもって三心を代表するとご解釈になってしかるべきかと思います。

ついでに欲生安心《よくしょうあんじん》のほうも図に書いておきましたが、これは至心も信楽も欲生の中に入るというのでありまして、欲生安心を主張する一派は欲生安心の論拠を持ちだしてきて、『阿弥陀経』を開いてみても「すでに願をおこし、いま願をおこし、まさに願をおこさん」。願をおこす、参りたいという願いが代表するものであって、欲生こそ三心を統一するものだというのがこの欲生安心のほうの主張です。そういう場合は至心信楽は欲生へ入るというのが欲生安心の説であります。

ふたがあっては……

【まことに知《し》んぬ、至心《ししん》・信楽《しんぎょう》・欲生《よくしょう》、その言《ことば》異《こと》なりといえども、その意《こころ》これ一《ひと》つなり。なにをもってのゆえに、三心《さんしん》すでに疑蓋《ぎがい》雑《まじ》わることなし、ゆえに真実《しんじつ》の一心《いっしん》なり。これを金剛《こんごう》の真心《しんしん》と名《な》づく。金剛《こんごう》の真心《しんしん》、これを真実《しんじつ》の信心《しんじん》と名《な》づく。真実《しんじつ》の信心《しんじん》はかならず名号《みょうごう》を具《ぐ》す。名号《みょうごう》はかならずしも願力《がんりき》の信心《しんじん》を具《ぐ》せざるなり。このゆえに論主《ろんじゅ》（天親）、建《はじ》めに「我一心《がいっしん》」（浄土論）とのたまえり。また「かの名義《みょうぎ》のごとく実《じつ》のごとく修行《しゅぎょう》して相応《そうおう》せんと欲《おも》うがゆえに」（同）とのたまえり。】　（聖典二四五頁）

そこに「疑蓋無雑《ぎがいむぞう》」「金剛《こんごう》の真心《しんしん》」という言葉が出てきます。蓋《がい》という字はふたということです。鍋に水をいっぱい入れて、月の光のさす外へ出すと、鍋の水に月は映るけれども、蓋《ふた》があれば月は映らない。疑いというのは蓋になるわけです。如来さまがいかにわれわれを救うとよんでくだされても、疑いというものがあれば受けつけていないということになる。ちょうど蓋をしたようなもの。「晴れわたる月はさやかに照らせども蓋ある水に月は宿らず」という古歌のとおりです。疑いがあったら、如来の真心を受けとることはできない。この真実の真を書いた場合の真心というのは、如来のまごころを意味しているので、普通の信心——われわれの心にいただくほうの信心でありますけれども、必ずまことの真のついた真心は如来のまごころを意味する真心で、絶対に自力ではないということを思っておいてください。

それから、「金剛《こんごう》」という言葉ですね。これはつねに如来の大悲心に限っていわれるので、われわれの心そのものは、金剛（かたくてこわれないこと）でもなんでもない。衆生のほうはグニャグニャの心ですから、金剛心はつねに如来のがわにおいて語られなければならないのが他力のすがたです。
それからここには出ていませんが、「難信」という言葉、これは純粋をあらわすんです。混ぜもののない信心は信じ難いんです、なぜか。それは人間の心でないから難しいんです。信仰の純粋性をあらわす言葉が、難信という言葉になるわけです。ナムナムナム……。

お念仏のともなわない信心では

「真実の信心はかならず名号を具《ぐ》す。名号はかならずしも願力《がんりき》の信心を具《ぐ》せざるなり」。この関係はどういうことか。この場合の名号は、南無阿弥陀仏のみ名という解釈ではいかんですね。必ず称名念仏をもって、この名号という言葉を解釈しなければならない。なぜかというと、その証拠のご文《もん》が、覚如上人《かくにょしょうにん》（一二七〇—一三五一。本願寺第三代門主、親鸞の曾孫）五十八歳のときの著作『本願鈔《ほんがんしょう》』の中にある。

「真実の信心にはかならず名号を具《ぐ》すというは、本願のおこりを善知識のくちよりきゝうるとき、弥陀の心光《しんこう》に摂取《せっしゅ》せられたてまつりぬれば、摂取のちからにて名号おのずからとなえらるゝなり。これすなわち仏恩報謝《ぶっとんほうしゃ》のつとめなり。「名号必不具願力信心也《みょうごうひっぷぐがんりきしんじんなり》」というは、名号をとなえて、この名号の功力《くりき》をもて浄土に往生せんとおもうは、名号をもてわが善根《ぜんごん》とおもい、名号をもてわがつくる功徳《くどく》とたのむゆえに、如来の他力をあおがざるとがによりてまことの報《ほう》土《ど》にうまれざれば、名号にはかならずしも願力の信心を具せざるなりと釈したまえり。しるべし。」
（『真宗聖教全書三』、五六頁）

このようにお書きくださっています。じつに綿密なみ教えですね。以上の文証によって名号を称名と解《かい》さなければならない理由は確立されています。

また、道理より考えても、**称名のともなわない信心では、人に伝えることはできません。**人に伝わることがなかったら、ご恩報謝ということにはなりません。仏法が伝わる、ひろまる、それが阿弥陀如来のおよろこびですからね。人に伝えるときには、ナムアミダブツ、ナムアミダブツと口に念仏のすがたとなって出てこなくては伝わらんですからね。それで覚如上人が、「これは称名である」という断定をくだされたのは、もっとものことでございます。ナムナムナム……。

名号と書いてあっても、これはただ南無阿弥陀仏という名号ではない。これは念仏なんです。**信心には必ず念仏がついておるのだ。**だが、念仏にはかならずしも信心がついているとはいえない。ついているのもあればついていないのもある。こういうことをおっしゃっておる。念仏さえ称えていればみな、信心があるのかといえばそうではない。信心がないけれども念仏を称えておるというのもある。このように念仏には二《ふた》とおりあるが、**信心にはかならず念仏がついておるのだ。**こういうお説をここにお述べになっていらっしゃる。「名号はかならずしも願力の信心を具せざるなり。このゆえに論主《ろんじゅ》、建《はじ》めに『我一心《がいっしん》』とのたまえり」。天親菩薩は「世尊我一心《せそんがいっしん》」、われ一心に、一心が根本になるのだとおっしゃったんだ。それからまた「かの名義《みょうぎ》のごとく実のごとく修行して相応《そうおう》せんと欲《おも》うがゆえに」。なぜこういう文句が出てきたのかというと、念仏を称えていても疑いの晴れぬものがある。なぜ念仏を称えていながら疑いが晴れないかというと、南無阿弥陀仏の意味と一本になっていない念仏だから、それで疑いがとれない。実の如く修行して相応しない。修行のしかた、念仏の称えかたというものが、あなたのおおせのとおりにしたがった念仏を称えていない。どこか自己流が首を出している。それで、「実のごとく修行して相応せんと欲《おも》うがゆえに」とおっしゃってある。念仏を称えておっても、自己流が入っていると信心が具足しないといわれるわけです。

信の前にはみな平等

【おおよそ大信海《だいしんかい》を案《あん》ずれば、貴賤緇素《きせんしそ》を簡《えら》ばず（不）、男女《なんにょ》・老少《ろうしょう》をいわず（不）、造罪《ぞうざい》の多《た》少《しょう》を問《と》わず（不）、修行《しゅぎょう》の久近《くごん》を論《ろん》ぜず（不）、行《ぎょう》にあらず（非）善《ぜん》にあらず（非）、頓《とん》にあらず（非）漸《ぜん》にあらず（非）、定《じょう》にあらず（非）散《さん》にあらず（非）、正観《しょうかん》にあらず（非）邪観《じゃかん》にあらず（非）、有念《うねん》にあらず（非）無念《むねん》にあらず（非）、尋常《じんじょう》にあらず（非）臨終《りんじゅう》にあらず（非）、多念《たねん》にあらず（非）一念《いちねん》にあらず（非）、ただこれ不可思議《ふかしぎ》不可称《ふかしょう》不可説《ふかせつ》の信楽《しんぎょう》なり。たとえば阿伽陀薬《あかだやく》のよく一切《いっさい》の毒《どく》を滅《めつ》するがごとし。如来誓願《にょらいせいがん》の薬《くすり》はよく智愚《ちぐ》の毒《どく》を滅《めつ》するなり。】

（聖典二四五頁、不・非は本書の編者挿入）

ここにまた、たいへんなことをお書きになっておられます。このご文のことを「大信嘆徳《だいしんたんとく》」、または、「不《ふ》」という文字が四回、「非《ひ》」という文字が十四回くり返されておりますから、「四不十四《しふじゅうし》非《ひ》」ともいっております。

どうして不と非と区別があるのか。不の下には虚字《きょじ》（動きや様子をあらわす文字）があって、非の下には実字《じつじ》（具体的なものをあらわす文字）を用うるのが通例である。不と非と区別があって不のところには不であって非を使うわけにはいかない。非のところには不を使うわけにはいかない。こういうので区別しているのである。四不は機《き》をえらばず、相手をえらばぬ、万機普益《ばんきふやく》（すべてのものに益することと）だから不という字がつくんですね。

「貴賤緇素《きせんしそ》」の緇《し》というのは黒い衣を着る人、緇衣《しえ》の人ということで坊さん。素《そ》とは素衣《そえ》（染めてない着物）を着る人、すなわち俗人《ぞくじん》。つまりこれは、ご信心の前にはみな平等なんだという信心の平等性をあらわしています。男であろうが女であろうが、年寄りであろうが若い人であろうが、そんなことは一向にかまわん。老齢年金は老人でないともらえないが（笑）、仏さまの前には大人も子供もみんな平等。長いあいだ修行をしたとか、修行が浅いとか、そんな区別もないんだ。これはじつにすばらしいことをいわれたんですね。ナムナムナム……。

人間の行為というものには関係がないのだ。こういうことですね。阿弥陀如来の救いというものは、われわれのやった行為というものに関係がない。それから生まれ方というものにも関係がない。われわれのほうと無関係なる救いということを信ずるのだ、とこういうことが四つの不の中にあらわされています。

つかめばにせもの

ここに、「何がゆえに、相対的三心釈《さんしんじゃく》に続いて、絶対釈《ぜったいじゃく》の四不十四非（大信嘆徳）をここで語らねばならなかったか」という疑問が出てきます。

答えとしては、救済する本願は、元来、絶対でなければならないが、説明すると相対化するおそれがあるので、その説明をも、もう一度否定する必要があったといえます。そうすれば、絶対を絶対にもどすことができる、ということで絶対釈をいわれたと、味わわせていただいております。四不は、人間の種類、教養の格差に無関係であるということ。十四非は、人間の意識をもって宗教を理解したことを否定する。宗教を理解するには意識を持ちださねばならないけれども、救済の法の絶対性の前には否定されないと、やはり分別のとらわれとなる。「信心はどこじゃ、信心はどこじゃ」というて信心にこだわっていたら、自分の分別になってしまって、ほんまもんだと思うてつかんだものが、にせものだったという結果になります。そこで、信心という解釈をしながら、もういっぺん否定する必要があった。それが、四不十四非という絶対否定の言葉となって、ここにあらわされてきたということになるのであります。

たまわる信心とは

「行《ぎょう》にあらず善《ぜん》にあらず」。『歎異抄《たんにしょう》』は念仏という行について、「念仏は行者《ぎょうじゃ》のために非行《ひぎょう》・非善《ひぜん》なり」と、こうしてある。今は『信巻』ですから信を論じております。『歎異抄』は行について

「非行・非善」をいわれた。ここでは信について「非行・非善」をいっています。どっちでも「行イコール信」になり、「信イコールやがて流れて行」になるわけですから、どっちでいっても「非行・非善」、行者の行ずるものではない。行者のおこすものではない。

信心もたまわるもので、人間意識の中にありながら意識外のものである。人間の意識の外だというとわれわれに無関係の立場になってしまいますから、やはり意識の中だけれども意識の外からわれわれに入ってくるものだ。人間の意識中に入るけれども人間の意識の外に出ている。こういう不《ふ》即《そく》不離《ふり》の関係がないというと、仏とわれわれとの交渉というものがなりたたないことになる。信心は人間の意識をただこえたものだ、とこういうとわれわれに関係のないものになってしまうから、こえているけれどもわれわれの意識の中に入ってくる。こえているけれどもこえないもの、とこうならないといけない。そこのところをあらわしておるのであります。

「頓《とん》にあらず漸《ぜん》にあらず」。頓は速い。念仏は頓教《とんぎょう》中の頓教で、一般仏教でいっているような頓教というものではない。天台宗《てんだいしゅう》とか真言宗《しんごんしゅう》とかを頓教というており、法相宗《ほっそうしゅう》とか三論宗《さんろんしゅう》を漸教《ぜんぎょう》といっている。頓教とか漸教というておる程度の頓教ではない。頓教は、頓教でも超頓教だと、もう一つ速い頓教だ。ただの頓教とは違うということを、「頓《とん》にあらず漸《ぜん》にあらず」といっているのである。善導さんが、念仏を「頓教一乗海《とんぎょういちじょうかい》」というのは、一般仏教の頓漸ではなく、頓教中の頓教であることを示したものである。

「定《じょう》にあらず散《さん》にあらず」。『観無量寿経』には定善十三観《じょうぜんじゅうさんがん》、散善三観《さんぜんさんがん》を説いてある。すべてこれ自《じ》力作善《りきさぜん》であって、心を静めて観法《かんぽう》（観察の方法）を凝《こ》らすというような定《じょう》ではない。あるいはまた、散り散りバラバラの心で親孝行をやるとか、慈善事業をやるとかで、極楽参りしようというような散善の教えではない。念仏のほうは、心が静まっていてもよし、バラバラでもよし、そんなことにはかかわりがないんだ。

「正観《しょうかん》にあらず邪観《じゃかん》にあらず」。『観無量寿経』の中に正観邪観ということがおっしゃってあるが、正しき観法とか、よこしまな観法とか、そういうものも超越しているものなんだ。

「有念《うねん》にあらず無念《むねん》にあらず」。この有念無念の問題は、『末灯鈔《まっとうしょう》』（聖典七三五頁参照）によれば、元来聖道の義《しょうどうぎ》なんですね。聖道門のほうで有念とか無念とかをやかましくいうのである。それが浄土門のほうへ流れこんできて、有念だ無念だというやかましい論争が始まってきた。それで浄土教のほうでは、定散二善《じょうさんにぜん》の内で定善のほうを無念といい、散善のほうを有念という。そういう論争が、法然門下でずいぶん繰り返されたわけであります。そういうものではない。有念でもない無念でもない。そういうことにとらわれて、念仏は有念だとか無念だとかいうとよろしくない。邪念があって南無阿弥陀仏と称えておってはだめだとか、無念無想《むねんむそう》の念仏でなくてはだめだとか、いろいろなほかの教えがこんがらがって入ってきますから、有念無念が現代でも問題になっております。現代人の問題とすれば、意識の立場で信仰を語れば有念だ。人間の意識の上に信仰があるというのは、これ有念である。超意識の立場で把握すればこれは無念だ。無念も有念もともに自力のはからいである。

他力の信心とは、意識に影現《ようげん》（影のように添う）する超意識の世界のものだ。われわれの意識の中に出てくるが、根っこは意識をこえた如来の境界《きょうがい》からわれわれの意識の中に入ってきたものである。

こういうふうに有念無念の問題を現代的に解釈することができます。

往生が定まれば

「尋常《じんじょう》にあらず臨終《りんじゅう》にあらず、多念《たねん》にあらず一念《いちねん》にあらず」。これは浄土教徒の間の一連の論争の種《たね》でありまして、法然聖人時代から続いている問題ですね。

「尋常にあらず」は*後念相続《ごねんそうぞく》を軽《かろ》んずるおそれあり。臨終念仏について、「*平生業成《へいぜいごうじょう》だ、平生業成だと平生いくら念仏を称えても、臨終の一声《ひとこえ》の南無阿弥陀仏というのがありがたいのだ。いっしょうけんめいに称えるから、その念仏は値うちがあるのだ」と、こういうことをいう人がこのごろもあるんですよ。浄土教徒の間の一連の論争の種で、「尋常にあらず」は平生業成・後念相続を軽んずるおそれがある。「臨終にあらず」は臨終の不思議をすべて妨げるおそれがある。どっちもよろしくない。やはり、われわれは一念発起《いちねんほっき》したときに往生が定まると心得て、多念の相続を怠らず生涯お念仏を申すようにして、ときには臨終のすぐれた不思議を期待しても結構なのです。これは『一念多念文意《いちねんたねんもんい》』という親鸞聖人のお聖教の中に、「恒願一切臨終時《ごうがんいっさいりんじゅうじ》　勝縁勝境悉現前《しょうえんしょうきょうしつげんぜん》」という善導大師の『往生礼讃《おうじょうらいさん》』のご文を解釈して、「『悉現前《しつげんぜん》』というは、さまざまのめでたきことども、めのまえにあらわれたまえとねがえとなり」（聖典六七七頁）とおっしゃっています。時には臨終に際して尊いお姿をおがんでこの世を終わりたいと願うてもよいといわれておられますから、そういうことは自力くさい、と解釈するのははなはだ浅学の者のいうことです。「ただこれ不可思議《ふかしぎ》不可称《ふかしょう》不可説《ふかせつ》の信楽《しんぎょう》なり」。そこのところは言うに言われず説くに説かれず、思うて知るべし南無阿弥陀仏・南無阿弥陀仏と、こういうわけだ。ありがたくなってきましたから、ここらでやめておきましょうや。ナムナムナム……。

＊後念相続――本願をおもう一念が称名となって続いてゆくこと。「念をはなれたる声《しょう》なし、声《しょう》をはなれたる念なし」（聖典七一七頁）。「信心ありとも、名号をとなえざらんは詮《せん》なく候う」（聖典七八五頁）と親鸞聖人はいわれている。

＊平生業成――臨終を待つまでもなく、平生に他力の信心をえたそのときに浄土に生まれることが確定し、平生報恩のお念仏に親しむこと。

誤解をただす

【しかるに菩提心《ぼだいしん》について二種《にしゅ》あり。一《ひと》つには竪《しゅ》、二《ふた》つには横《おう》なり。また竪《しゅ》についてまた二種《にしゅ》あり。一つには竪超《しゅちょう》、二《ふた》つには竪出《しゅしゅつ》なり。竪超《しゅちょう》・竪出《しゅしゅつ》は権実《ごんじつ》・顕密《けんみつ》・大小《だいしょう》の教《きょう》に明《あ》かせり。歴《りゃく》劫迂回《こううえ》の菩提心《ぼだいしん》、自力《じりき》の金剛心《こんごうしん》、菩薩《ぼさつ》の大心《だいしん》なり。また横《おう》についてまた二種《にしゅ》あり。一《ひと》つには横《おう》超《ちょう》、二《ふた》つには横出《おうしゅつ》なり。横出《おうしゅつ》とは、正雑《しょうぞう》・定散《じょうさん》、他力《たりき》のなかの自力《じりき》の菩提心《ぼだいしん》なり。横超《おうちょう》とは、これすなわち願力回向《がんりきえこう》の信楽《しんぎょう》、これを願作仏心《がんさぶっしん》という。願作仏心《がんさぶっしん》すなわちこれ横《おう》の大菩提心《だいぼだいしん》なり。これを横超《おうちょう》の金剛心《こんごうしん》と名《な》づくるなり。横竪《おうじゅ》の菩提心《ぼだいしん》、その言《ことば》一《ひと》つにしてその心《こころ》異《こと》なりといえども、入真《にゅうしん》を正要《しょうよう》とす、真心《しんしん》を根本《こんぽん》とす、邪雑《じゃぞう》を錯《しゃく》とす、疑情《ぎじょう》を失《しつ》とするなり。欣求《ごんぐ》浄刹《じょうせつ》の道俗《どうぞく》、深《ふか》く信不具足《しんふぐそく》の金言《きんげん》を了知《りょうち》し、永《なが》く聞不具足《もんふぐそく》の邪心《じゃしん》を離《はな》るべきなり。】（聖典二四六頁）

ここまでが、今、お話ししなければならないご文ですね。これから後のところはご自釈ではなく引文《いんもん》になりますから、このたびの当面の問題ではありません。ここにいわれたことの証拠が『論《ろん》註《ちゅう》』の中にあるということをいわれるのですから。

さて、何がゆえに「菩提心《ぼだいしん》とはどんなものか」ということをいわれたのか。ひじょうに唐突に、菩提心が出てきたような感じがしますね。菩提心を解釈されたのはご和讃にもありまして、『正像《しょうぞう》末和讃《まつわさん》』のはじめのほうに、突如としてこの菩提心が出てくる。

浄土《じょうど》の大菩提心《だいぼだいしん》は　願作仏心《がんさぶっしん》をすすめしむ
すなわち願作仏心《がんさぶっしん》を　度衆生心《どしゅじょうしん》となづけたり　（聖典六〇三頁）

私は、ご和讃の講義をしておったときに調べましてね。なんでここに菩提心がでてくるのか、はっきりつかみたかったんです。そうしていろいろ模索している間に、なるほど、菩提心という問題は、その当時、法然聖人が残された宿題だな、とこう思ったのです。『選択集《せんじゃくしゅう》』の三輩章《さんぱいしょう》は『大無量寿経』の三輩段をよりどころとしておられます。三輩段というのは、第十八願成就《じょうじゅ》の文《もん》に引き続いて出てきて、上輩《じょうはい》・中輩《ちゅうはい》・下輩《げはい》と三とおりに分け、いろいろの修行をするということが説かれてあります。

これは当面、第十九願成就の文です。そこに「一向専念無量寿仏《いっこうせんねんむりょうじゅぶつ》」という言葉が出てくる。それは法然聖人のひじょうにお気に召した言葉です。『選択集』三輩章の解釈によりますと、一向専念だから、お念仏一つにしぼる。ところが三輩段では、菩提心を発《おこ》さなければならないという一面と、善導大師の意を受けて必ずしも菩提心を発さなくても一向専念無量寿仏で救われるという説き方の一面が、出てくるんですね。これを読まれて法然聖人は、「しめた！」と思って喜ばれたでしょう。なぜかと申しますと、とにかくお念仏一本にしぼりたい。念仏だけでほかになにもいらんのだ、ということをいいたい。これを「廃立《はいりゅう》」（一方を立てて、他方を廃すること）というのですが、廃立に急なるあまりに、「菩提心もいらんと書いてある、こりゃいい」というわけで、そこをご引用になって、「こういうてあるではないか、だから菩提心もいらないのだ」と、こうやられたわけですね。これが大問題を引きおこしたんです。

ところが、光瑞《こうずい》師のお説によりますとね。異訳の『大無量寿経』の中にも、菩提心はみないるように書いてあるんだそうです。それで、「公平にみるとやっぱりみないる、というほうがよかったんじゃないか」といわれました。

ところで『選択集』というお聖教は、秘密出版なんです。九条関白兼実公《くじょうかんぱくかねざねこう》（一一四九―一二〇七。法然に深く帰依した政界の実力者）の依頼によってお書きになった、いわば同志の間だけに見せるお聖教で、一般に公開すべきではなかったのです。そういうことが終わりに書いてあります。「庶幾《こいねが》わくは一《ひと》たび高覧《こうらん》を経《へ》て後《のち》に、壁《かべ》の底《そこ》に埋《うず》んで、窓《まど》の前《まえ》に遺《のこ》すこと莫《なか》れ。恐《おそ》らくは破法《はほう》の人《ひと》をして悪《あく》道《どう》に堕《だ》せしめざらんが為《ため》なり」とまで注意書きがしてある。いわゆる同志だけのテキストで、外部へ発表すべきものではなかった。

ところが、「内緒ごとはひろまりやすい」のたとえのとおり、その当時の学者たちの間に、そうとう伝わったんですね。それで、「これは勘弁《かんべん》ならん」というわけで攻撃が始まった。その急先鋒《きゅうせんぽう》に立ったのが栂尾《とがのお》の*明恵上人《みょうえしょうにん》で、『摧邪輪《ざいじゃりん》』という本を書いて厳しく批難した。そのほかに、笠置《かさぎ》の*解脱上人《げだつしょうにん》らも批判をされましたが、もっとも厳しかったのが『摧邪輪』ですね。

私も『摧邪輪』を読みましたが、論法が正々堂々としておりますよ。公平にみてね、なかなか立派な本です。その中に、「法然という人が念仏をひろめると聞いて、じつは尊敬をしておった。ところが、いよいよ書物が書かれたというので、それを手にしてひじょうに落胆した。というよりも憤慨した。とんでもないことが書かれてある。これは悪魔の本だ」と書いてある。

そのとんでもないことという失を十カ条あげた中に、もっとも手痛い批難は、「菩提心がいらん」ということに対してですね。「仏教というものは菩提を求めさとりを求めるもの。その菩提を求める志がいらんという、そんな馬鹿なことをいわれて黙っておられるかい」というわけでね、かみつくように批難を書かれた。

これ読んでみますと、もっともなことをいわれたなぁ、こういう手厳しいことをいわれて、当時の念仏教団はどうだったろうと思いましたが、佐々木月樵《ささきげっしょう》（一八七五―一九二六。愛知県の人。清沢満之門下）先生の『親鸞伝』を読みますと、「法然聖人の門下生も『摧邪輪』を読んで、たじたじになったらしい。こりゃー法然聖人の教えにしたがっていてもだめだということで、脱落した者も出てきたんじゃなかろうか」と書いてありますが、あるいはそうだったろうと考えられます。『摧邪輪』というものが、いかに大きな衝撃を与えたかということが推測されますね。それで、法然門下の方がたが、それに対する反発の書を出されましたが、いずれも的確なものはなかったわけです。

それ以前から念仏に対する批判はいろいろあったが、法然聖人は沈黙を守っていらっしゃった。これはね、やむをえなかったんじゃないかと私は思うんです。昨日も、「他力本願という言葉が濫《らん》用《よう》される」という質問に対して、「弁解すると、なおおもしろがってよけいいうもんだ」と私は答えましたが、沈黙もまた一つの勝つ手段である場合もあるんですよ。法然聖人は反論するとなおやっかいになると思われて、「まぁ言わしておけ」ぐらいの態度で黙っておられたと思うんです。

そこでね、この『教行信証』は、法然聖人がなくなって十三年目の記念出版ですよ。それで、法然聖人が誤解を受けていらっしゃるものをことごとく破って、師匠のお徳をあらわそうというお気持ちも多分に持っておられて、お書きになったと思うんです。とすれば、残された問題点といえば、菩提心の問題ですね。まず、これは書かなければならない、とするお考えがあったと思います。

その菩提心がここへ出てきた。『信巻』は上下二巻ありますが、そのどまん中に出された。

明恵上人はさらに、「お前さんたちの師匠の一人である曇鸞大師《どんらんだいし》が、すでに、菩提心がなければ浄土へ往生できない、というておるじゃないか。それなのに、菩提心がなくてもいいということになれば、自分たちの先達《せんだつ》の言い分すらひっくり返すことになる。とんでもないことだ」といわれておる。

それに対して親鸞聖人は、「菩提心というのにいろいろあるんだ。それをごちゃごちゃにするから、まちがいが出てくる。菩提心に自力と他力と二つあるんだ。法然聖人が『いらない』とおっしゃったのは自力の菩提心で、曇鸞大師が『菩提心がなければ浄土往生できない』といわれたのは他力の菩提心、即《すなわ》ち真実の信心だ。だからけっして矛盾していないんだ」とこういうことを書かれたのであります。そこから、「二《に》双四重《そうしじゅう》の教判《きょうはん》」というものが出てくる。教判とは、正確にいえば教《きょう》相判釈《そうはんじゃく》（釈尊の教えを分類し、仏教の教義を大系づけたもの）ですね。

＊明恵上人——一一七三－一二三二。華厳宗《けごんしゅう》の僧。高弁《こうべん》。持《じ》戒堅固《かいけんご》で自分の菩提心をためすために耳を切った。
＊解脱上人——一一五五－一二一三。法相宗《ほっそうしゅう》の僧。貞慶《じょうけい》。南都《なんと》（奈良）の仏教復興の中心になった持戒堅固の人。

いっそくとびのわざ

そこで、二双四重というのは、頓教《とんぎょう》を横《おう》と竪《しゅ》に分けて一双《いっそう》とし、漸教《ぜんぎょう》を横《おう》と竪《しゅ》に分けてまた一双として二双。それに横と竪と超《ちょう》と出《しゅつ》の四つを重ねて四重、それで二双四重とこういう。「横」というのは他力をあらわし、「竪」というのは自力をあらわすのです。「超」というのはとびこえる、超《ちょう》越《えつ》するということですから、速いという意味。「出」というのは遅いということ。

他力でもってしかも速いということが「横超《おうちょう》」ということですね。「横出《おうしゅつ》」というのは、他力の中でも自分の判断力が全部消えてしまわないで、如来の判断力の中へ、自分の判断を何パーセントかまぜる。自己流がまざると、仏さまは完全無欠なはたらきを妨げられることになる。そういうのは他力の中の自力ということになる。

それから「竪超《じゅちょう》」というのは、自力でもって速い。これは勝《すぐ》れておるけれども困難なんだ。「竪出《じゅしゅっ》」のほうは自力でしかも遅い。歴劫迂回《りゃくこううえ》（長い時間をかけて修行を積んでさとりにいたるからこのようにいう）の菩提心ですから時間がかかるんですね。三僧祇《さんそうぎ》百大劫《ひゃくだいこう》の間修行を積まないというと、仏になれないということが『瓔珞経《ようらくきょう》』の中に書かれてある。三僧祇百大劫とはどれだけかわからないけれども、阿《あ》僧祇《そうぎ》というのは無数に近い。ほんとうは不可能とこういいたいのだけれども、そういうたのでは具合が悪いんで、無数に近い時間を過ぎなければ仏になれないのだ、という教えです。

それから「権実《ごんじつ》」。権大乗《ごんだいじょう》というのは、大乗に準ずる教え。宗派から申しますと、法相宗・三論宗というのは完全大乗ではない。実大乗《じつだいじょう》（純粋な大乗）とは華厳宗・天台宗・禅宗・密教を指す。顕《けん》教《ぎょう》というのは顕露《けんろ》な教え（言語・文字の上に明らかに説き示された教え）、密教というのは秘密の教え、さとりがある程度伏せてある（真言宗など）。竪超《じゅちょう》・竪出《じゅしゅっ》、これはいずれも聖道《しょうどう》・自力の菩提心です。

それから、浄土の菩提心の中で、横超《おうちょう》は純粋他力のひじょうに速いさとりであるけれども、横出《おうしゅっ》のほうは他力だが不純分子がまざっておる。真宗からいいますと、法然聖人の弟子たちがはじめられた浄土宗各派などは横出になる。浄土真宗のみが横超ですね。横超というのは願力回向の信心だとおっしゃっている。私どものいただいている信心・念仏のおいわれが、横超の信心であり横超の念仏ですね。超というのは頓速《とんそく》イコール超、その超の中の横超これが真宗。ただし、今の浄土真宗ではないんですよ。今、浄土真宗というている宗派は、はなはだあやしいものがまざっております

★二双四重《にそうしじゅう》の教判《きょうはん》（教相判釈《きょうそうはんじゃく》）

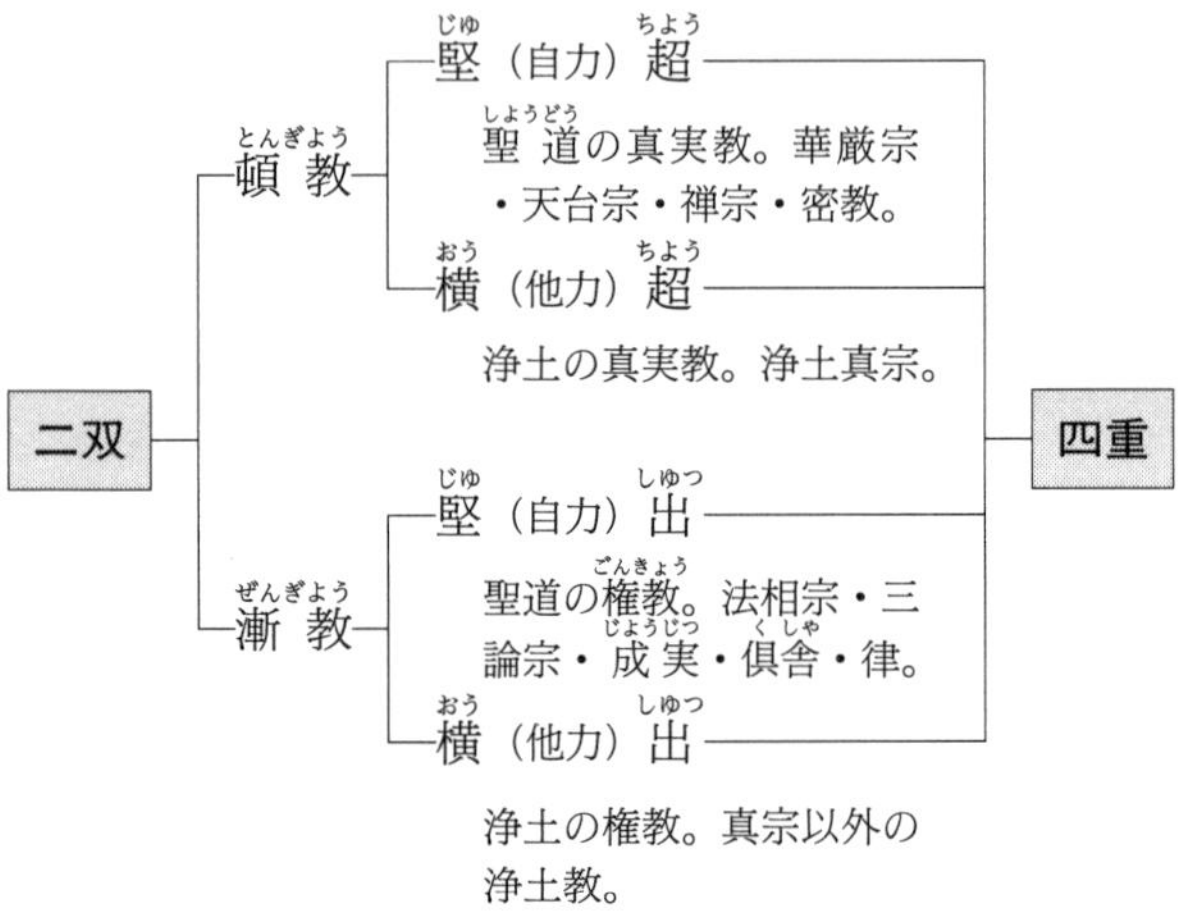

から、おまちがえのないように。ここでいう浄土真宗は、親鸞流の浄土真宗ですよ。

自力も他力も弥陀のまごころ

それから堅《しゅ》の菩提心では、必ず共通した誓願《せいがん》を発《おこ》さなければならない。どの仏さまにしたがっても、立てなければならんという誓願ですね。これが「四弘誓願《しぐぜいがん》」。

衆生無辺誓願度《しゅじょうむへんせいがんど》　煩悩無数誓願断《ぼんのうむしゅせいがんだん》
法門無尽誓願学《ほうもんむじんせいがんがく》　仏道無上誓願成《ぶつどうむじょうせいがんじょう》

自力の菩提心では、人を救うということが先になる。まず、いっさいの生きとし生けるものをみな救いたい、という願いを持つ。その願いを成就するには、自分に煩悩（心のトラブル）があるようでは人が救えませんから、自分の煩悩をなくす。そのためには、あらゆる法門《ほうもん》（仏の教え）を学びつくすというくらいの勇気がなくてはならない。そうして仏道を成就しなければ、人を救うということはできない。こういうふうに、人を救うということを先にたてて、わが身が仏になっていこうとするのが、自力の人たちの誓願でございます。

「浄土の大菩提心《だいぼだいしん》」というのは、曇鸞大師《どんらんだいし》のお言葉にしたがうと、「願作仏心《がんさぶっしん》」と「度衆生心《どしゆじようしん》」との二つに分かれる。「願作仏心」というのは自ら仏になると願う。浄土教のほうではね、人を救うということは後まわしなんです。わが身が迷っていて、他人の面倒をみるどころの騒ぎではないのです。まず、わが身が仏さまになりたい、という願いをおこさなければならない。それは、如来よりたまわる信心というものが、おのずから願作仏心になる。それでね、この「浄土の菩提心」というのは、信心の別名《べつめい》になるのです。信心というと、仏教各宗派では、ひじょうに程度が低いとみており、菩提心というと、ひじょうに程度が高いと解釈しているので、菩提心といったほうが、他の宗派の人に対していいわけです。

その「浄土の菩提心」では、願作仏心が先で度衆生心が後。それで、みんなを仏にしたいという願い――度衆生心を四弘誓願にあてはめてみると、まったく同じではないのですが、「衆生無辺誓願度」にあたるわけです。

それから、煩悩をなくして法門を学んで仏道を成就しようということが願作仏心にあたるわけです。

こういうふうに、自分のさとり、人のお世話、すなわち自行化他《じぎようけた》（自ら宗教的に実践し、その徳によっておのずから人を教化《きょうけ》すること）とか、自利利他《じりりた》（自ら利益《りやく》することと他人を利益すること）ということが、仏教の共通した部分であり要点である。自力・他力と別れておっても、真心《しんしん》というものに入っていく、そういうことが大事なのではないか。

「横竪《おうじゅ》の菩提心《ぼだいしん》、その言一《ことばひと》つにしてその心異《こころこと》なりといえども、入真《にゅうしん》を正要《しょうよう》とす、真心《しんしん》を根本《こんぽん》とす……」。まやかしものはだめなので、ほんものを追及していかなけりゃならんということは、自力であろうが他力であろうがたいせつなんだということですね。それから、真心《しんしん》というのは如来さまのお心、と解釈するのが親鸞聖人の流儀ですよ。そして、**自力だの他力だのというたところで、みな如来さまの心から出てくるんだ。**すぐに他力に入られない人には、自力の教えを説いて聞かせて、やらせて、「あー、自力ではとてもだめだ」と自覚《じかく》させ、それから他力のほうへ引きこんでいく。**だから自力の教えというものも、阿弥陀如来の大慈大悲から出ておるんだ、**ということを親鸞聖人がおっしゃっておられるように思いませんか。私はそう思うんです。それで「真心を根本とす」、如来のまごころというものが根っこにあるのだ、とおっしゃったのでしょう。「自力の人たちも浄土のほうへ心さえ向いたらなんとかしましょう」という願《がん》を立てられたのが第十九の願。だから成《じょう》就《じゅ》の文《もん》には、「沙門《しゃもん》に飯食《ぼんじき》せしめ、繒《ぞう》を懸《か》け灯《とう》を燃《とも》し、華《け》を散《さん》じ香《こう》を焼《た》きて……」（『大無量寿経』、聖典四二頁）坊さんに飯を食わせるのも功徳《くどく》になると思うてね。信心はないんだけれども、お寺さんだけは大事にしなきゃならんというて（笑）、「ご院主《いんじゅ》（住職）さん、きょうは親の命日《めいにち》やで、どうぞ『阿弥陀経』一巻読んでください。ごちそうはうんとこしらえときますから」といって、たいていご法事《ほうじ》にはごちそうがついておる。あれは飯食沙門《ぼんじきしゃもん》という行《ぎょう》ですね。お焼香《しょうこう》をする、お花を立てる、花びらを撒《ま》くとか、みんなこれ第十九の願です。真宗といいながら、念仏に到達するまでに、第十九の願をやっている人がひじょうに多い。「真宗というてもあやしいもんだ」と、さっきいうたのはそれなんですよ。

それがようやく、「こんなことではだめなんだ」と気がついたら、その次は念仏にかわる。念仏を称えるんだけれども、これでなんとかなるように思うて念仏を励み、これが一番効能《こうのう》があるんだというて、効能をみようとして称える。これ第二十願ですね。このことを親鸞聖人は、「……本願《ほんがん》の嘉号《かごう》をもっておのれが善根《ぜんごん》とするがゆえに……」（聖典四一二頁）といわれている。つまり、如来さまの名号《みょうごう》をわがものにし、仏さまのお徳を自分の徳にして、自分勝手にお念仏を使った。これがよくない、自力の念仏ですね。ちょうど、役所へ勤めておったおやじさんが、役所の公金《こうきん》を使ったようなもんだ。役所の金は住民のもの。租税《そぜい》を課して集めた金を、自分の懐《ふところ》に入れたら公金横領罪《こうきんおうりょうざい》。本願の嘉号《かごう》（阿弥陀仏の名号）、これは一切衆生《いっさいしゅじょう》共同のもの、公金ですよ。

念仏称えて、これでもって仏さまにしてもらおう、これでたすけていただけるような気がする、というのはまだほんまもんじゃない。それをだんだんやっているうちに、どうもそこにひっかかることがあるなー、と気がついてくる。そして自分のはからいを捨て、如来さまの御《おん》まごころ（真心）だけにおまかせして、お念仏を高らかに称えさせていただく。自分はどうなろうと、お念仏は尊い、仏さまはありがたいと、お念仏を称えさせていただく。これが純粋な他力なんだ。

三願転入《さんがんてんにゅう》といわれるのはここですね。第十九の願から第二十の願に転じ、第二十の願から第十八の願に進んで、もっとも純粋な他力となる。そこにいくまでにはずいぶんひまもかかりますし、仲間も少なくなりますよ。

それでね、阿弥陀如来はいろいろな方便《ほうべん》を設けて、道をいくつもつけていらっしゃるけれども、要するに、如来の大慈《だいじ》大悲《だいひ》のまごころ（真心）から出てきたもんだ。自力だからといって軽蔑するわけにはいかん。衆生を哀れんで、方便を回《めぐ》らしてくださったんだから尊いことなんだ。そういうことを「真心を根本とす」といわれた。だから「邪雑《じゃぞう》を錯《しゃく》とす」、よこしまなるもの、まぜっこのもの、そういうものは誤りなんだ。「疑情《ぎじょう》を失《しつ》とするなり」疑うたら失敗なんだ。「欣求《ごんぐ》浄刹《じょうせつ》の道俗《どうぞく》、深《ふか》く信不具足《しんふぐそく》の金言《きんげん》を了知《りょうち》し、永《なが》く聞不具足《もんふぐそく》の邪心《じゃしん》を離《はな》るべきなり」。またここに、「信不具足《しんふぐそく》・聞《もん》不具足《ふぐそく》」が出てきました。ナムナムナム……。

ぼんやり聞いていては

『北本涅槃経《ほっぽんねはんぎょう》三十五巻』『南本涅槃経《なんぽんねはんぎょう》三十二巻』には、「信《しん》・戒《かい》・聞《もん》・施《せ》・慧《え》」の五法《ごほう》における不具《ふぐ》足《そく》を明かしてあります。『教行信証』の中には、『信巻本』、『信巻末』、『化身土巻』と、三度ご引用になっていらっしゃいます。まず『信巻本』には、三一問答《さんいちもんどう》の信楽釈《しんぎょうじゃく》にあります。

【またのたまわく（涅槃経・迦葉品）、「信《しん》にまた二種《にしゅ》あり。一《ひと》つには聞《もん》より生《しょう》ず、二《ふた》つには思《し》より生《しょう》ず。この人《ひと》の信心《しんじん》、聞《もん》よりして生《しょう》じて、思《し》より生《しょう》ぜず。このゆえに名《な》づけて信不具足《しんふぐそく》とす。

また二種《にしゅ》あり。一《ひと》つには道《どう》ありと信《しん》ず、二《ふた》つには得者《とくしゃ》を信《しん》ず。この人《ひと》の信心《しんじん》、ただ道《どう》ありと信《しん》じて、すべて得道《とくどう》の人《ひと》ありと信《しん》ぜざらん。これを名《な》づけて信不具足《しんふぐそく》とす」と。】（聖典二三七頁）

最初の「聞《もん》より生《しょう》ず」というのは、聞くということです。聞くというのは大事なことだが、聞きようがあるんで、漠然とした聞き方を従来の学者は「汎爾《はんに》の聞《もん》」というております。本願の名号のおいわれを聞くということが、信心ということになりますが、その場合の聞くということが汎爾の聞ではいけない。それをごっちゃにして、説教さえ聞いていたらご信心がもらえるんだと思うている人がありますが、これは汎爾の聞を、「聞其名号《もんごみょうごう》」（『一念多念文意』、聖典六七八頁）の聞《もん》と解釈したもので、これはまちがいです。人間の気力の限界を尽くす聞きようでなければならない。「あー、これではおれはだめだ！」と、そこでいっぺん自分に愛想をつかしてしまうような、聞き方をしなければいかんですね。

だから「思《し》より生《しょう》ず」とは、意志的決断の参加した聞き方をいうんです。つまり、耳で聞いておるだけじゃなく、そこへ人間の意志がはたらいたんだ。意志がはたらけばなお悪いじゃないか、というとそうではない。信心というものの最後の決断というのは、もっとも意志を尽くさなきゃいかん。**人間の意志を尽くし、気力を尽くして、そしてこれを捨てきるのでなければ、完全に聞いたというわけにはいかないんですね。**

西田幾多郎先生も「もっとも意志的なものだ。意志の限界を尽くせ」と、こういうていらっしゃる。これはいい言葉だと私は思う。ただ説教さえ聞いたらご信心もらえるというような、そんな安っぽいもんじゃないですね。気力の限界を尽くし、人間の意志を否定してしまうんですからね。そういう聞き方が正しい聞き方です。「この人の信心、聞より生じて、思より生ぜず。このゆえに名づけて信不具足《しんふぐそく》とす」、これが信心のそなわっていない聞きようなんだ。こういう人がひじょうに多いということを、よくご注意ください。

体験者はいない？

その次が、「この人の信心、ただ道《どう》ありと信じて、すべて得道《とくどう》の人ありと信ぜざらん」。私はね、このご文をみて、「あー、うまいことというてあるなー」と思うた。私の村（石川県鹿島町）にね、地方で名《な》うての（有名な）*同行《どうぎょう》がおった。同行の中ではあんまり無茶苦茶なことをいうほうではなかったが、その人がいつも、「ご信心もろうておる人は、おそらく一人もなかろう」とね、一生いうておった。なーるほど、「道《どう》あることを信じて得道《とくどう》の人あるを信じないとはこれだな」と私は思った。

自分に体験がないから、人にもないと思う。体験者がいるということを信用しないものは、ほんとうの信心はいただけない。自分をもって他人をはかって、自ら体験を有せず、他人もまた体験がないと思うている誤りである。こういう人がよくありました。この極端な例が、私を批難して念仏*反対の騒動をひきおこしたがわの連中ですね。

＊同行——本来の意味は、同じ信仰の道を歩む友。ここでは、信仰論争をする人たちをいう。

＊念仏反対の騒動——桜井和上が伊勢の村田和上のところに信仰上の煩悶《はんもん》解決のため、二年一か月滞在。その留守中からおきはじめたもめごと。「信心さえあればいい。念仏に力を入れるのは自力になる。真宗の正しい信仰ではない」と、大正十二年から九年間非難され、檀家の過半数が離れたできごと。

お経を読むにも

第二番目が『信巻末』にあるご文ですね。

【『涅槃経《ねはんぎょう》』（迦葉品）にのたまわく、「いかなるをか名《な》づけて聞不具足《もんふぐそく》とする。如来《にょらい》の所説《しょせつ》は十二部経《じゅうにぶきょう》なり。ただ六部《ろくぶ》を信《しん》じていまだ六部《ろくぶ》を信《しん》ぜず、このゆえに名《な》づけて聞不具足《もんふぐそく》とす。またこの六部《ろくぶ》の経《きょう》を受持《じゅじ》すといえども、読誦《どくじゅ》にあたわずして他《た》のために解説《げせつ》すれば、利益《りやく》するところなけん。このゆえに名《な》づけて聞不具足《もんふぐそく》とす。またこの六部《ろくぶ》の経《きょう》を受《う》けおわりて、論議《ろんぎ》のためのゆえに、勝他《しょうた》のためのゆえに、利養《りよう》のためのゆえに、諸有《しょう》のためのゆえに、持読誦説《じどくじゅせつ》せん。このゆえに名《な》づけて聞不具足《もんふぐそく》とす」とのたまえり。】

（聖典二五〇頁）

「六部《ろくぶ》を信じていまだ六部を信ぜず」とは、仏さまの説法を半分しか聞かないんですね。「ここのところは好きや」というて選《え》り好《ごの》みし、「ここのところはどうも気に入らん」というて捨ててしまう。そういう聞き方はだめなんだという。これよくあるんですよ。

　それから次は、半分も読めないのに、他人のために説こうとするから十分なことができない。半分だけでも純粋な気持ちで読めばよいが、不純な心で読むのではなお悪い。「勝他《しょうた》のため」というのは、相手を圧伏《あっぷく》するために読む。あいつを負かしてやろうと、「こういうことがお経に書いてある。どうだ参ったか」とね。

博多の万行寺《まんぎょうじ》さんではね。学生さんがいつも四、五十人いて、午前中、七里《しちり》和上《わじょう》（一四頁参照）の講義を聞く。そしておよそ一日おきに会読《かいどく》というのをやる。問答《もんどう》ですね。左右に分かれて、まん中に判者《はんじゃ》（判定者）を置いて、どっちが勝ったか判定をする。昔はよくあったもんです。私どもが大学に入った時分から、この会読というのがあんまりはやらなくなりましたが、それまでの真宗の学者たちは、この会読で鍛えたもんですね。それでね、「ここにこういうお言葉がある」と持ちだすとギャフンとなる。そこで、朝、会読があるときは、学生たちは寝ずに調べておる。そして後からまたそれを検討して、「あのときにこのご文を出せば勝つんだったのに、しもうたことをしたな」というてね（笑）。

それをよく、村田和上が笑っておっしゃった。「学問するものは、そんなことを朝から晩までいっしょうけんめいやっておった。それでお念仏称えられん。わしはそういう仲間に入らなんだ。あんなことやりだしたらきりがない」とね。そういう勝他のために読んでおるんでは何にもならん。お経を読むときは、**わが心の胸襟《きょうきん》を開いて、心の疑問に答えていただくように読む**のでなければだめなんだ。

それから「利養《りよう》のためのゆえに」とは、お経を読んで、それを人に説き、お布施をどっさりもらって、こりゃもうかるわい。これも不純な読み方。それから名聞。お経をじょうずに解説すると、人は「あー、偉いもんだ。よく知っていらっしゃる」と有名になって評判になる。そういう評判をとるために、お経を読んだらだめなんだ。「聞不具足《もんふぐそく》」だと、こういうことをおっしゃっているわけです。

よき師を求めて

それから三番目は『化身土巻本《けしんどかんぼん》』。

【またのたまわく（涅槃経・迦葉品）、「善男子《ぜんなんし》、信に二種《にしゅ》あり。一《ひと》つには信《しん》、二《ふた》つには求《ぐ》なり。かくのごときの人《ひと》、また信《しん》ありといえども、推求《すいぐ》にあたわざる、このゆえに名《な》づけて信不具足《しんふぐそく》とす。信《しん》にまた二種《にしゅ》あり。一《ひと》つには聞《もん》より生《しょう》ず、二《ふた》つには思《し》より生《しょう》ず。この人《ひと》の信心《しんじん》、聞《もん》よりして生《しょう》じて思《し》より生《しょう》ぜざる、このゆえに名《な》づけて信不具足《しんふぐそく》とす。また二《に》種《しゅ》あり。一《ひと》つには道《どう》あることを信《しん》ず、二《ふた》つには得者《とくしゃ》を信《しん》ず。この人《ひと》の信心《しんじん》、ただ道《どう》あることを信《しん》じて、すべて得道《とくどう》の人《ひと》あることを信《しん》ぜず、これを名《な》づけて信不具足《しんふぐそく》とす。また二種《にしゅ》あり。一《ひと》つには信正《しんしょう》、二《ふた》つには信邪《しんじゃ》なり。因果《いんが》あり、仏法僧《ぶっぽうそう》ありといわん、これを信正《しんしょう》と名《な》づく。因果《いんが》なく、三宝《さんぼう》の性異《しょうこと》なりと言《い》いて、もろもろの邪語《じゃご》、富蘭那《ふらんな》等《とう》を信《しん》ずる、これを信邪《しんじゃ》と名《な》づく。この人《ひと》、仏法僧宝《ぶっぽうそうぼう》を信《しん》ずといえども、三宝同一《さんぼうどういつ》の性相《しょうそう》を信《しん》ぜず。因果《いんが》を信《しん》ずといえども得者《とくしゃ》を信《しん》ぜず。このゆえに名《な》づけて信不具足《しんふぐそく》とす。この人《ひと》、不具足信《ふぐそくしん》を成就《じょうじゅ》すと。……】（聖典四〇六頁）

ここですね。わかりやすくA・B・C・Dに分けましょう。

A、「一つには信《しん》、二つには求《ぐ》」——信のほうは人間の理性をもって信じておる。求《ぐ》というのは推《すい》求《ぐ》で、理性をこえた立場において、信仰の問題を扱おうとする人ですね。これが正しいんです。信ではいかんので、求でなければならない。

B、「一つには聞《もん》より生ず、二つには思《し》より生ず」——聞《もん》というのは耳の役目で機械的に聞いておる。それは人間の意志の限界を尽くすような聞き方ではない。それではだめなんだといわれておる。

C、「道《どう》あることを信じて、すべて得道《とくどう》の人あることを信ぜず」——道《どう》ありとだけ信ずるのは、信仰を観念として受け入れたものである。得道《とくどう》の人を信ずるというのは、体験者の存在を信じて、善知識《ぜんぢしき》（念仏の教えをすすめ、みちびく人）を求めるために努める者。こういう求め方が正しいんだという。このごろの人のように、「信心」というものをただ観念的にみて、「『歎異抄《たんにしょう》』がああだこうだ、信仰がああだこうだ」というておったってだめなんですよ。「そんならあんた、いつ、どこで、どなたの門に入って習ったんですか？」というと、なんにも答えられない。ただ学校でちょいと勉強しただけ。大工仕事を習うのに弟子入りせずして、学校で道具の使い方だけ覚えた、というのと同じですよ。そんな信仰をふりまわしてもらったら困る。

D、「信正《しんしょう》」——正しき教説を聞く者と、「信邪《しんじゃ》」——不正の教えを聞く者。富蘭那《ふらんな》というのは、プーラナ＝カッサパという六師外道《ろくしげどう》（一四二頁参照）の第一に出てきます。『北本涅槃経《ほっぽんねはんぎょう》』には、「黒《こく》業《ごう》あることなければ黒業の報《ほう》なし。白業《びゃくごう》あることなければ白業の報なし。上業《じょうごう》および下業《げごう》あることなし」というたとある。今日の言葉でいいますと虚無思想《きょむしそう》ですね。そういう邪説《じゃせつ》を信じたのではなにもならないのです。正しい教説を信じたのでなければならない、ということをおっしゃった。

以上、『教行信証』の三か所の引用を説明しましたが、その結論を申しますと、

一、信仰を求める人は熱意をもて。

信不具足《しんふぐそく》・聞不具足《もんふぐそく》のご文を拝読して私が思ったことは、いいかげんな気持ちではいかんということです。

二、名師《めいし》（得道の人）に会うことを求めよ。

師匠を持たなければだめだ。『歎異抄』の前序に、「幸《さいわ》いに有縁《うえん》の知識《ちしき》によらずは、いかでか易行《いぎょう》の一門《いちもん》に入《い》ることを得《え》んや」とありますが、念仏の教えのいいところを聞きたかったら、師匠を持たねばならぬということです。きっぱりといわれたもんです。この頃の『歎異抄』の講釈を聞くと、いいかげんなものが多いが、学校で理屈だけ覚えてきたからというてもそれじゃだめなんです。名師にあうことを求めよ。

三、名師に対する全幅の信頼、帰投《きとう》の用意を持つこと。

名師に対する帰依《きえ》の仕方というものが、ひじょうに大事なんだ。*道元禅師《どうげんぜんじ》は、「無上菩提《むじょうぼだい》を演説《えんぜつ》する師《し》に会《あ》わんには、種姓《しゅしょう》を観《かん》ずることなかれ、容顔《ようげん》をみることなかれ、非《ひ》を嫌《きら》うことなかれ、行《おこ》ないを考うることなかれ、失《しっ》を判《はん》ずることなかれ、出生《しゅっしょう》をいうことなかれ」（『正法眼蔵《しょうぼうげんぞう》』礼拝《らいはい》

修証義《しゆしようぎ》）といわれた。「あのお師匠さんは、あんまり顔のよくない格好の悪い人だな」。あるいは師匠の顔色をうかがう、そんなことはいかん。生まれがどうであろうとそんなことというてはいけない。自分のお師匠さんの悪いことをいうたらいかん、とこういうことをいわれたのです。このごろの時代では、「なんとまぁ無批判な」というかもしれませんが、無上菩提《むじようぼだい》（この上ない仏のさとり）というような、人間の意識の限界を尽くさなけりゃならんことを教えてくださる師匠に対しては、これくらいの覚悟がなけりゃならんと、私は思います。親鸞聖人も、そういうことをここにご注意くださったのだと味わっています。

四、意志の限界を尽くして受領《じゆりよう》せよ。

ただ漫然《まんぜん》と、「あーそうか、いわれることはまちがいなかろうから信じておく」というようなものでは困る。「それよりほかは絶対にないんだ」というところまで、限界を尽くして聴聞《ちようもん》させていただく。

五、正しき教えと不正の教えとの分別・批判が必要。

正しからざる教えにしたがってはならん。そういう点では、人間の分別心を用いて、正・不正を批判していかなくてはならない。

まだ後に多少のお言葉はありますけれども、親鸞聖人は、二《に》双四重《そうしじゆう》の教判《きようはん》と『涅槃経《ねはんぎよう》』のお言葉で、一応『信巻』を結ばれたと、味わっております。ナムナムナム……。

＊道元禅師――一二〇〇－一二五三。中国の如浄禅師《によじようぜんじ》に参じ、一二二五年さとる。その如浄禅師の名利《みようり》をこえた

〝只管打坐《しかんたざ》〟の禅を受けて、日本曹洞宗《そうとうしゅう》を開いた。

かぜひき信心、ドロボウ信心

【それ真実《しんじつ》の信楽《しんぎょう》を案《あん》ずるに、信楽《しんぎょう》に一念《いちねん》あり。一念とはこれ信楽開発《しんぎょうかいほつ》の時剋《じこく》の極促《ごくそく》を顕《あらわ》し、広大難思《こうだいなんじ》の慶心《きょうしん》を彰《あらわ》すなり。】（聖典二五〇頁）

ここに「時剋《じこく》の一念《いちねん》」か、「信相《しんそう》の一念《いちねん》」かという問題が出てきます。信楽《しんぎょう》ということは信心というてもいい。信心ということは一念の信心、一念ということは時剋の極促《ごくそく》だ。ひじょうに短い時間のこれより縮まりようのない短い時間なのだ。そこに、ぱっと安心安堵《あんしんあんど》ができたというその時剋（決定的瞬間）を指して一念という。ちょっと解釈するとそういうことですね。「一念とはこれ信《しん》楽開発《ぎょうかいほつ》の時剋《じこく》の極促《ごくそく》を顕《あらわ》し、広大難思《こうだいなんじ》の慶心《きょうしん》を彰《あらわ》すなり」。それは大きな喜びの心をあらわしているのだ。「時剋の一念」と「信相の一念」の二つをここに解釈されている。

これを昔から学者が、そんな時剋とはほんとうにあるのかないのかと問題にしている。これは時剋というものに仮託して（ことよせて）いうたのであって、そんな時刻なんてあるんじゃない、考えられないような短い時間なんてあってもなくても同じじゃないか、というのが仮時《けじ》の説です。いやそうじゃない。実際の時剋があるのだ。それは人間の意識の上に認識することのできない短い時間であっても、あることはあるのだ、というのが実時《じつじ》の説です。学者の間にこういう仮時説と実時説がある。

それについて私の考えをいえば、仮時説はおかしいと思う。時間に仮託したものであって、時間がないということは詭弁《きべん》（ごまかしの言葉）だと思う。「信楽開発《しんぎょうかいほつ》の時剋《じこく》の極促《ごくそく》」といわれたからには、ひじょうに短い時間だけれどもそういう時間はあるのだ。なぜそんな時間がないという説が出てくるのかというと、そんなことをいう人は体験のない人です。そういう信楽開発の体験を持っていないものだから、自分の考えをまとめるために、そんなものはないのだ、と仮時説を出したんですね。私にいわせると時剋というのは時間的ということなのだ、時剋の極促というてある時刻だもの。実時説が行きすぎになって記憶の有無をいうおそれが出てきたのに対して、仮時説は、「一念という短い時剋に記憶をいうのはおかしい」という。実時説が行きすぎると、そういう実際の時間があるなら覚えがあるはずだ。「何月何日何時何分にご信心もろうたという記憶があるべきだ」と、こういうことが出てくるのですね。そういういやらしいことが出てくるので、それを防ぐために仮時説が説かれたわけですね。これはどちらも行きすぎであると思います。時間は時間だがひじょうに短い時間であって、人間の計算、意識にかかるような時間ではありません。けれども、時間は時間であるという解釈をしなければならないと思います。

記憶があるかないかという問題は昔からありまして、七里和上が総会所《そうかいじょ》でお説教されたあと、お宿のほうに一人の同行《どうぎょう》が訪ねてきて、「和上さん、何月何日にご信心をいただいたという覚えがあるものですか、ないものですか」。そしたら和上さんは、「お前、風邪《かぜ》をひいたというて何月何日何時何分に風邪をひいたということを覚えておるかどうか。いや咳《せき》が出て痰《たん》が出れば風邪をひいたんじゃろうが」。そうすると「そうですか、あんたのご信心は風邪ひき信心でございますか」というた。「お前は何月何日何時何分にどこそこへ泥棒に入ったというのと同じだ。お前の信心は泥棒信心というのだ」（『七里《しちり》和上《わじよう》言行録《げんこうろく》』、二六二頁取意）、とこうやっつけられたという話があります。今でも信心の覚えがあるかないかを問題にしている人たちがおります。信仰家といわれるような実際の経験のある人は、行きすぎてそういう入信の時刻の記憶をやかましくいう。これはまちがいです。それから、時刻の極促を時間ではないというのもまちがいです。どちらもまちがい、と私はそういうふうに判断をします。

よろこびが？

それから信相《しんそう》（信心の相状）の一念《いちねん》ですね。「広大難思《こうだいなんじ》の慶心《きようしん》を彰《あらわ》す」。時刻だけではもう一つ内容がはっきりしない。その時剋にいただいた一念の信心はどういうものかといいますと、ひじょうにありがたいものである。

A、歓喜《かんぎ》を重視して、信心の相状《そうじよう》（信心のすがた）であることを忘れて、信体《しんたい》（信心そのもの）と誤認する誤り。

歓喜を重視するというと、「ありがたくないから、おれはご信心をいただいたのではないのだ。ご信心をいただいたら、天におどり地におどるほどありがたくなければならない」、こういうふうな考えになったのは誤りですね。ありがたいはありがたいけれども、そのありがたいということを証拠として、ありがたいからこれが信心だと、こういうのは歓喜と信心とをまちがえた。そこで、七里和上さんは、おもしろいことをおっしゃっている。「夕《ゆん》べの夕《ゆん》べの侍《さむらい》が、刀《かたな》と箒《ほうき》とはきちがえ、箒で仇《あだ》が打たりょうか。末世《まっせ》の末世の同行《どうぎょう》が、お慈悲と歓喜《かんぎ》とはきちがえ、歓喜で浄土へ参らりょか」。喜びがあったから極楽参りができる。そんなことはできやしない。信心と歓喜とは違う。信心には歓喜はついておるけれども、歓喜をつかまえて信心というわけにはいかない。歓喜を重視して信心の相状であることを忘れて信体と誤認する、これは誤りである。

B、『歎異抄』第九節を誤解して、歓喜のないのを当然とする誤り。

これは観念信者の無歓喜《むかんぎ》を弁解する名せりふです。『歎異抄』第九節には、「よろこぶべきこころをおさえて、よろこばざるは煩悩《ぼんのう》の所為《しょい》なり。しかるに仏《ぶつ》かねてしろしめして、煩悩具足《ぼんのうぐそく》の凡夫《ぼんぶ》と仰《おお》せられたることなれば」とおっしゃっているから、喜びがないのがあたりまえだ。煩悩があるのだから、われわれには喜びがないのはあたりまえなのだ。喜びがなくても差し支《つか》えないのだ。こういうところに座っているから、説教者の中にはまちがった説法をして歩く人もいるんですね。このように「喜びがないのが当然だ」と座りこんでしまうと、「広大難思《こうだいなんじ》の慶心《きょうしん》を彰《あらわ》す」というおおせにそむき、親鸞聖人のご解釈と違ったことをいっていることになります。

お念仏も称えないで

『歎異抄』第九節の、「念仏申し候えども、踊躍歓喜《ゆやくかんぎ》のこころおろそかに候《そうろ》うこと、またいそぎ浄

土へまいりたきこころの候《そうら》わぬは、いかにと候《そうろ》うべきことにて候《そうろ》うやらんと、……」（聖典八三六頁）
七里恒順和上はこれをご解釈されて、「念仏申し候えどもとあるぞ。念仏も称えないでおいて喜びがおこってこない。そんなことはあたりまえすぎるほどあたりまえじゃないか」とおっしゃった。あー、大事なところをつかれたものだと私は思う。つまり、念仏を申しておりますけれども喜びがおこってこない。ひじょうにありがたいはずだけれども、自分は懈怠《けたい》ばかりして煩悩の日送りをしているから、ありがたさが曇ってしまっているのだ。ありがたい光が出てくるように怠りなく念仏を称えなさい。七里恒順和上はそういう教えをされたのであります。ひじょうにこの七里和上の教えは巧みな立派な教えだと思います。お念仏を称えると喜びが増してくる。これが七里和上の学説。

喜びの心が厚いものと、喜びの心が薄いものとある。どこにその違いがあるかというと、学説が二つあって、空華《くうげ》の人（七五頁補注参照）は、値仏《ちぶつ》の多少によって歓喜の厚い薄いが分かれる、とする。過去において仏さまによけい遇《お》うたものは喜びが厚い。仏さまに遇《お》うた数の少ないものは喜びが薄い。これは『安楽集《あんらくしゅう》』というお聖教に道綽禅師《どうしゃくぜんじ》がおっしゃっておられます。これも結構な学説です。

そんなら、過去世においてそれほどの仏さまに遇《お》うた人でなければ厚い喜びがおこらんのか、それではおれは仏さまに遇《あ》いようが少なかったからだめなのだなぁ、と落胆するのは気の毒な気がします。そういう人には七里和上のいわれるように、「念仏を称えれば喜びがおこるよ」という学説は大きな奨励になります。

聞いたそのまんまが

【しかるに『経《きょう》』（大経・下）に「聞《もん》」というは、衆生《しゅじょう》、仏願《ぶつがん》の生起本末《しょうきほんまつ》を聞《き》きて疑心《ぎしん》あることなし、これを聞《もん》というなり。「信心《しんじん》」というは、すなわち本願力回向《ほんがんりきえこう》の信心《しんじん》なり。「歓喜《かんぎ》」というは、身心《しんしん》の悦予《えつよ》を形《あらわ》すの貌《かおばせ》なり。……】（聖典二五一頁）

聞《もん》というも信《しん》というも一つで、聞いて聞いたそのまんまが信じたことになってしまう。聞即信《もんそくしん》の聞、これは聞信一如《もんしんいちにょ》である。ほんとうの聞きようというのは聞信一如でなければならない。

「『信心』というは、すなわち本願力回向の信心なり」だとおっしゃってありますから、この信心は如来からたまわるところの信心で、われわれの心から出てくるものではない。われわれの心をこえた――超越する世界から超越心としてわれわれの心の中に入ってきてくださった――信心だから、「本願力回向の信心」である。

この信心には、喜びが伴っておこります。けれども、お念仏に心をかけないものは、歓喜《かんぎ》を知らない。お念仏を称えないものは、歓喜というものがどんなものかわからない。お念仏を称えてはじめて歓喜というものが心にわくのであって、「広大難思《こうだいなんじ》の慶心《きょうしん》を彰《あらわ》す」（聖典二五〇頁）とおっしゃっていても、お念仏を称えないものはその慶心が何のことをおっしゃっているのかわからない、と私は思う。

ご利益とは

【……金剛《こんごう》の真心《しんしん》を獲得《ぎゃくとく》すれば、横《おう》に五趣八難《ごしゅはちなん》の道《どう》を超《こ》え、かならず現生《げんしょう》に十種《じっしゅ》の益《やく》を獲《う》。なにものか十《じゅう》とする。一《ひと》つには冥衆護持《みょうしゅごじ》の益《やく》、二《ふた》つには至徳具足《しとくぐそく》の益《やく》、三《み》つには転悪成善《てんあくじょうぜん》の益《やく》、四《よ》つには諸仏護念《しょぶつごねん》の益《やく》、五《いつ》つには諸仏称讃《しょぶつしょうさん》の益《やく》、六《む》つには心光常護《しんこうじょうご》の益《やく》、七《なな》つには心多歓喜《しんたかんぎ》の益《やく》、八《や》つには知恩報徳《ちおんほうとく》の益《やく》、九《ここの》つには常行大悲《じょうぎょうだいひ》の益《やく》、十《とお》には正定聚《しょうじょうじゅ》に入《い》る益《やく》なり。】

（聖典二五一頁）

これが経の「即得往生《そくとくおうじょう》、住不退転《じゅうふたいてん》」の解釈なんです。第十八願成就文《じょうじゅもん》の「あらゆる衆生《しゅじょう》、その名号を聞きて、信心歓喜《しんじんかんぎ》せんこと乃至《ないし》一念《いちねん》せん。至心《ししん》に回向《えこう》したまえり。かの国に生《うま》れんと願《がん》ずれば、すなわち往生を得《え》、不退転《ふたいてん》に住《じゅう》せん。ただ五逆《ごぎゃく》と正法《しょうぼう》を誹謗《ひほう》するものとをば除く」（『大無量寿経』、聖典四一頁）とあります。不退転《ふたいてん》（目ざめの道から迷いの道にけっして退かない位につくこと）を親鸞聖人は現生《げんしょう》（現在）と解釈された。無量寿の名号（南無阿弥陀仏）のおこころを聞いた。聞いて即座に不退転の位に入った。即得《そくとく》の即《そく》という字は、「ときをへず、日をへだてぬ」そのままという即ですね。「即の時」に、どうしてもこれは正定聚不退転《しょうじょうじゅふたいてん》というものは、現在得《う》るところのご利益でなければならない、というのが親鸞聖人の目のつけどころです。

ところが聖人以前はそう解釈していない。とくに曇鸞大師《どんらんだいし》は、阿弥陀如来の極楽浄土にいたって不退転の位につくと解釈された。それでは親鸞聖人は満足できないので、『大無量寿経』に、「すなわち往生を得《え》、不退転に住《じゅう》せん」というのだから、死んでから往生するのではない。「娑婆《しゃば》におって聞いたそのときに、はやもう往生して不退の位についてしまったのだ」（『唯信鈔文意』、聖典七〇三頁取意）と、こういうふうに現在のところにもってきて解釈されたのが、親鸞聖人独特の味わいのあるところで、現代人にとってはありがたい解釈ですね。

今ここで、即得往生のご利益をいただかしてもらうという親鸞聖人の解釈は、じつにすばらしい。それが「即の時」、すなわちの時、だから時をへだてない。聞いたそのとき、もうはや極楽往生なんだとこういう説ですが、だから死んで極楽往生はないんだとこういってもらっては困る。それでは聖道門（自力の修行によって、この世でさとりをひらくことを宗とする法門）の教えになってしまう。ちょうど結納がおさまった時、もうはやうちの嫁さんだとこういうてもいいが、しかしほんとうはまだ嫁さんになっていないのと同じです。結納がおさまったときにうちの嫁といっていいというだけのことです。「未来の往生ではない。今ここが往生だ」といいきるところに重きをおきすぎて、「彼《か》の土《ど》の証《さとり》」を軽く見すぎると、これまたゆきすぎになります。そういう解釈をする人がいわゆる文化人といわれる人に相当あります。「親鸞はこの世に重点をおいているのだ」として、「彼の土の証」を無視しているようなことをいうておる。そこまでいくとぐあいが悪いですから、結納がおさまったときに、「嫁とはいわん、娘とはいわん」という解釈が穏当であろうと思います。

それから「現生十種《げんしょうじっしゅ》のご利益《りやく》」を、一から十まで書いておきました。

一、「冥衆護持《みょうしゅごじ》の益《やく》」、親鸞聖人は「現世利益和讃《げんぜりやくわさん》」の中で、たくさんご利益をおっしゃっております。難陀《なんだ》・跋難大竜《ばつなんだいりゅう》とか、諸天善神《しょてんぜんじん》とか、いろいろな神さまが護《まも》ってくださるというのが、全部この冥衆護持の第一のご利益のところに入っております。これはまぁもっとも人のありがたがるご利益でありますけれども、もっとも浅いほうのご利益です。一番深いのが最後の入正定聚《にゅうしょうじょうじゅ》の益《やく》で、生きながら往生、住不退転《じゅうふたいてん》の位《くらい》につかせていただくということが、一番深いご利益であります。浅いところからだんだん深くなっていくようにしくんであります。

二、「至徳具足《しとくぐそく》の益《やく》」、至徳とは南無阿弥陀仏のことですね。南無阿弥陀仏がわれわれに備《そな》わったということが至徳具足。この二より十までは内面的なご利益。冥衆護持だけは外面的なご利益。

三、「転悪成善《てんあくじょうぜん》の益《やく》」、至徳のはたらき。その南無阿弥陀仏がわがものになったということで、自然に悪いことが善《よ》いほうに変わっていってしまう。自力のほうでいうと、悪をやめて善を修することになる。他力的ないい方をすると、転悪成善で悪が善に変わる。ちょうど渋いカキが甘いカキに変わるように、渋《しぶ》があったためになお甘くなる。転悪、悪があったために、その悪が善に変わるというと、なおありがたくなる。廃悪《はいあく》、その悪をなくす。その渋をなくしてしまうということはひじょうにむずかしいけれども、悪（渋み）のままで善（甘み）に変えるというのが他力の味わい。転悪成善は他力、廃悪修善《はいあくしゅぜん》は自力、こういう解釈であります。

四、「諸仏護念《しょぶつごねん》の益《やく》」、諸仏が護ってくださる。

五、「諸仏称讃《しょぶつしょうさん》の益《やく》」、諸仏がほめてくださる。この二つのご利益は『阿弥陀経』に説いてございます。

六、「心光常護《しんこうじょうご》の益《やく》」、阿弥陀さまが護ってくださる。これは『観無量寿経』の「真身観《しんしんかん》」の中に説いてあります。

七、「心多歓喜《しんたかんぎ》の益《やく》」、心に喜びが多い。往生の喜び、そのほかいろいろのことが、みなありがたいありがたいということになるので、心に喜びが多いというのがご利益になる。

八、「知恩報徳《ちおんほうとく》の益《やく》」、恩を知って徳を報ずる。これはたいへんありがたいものなのです。人間というものは、我《が》が強いようでございますから、我の世界から見ておりますと人の恩も恩と受けとれないのです。ところが、だんだん我が薄くなる生活をさせていただいておりますと、「みなさまのおかげさまで」と恩を知る。仏さまのおかげということを知るのがもとになって、一切衆生《いっさいしゅじょう》のおかげということまで喜んでゆける。恩を知り徳を報ずるというのが八番目の大功徳《だいくどく》。これも他力ということがあらわされております。

九、「常行大悲《じょうぎょうだいひ》の益《やく》」、これは化他《けた》のことで、人を済度《さいど》する。人のためにつくす、ということもみな信心によって与えられた現在のご利益である。

十、「入正定聚《にゅうしょうじょうじゅ》の益《やく》」、『大無量寿経』によるご利益である。現生《げんしょう》にも往生あり、かるがゆえに入正定聚の益を現世利益《げんぜりやく》の最高のものといただくのである。

このように、ひじょうにありがたい現生十種の益を、親鸞聖人がおっしゃってくださった。ナムナムナム……。

信心、信心というが

【……この心《しん》すなわちこれ大慈悲心《だいじひしん》なり。この心《しん》すなわちこれ無量光明慧《むりょうこうみょうえ》によりて生《しょう》ずるがゆえに。願海平等《がんかいびょうどう》なるがゆえに発心等《ほっしんひと》し。発心等《ほっしんひと》しきがゆえに道等《どうひと》し。道等《どうひと》しきがゆえに大慈悲《だいじひ》等《ひと》し。大慈悲《だいじひ》はこれ仏道《ぶつどう》の正因《しょういん》なるがゆえに。】（聖典二五二頁）

「願海平等《がんかいびょうどう》」の結びのご文によって如来の回向《えこう》の信《しん》を明らかにされた。如来からたまわる本願力回向の信心であって、われわれの心で工夫する信心ではないのだ。衆生の発心《ほっしん》は如来のはたらきそのもので、自意識の中より発生したものではないことを明らかにされた。世間の人は「信心、信心」というて、**みなこの自分の自意識の中から信心を見つけ出すように思っているが、とんでもない。**親鸞聖人のお言葉をはき違えている人が世の中にひじょうに多うございます。どうぞ、「願海平等なるがゆえに」という文釈を十分に味わっていただきたいと思います。

火に焼かれて

【またいわく（論註・上）、「〈是心作仏《ぜしんさぶつ》〉（観経）とは、いうこころは、心《しん》よく作仏《さぶつ》するなり。〈是心是仏《ぜしんぜぶつ》〉（同）とは、心《しん》のほかに仏《ぶつ》ましまさずとなり。たとえば火《ひ》、木《き》より出《い》でて、火《ひ》、木《き》を離《はな》るることを得《え》ざるなり。木《き》を離《はな》れざるをもってのゆえに、すなわちよく木《き》を焼《や》く。木《き》、火《ひ》のために焼《や》かれて、木《き》すなわち火《ひ》となるがごときなり」とのたまえり。】（聖典二五三頁）

これは超意識と意識のこと、と解釈していただけばいいと思います。仏心《ぶっしん》というのは、われわれの意識をこえた仏さまの心である。その意識をこえたものが、われわれの意識の中に出てくる。われわれの意識の中を探してもそこにあるのではなく、そこに影をうつしているんだ。それを『観無量寿経』に「是心作仏《ぜしんさぶつ》」、この心《しん》すなわち仏《ぶつ》と作《な》る、とこういう。これ聖道門の「是心作仏」と違うんですよ。聖道門の是心作仏は、人間の意識が仏となるものと誤解している。そんなはずはないと思う。絶対われわれの心が仏になるということはあり得ない、その心を否定する。そこに仏が宿る、つまり如来回向の信心によって仏にならなければならない。仏が仏になる。これはあたりまえのことだ。それを、この心《しん》すなわち仏《ぶつ》と作《な》る、「是心作仏」だと『観無量寿経』にいわれる。「是心作仏」はそうでなければならない。

そこで火と木のたとえが出ております。これはまた深い意味の言葉ですね。火というのは仏の心、木というのは凡夫の心だ。そして、火と木は離れぬもの。われわれの意識と、如来の超意識とは離れぬものだ。離れていないから、仏の心がわれわれの凡夫の心を占領してしまいます。ということを、「火、木を焼く」とおっしゃっておられる。その次に木は火に焼かれて、木はやがて火となる。われわれの心が仏の心に焼かれて占領されて、われわれが仏になるのだ。親鸞聖人はこういうふうにお味わいになったというわけですね。たびたび申しますが、**われわれに宿ってくださる信心というものは、人間の意識から出るのではない。意識をこえた超越の世界だ。そこから影を宿してきて、われわれの心に入っていらっしゃるのだ。**これが他力の味わいなんです。

【ゆえに知《し》んぬ、一心《いっしん》これを如実修行相応《にょじつしゅぎょうそうおう》と名《な》づく。すなわちこれ正教《しょうきょう》なり、これ正義《しょうぎ》なり、これ正行《しょうぎょう》なり、これ正解《しょうげ》なり、これ正業《しょうごう》なり、これ正智《しょうち》なり。】（聖典二五三頁）

一心《いっしん》が如実修行相応であると。それは信が教えをして教えたらしめ、信が義《ぎ》をして義たらしめ、信が行《ぎょう》をして行たらしめ、信が解《げ》をして解たらしめるもの、それがすべて一心の一心たるいわれである。それから業《ごう》ですね。業は往生の業を意味する。業をして業たらしめるのも一心である。

【三心《さんしん》すなわち一心《いっしん》なり、一心《いっしん》すなわち金剛真心《こんごうしんしん》の義《ぎ》、答《こた》えおわんぬ、知《し》るべしと。】（聖典二五三頁）

これが結びの言葉です。

これほどありがたいのに

【まことに知《し》んぬ、弥勒大士《みろくだいじ》は等覚《とうがく》の金剛心《こんごうしん》を窮《きわ》むるがゆえに、竜華三会《りゅうげさんね》の暁《あかつき》、まさに無上覚《むじょうかく》位《い》を極《きわ》むべし。念仏《ねんぶつ》の衆生《しゅじょう》は横超《おうちょう》の金剛心《こんごうしん》を窮《きわ》むるがゆえに、臨終一念《りんじゅういちねん》の夕《ゆう》べ、大般涅槃《だいはつねはん》を超証《ちょうしょう》す。ゆえに便同《べんどう》というなり。しかのみならず金剛心《こんごうしん》を獲《う》るものは、すなわち韋提《いだい》と等《ひと》しく、すなわち喜《き》・悟《ご》・信《しん》の忍《にん》を獲得《ぎゃくとく》すべし。これすなわち往相回向《おうそうえこう》の真心徹到《しんしんてっとう》するがゆえに、不可《ふか》思議《しぎ》の本誓《ほんぜい》によるがゆえなり。】（聖典二六四頁）

弥勒《みろく》というのはサンスクリット語（古代インドの文章語）でマイトレーヤーです。パーリ語（古代インドの民衆語）でメッテーヤー、これを音写したものです。一九五六年に私どもは、お釈迦さまが初めて説法された鹿野苑《ろくやおん》（現在のサールナート）に行きました。そこの初転法輪寺《しょてんぼうりんじ》（ムラカンダークティビハーラー）の近くに記念の塔（ダメーク＝ストゥーパ、迎仏塔）がたっていました。

それはお釈迦さまが「未来（五十六億七千万年後）に弥勒《みろく》が現われてここで仏になるのだ」といわ

れたのを記念したもので、そのことがアショカ王（紀元前三世紀頃）の石碑に書かれてあるそうです。お釈迦さまは菩提樹の木の下でさとりを開かれた。弥勒菩薩という人は、竜華樹《りゅうげじゅ》の下でさとりを開いて三度の説法をなさるという。それを竜華三会《りゅうげさんね》という。その初会《しょえ》の時には九十六億人の人間が済《さい》度《ど》を受ける。第二会《だいにえ》で九十四億人、第三会で九十二億人がさとりを開く。これ『弥勒大成仏経《みろくだいじょうぶつきょう》』にいうてあります。

「念仏の衆生は横超《おうちょう》の金剛心《こんごうしん》を窮《きわ》むるがゆえに、臨終一念《りんじゅういちねん》の夕《ゆう》べ、大般涅槃《だいはつねはん》を超証《ちょうしょう》す」ナムナムナム……。

これほどありがたい広大なご利益をいただくわれわれが、すこしもありがたいと思って喜んでいないのは恥ずかしいではないか、という懺悔《ざんげ》の出てきましたのが次の悲歎述懐《ひたんじゅっかい》です。

【まことに知《し》んぬ。悲《かな》しきかな愚禿鸞《ぐとんらん》、愛欲《あいよく》の広海《こうかい》に沈没《ちんもつ》し、名利《みょうり》の太山《たいせん》に迷惑《めいわく》して、定聚《じょうじゅ》の数《かず》に入《い》ることを喜《よろこ》ばず、真証《しんしょう》の証《さとり》に近《ちか》づくことを快《たの》しまざることを、恥《は》ずべし傷《いた》むべしと。】

（聖典二六六頁）

今まで述べてきたご利益がいかにも大きかっただけに、なんという恥ずかしいことだという懺悔がこのご文になった。横超《おうちょう》の大益《だいやく》を知り、身のほどを悲しむ。「恥《は》ずべし傷《いた》むべし」、否定あるところが真《しん》の仏弟子《ぶつでし》だ。

心の難病人

郵便はがき

料金受取人払郵便

京都中央局
承認

5682

差出有効期間
平成31年4月
9日まで

(切手をはらずに
お出し下さい)

6008790

110

京都市下京区
正面通烏丸東入

法藏館 営業部 行

愛読者カード

本書をお買い上げいただきまして、まことにありがとうございました。
このハガキを、小社へのご意見またはご注文にご利用下さい。

お買上 **書名**

＊本書に関するご感想、ご意見をお聞かせ下さい。

＊出版してほしいテーマ・執筆者名をお聞かせ下さい。

お買上 **書店名**	区市町	**書店**

◆新刊情報はホームページで　http://www.hozokan.co.jp
◆ご注文、ご意見については　info@hozokan.co.jp

16.5.50000

ふりがな ご氏名		年齢　　歳　男・女
〒□□□-□□□□ ご住所	電話	
ご職業 (ご宗派)	所属学会等	
ご購読の新聞・雑誌名 (ＰＲ誌を含む)		

ご希望の方に「法藏館・図書目録」をお送りいたします。
送付をご希望の方は右の□の中に✓をご記入下さい。　□

注 文 書

月　　日

書　　名	定　価	部　数
	円	部
	円	部
	円	部
	円	部
	円	部

配本は、○印を付けた方法にして下さい。

イ. **下記書店へ配本して下さい。**
(直接書店にお渡し下さい)

(書店・取次帖合印)

書店様へ＝書店帖合印を捺印の上ご投函下さい。

ロ. **直接送本して下さい。**
代金(書籍代＋送料・手数料)は、お届けの際に現金と引換えにお支払下さい。送料・手数料は、書籍代 計5,000円 未満630円、5,000円以上840円です(いずれも税込)。

＊お急ぎのご注文には電話、ＦＡＸもご利用ください。
電話 075-343-0458
FAX 075-371-0458

(個人情報は『個人情報保護法』に基づいてお取扱い致します。)

【ここをもって、いま大聖《だいしょう》（釈尊）の真説《しんせつ》によるに、難化《なんげ》の三機《さんき》、難治《なんち》の三病《さんびょう》は、大悲《だいひ》の弘誓《ぐぜい》を憑《たの》み、利他《りた》の信海《しんかい》に帰《き》すれば、これを矜哀《こうあい》して治《ち》す、これを憐愍《れんびん》して療《りょう》したまう。たとえば醍醐《だいご》の妙薬《みょうやく》の、一切《いっさい》の病《やまい》を療《りょう》するがごとし。濁世《じょくせ》の庶類《しょるい》、穢悪《えあく》の群生《ぐんじょう》、金剛不壊《こんごうふえ》の真心《しんしん》を求念《ぐねん》すべし。本願醍醐《ほんがんだいご》の妙薬《みょうやく》を執持《しゅうじ》すべきなりと、知《し》るべし。】

（聖典二九五頁）

弥陀本願の偉大なるはたらきは、ちょうどひじょうに高貴な薬があって、難治《なんち》の三病というなおしがたい病気をなおしたようなものです。難化《なんげ》の三機《さんき》とは、普通にはたすけることのできない大罪人を、阿弥陀如来の本願によってのみ救うことができる。これを法然聖人は、「極悪最下《ごくあくさいげ》の人の為《ため》に極善最上《ごくぜんさいじょう》の法《ほう》を説く」（『浄土真宗聖典七祖篇』一三九八頁）とおっしゃっておられます。罪が重いということは本願の力の強いことをあらわすために、ここに難化の三機・難治の三病というものを、親鸞聖人が『信巻』の終わりに説かれた。いかに偉大なる信心であるかということをあらわすために、罪人をもってこられたわけですね。それが逆謗摂取章《ぎゃくほうせっしゅしょう》の意味するところであります。

そこで引文の『涅槃経《ねはんぎょう》』（聖典二六六頁）に、難治の機と病とが説かれています。

一つには謗大乗《ほうだいじょう》――これは大乗をそしるということです。

二つには五逆罪《ごぎゃくざい》――父を殺し、母を殺し、阿羅漢《あらかん》（自分ひとりのさとりを完成した人）を殺し、仏身《ぶっしん》より血をいだし、和合僧《わごうそう》（仏の教えをうけてさとりをめざす仲間）を破るの五つ、それが逆罪である。たいへん悪い病であり、大罪です。

三つには*一闡提《いっせんだい》――サンスクリットのイッチャンティカという言葉を音訳して一闡提というよう

な奇妙な字をあてはめたわけで、翻訳しますと断善根《だんぜんごん》ということになる。善根がない。あらゆる手がかりがなくなったもの。それがイッチャンティカですね。今日の言葉で申しますとニヒリスト（虚無主義者）というわけです。そういうものはもっとも悪い、手がつけられない。それが一闡提というところに入るという解釈です（一九七頁参照）。

それから金子大榮先生の本であったと思いますが、一闡提をお説きになるときに、*善星比丘《ぜんしょうびく》の例を引かれたところがあります。お釈迦さまに従っていた善星という弟子が反逆をおこした。つまり裏切者ということになる。こういう解釈をしておられます。なるほどはじめから近づかないのと違って、いったん近づいて裏切られるというのは一番困りますね。こういうふうに一闡提の解釈はむずかしいもので、いろいろあります。ご参考までに申しあげておきます。

『涅槃経《ねはんぎょう》』によりますと、大乗をそしるということは提婆達多《だいばだった》に代表されております。それから五逆罪《ごぎゃくざい》を代表しているのは、お父さんを殺した阿闍世《あじゃせ》（アジャータシャトル）ですね。一闡提を代表するものは阿闍世王の参謀、雨行大臣《うぎょうだいじん》です。それで阿闍世王がこれから出てくるわけであります。

＊一闡提――世俗的な快楽を追求するので正法を信ぜず、さとりを求める心がなく成仏することのできない衆生のこと。

＊善星比丘――釈尊の子のラゴラの異母兄といわれ、釈尊の弟子となったが、邪見をおこしたので無間地獄におちた。

体も心もくたくた

別に父の頻婆娑羅《びんばしゃら》王《おう》に悪い罪もないのに、阿闍世《あじゃせ》はお父さんを牢屋にぶちこんで食糧を絶って殺したわけですね。「おのれが心《こころ》に悔《け》熱《ねつ》を生《しょう》ず」（聖典二六七頁）。今度はそのお父さんが死んでしまったら後悔したわけです。「心《こころ》悔《け》熱《ねつ》するがゆえに、遍体《へんたい》に瘡《かさ》を生《しょう》ず」。後悔のために熱が出て体が腐りかけてきたわけですね。「その瘡《かさ》臭《しゅう》穢《え》にして付《ふ》近《ごん》すべからず」。そのかさがひじょうに臭くて近づくことができなかった。「すなわちみずから念言《ねんごん》すらく、〈われいまこの身《み》にすでに華報《けほう》を受けたり、地獄《じごく》の果報《かほう》、まさに近づきて遠からずとす〉と」。もう先に、私は悪いことをした報いというものをすでに受けた。今、華が散ったのだから実がなる。その実というのは地獄の果報ですね。かならず地獄におちることはまちがいない。「そのときに、その母《はは》韋提希《いだいけ》后《こう》、種々《しゅじゅ》の薬《くすり》をもってためにこれを塗《ぬ》る。その瘡《かさ》ついに増《ぞう》すれども降損《ごうそん》あることなし」。さすがお母さんですね。その瘡《かさ》を楽にしてやろうと思って、いろいろ薬を求めて阿闍世王に塗ってやったが、すこしもよくならない。「王すなわち母にもうさく、〈かくのごときの瘡《かさ》は心よりして生《しょう》ぜり。四大《しだい》より起《おこ》れるにあらず。もし衆生よく治《ち》することありといわば、この処《ことわり》あることなけん〉と」。私の瘡は心からでてきた病であって、身体からおこった病ではありません。なおるといってもらっても、これは絶対なおりません。自分であきらめてしまった。

　そのとき、王さまのところへ月称大臣《がっしょうだいじん》が行って申しあげた。「あなた、たいへん悲しそうなやせおとろえた顔をして心配そうだが、どうしたのですか。心のわずらいですか、身のわずらいです

◉六師外道《ろくしげどう》

＊聖典二七七頁列記順

○富蘭那《ふらんな》——プーラナ＝カッサパ（Pūraṇa Kassapa）

バラモンの権威主義に反対して、《道徳否定論》を説いた人。生きものや人間の体を傷つけたり、命を奪ったり、強盗・姦通《かんつう》・虚言《きょごん》などをしてもすこしも悪をなしたのではない。霊魂と肉体とは別なものなので、悪いこと・善いことをしてもその報いはない。

○末伽梨拘賒梨子《まかりくしゃりし》——マッカリ＝ゴーサーラ（Makkhali Gosāla）

《決定論者・運命論》を説いた人。生命のあるものは、十二の要素（霊魂・地・水・火・風・虚空《こくう》・得・失・苦・楽・生・死）からなりたって生存を続けているが、自らの意志による行ないは一つもない。いっさいは無因無縁《むいんむえん》で初めから決定されていて、いかに修行しても輪廻《りんね》から解脱《げだつ》することはできない。

○刪闍耶毘羅胝子《さんじゃやびらていし》——サンジャヤ＝ベーラッティプッタ（Sañjaya Belaṭṭhiputta）

《懐疑論（不可知論）》を説いた人。心理を認識し説明することは不可能と説いた。苦行によって解脱《げだつ》を得ようとした。

○阿耆多翅舎欽婆羅《あぎたししゃきんばら》——アジタ＝ケーサカンバラ（Ajita Kesakambala）
《唯物論・快楽論》を説いた人。地・水・火・風の四大元素だけが真の実在で、人間はこれら四元素からなりたつ。人間が死ぬと、霊魂も存在せず、無となる。死後にはなにも残らない。現世も来世もなく、善業・悪業をしても果報はなにもない。

○迦羅鳩駄迦旃延《からくだかせんねん》——パクダ＝カッチャーヤナ（Pakudha Kaccāyana）
《感覚論的唯物論》を説いた人。人間は七つの集合要素、地・水・火・風の四元素と苦と楽と生命（霊魂）から構成されている。これらの要素は、不変である。殺すものも殺させるものもなく、教えを聞くものも聞かせるものもない。利剣《りけん》をもって頭を切っても、人の生命を奪うことはできない。ただ利剣が七つの要素の間を通過するだけである。

○尼乾陀若提子《にけんだにゃくだいし》——ニガンタ＝ナータプッタ（Nigaṇṭha Nātaputta）
ジャイナ教の教祖。一方的な判断を下してはならないとし、多方面から相対的に判断すべきと説いたので《不定主義》と呼ばれた。悟りを得るために、出家の身となり、苦行をして、戒律《かいりつ》を守らねばならない。とくに不殺生戒《ふせつしょうかい》は厳しく、農民には受け入れにくく、商人が多かった。

か」。

「私はもう体も心もくたくたなんだ。お父さんにはなんの罪もないのに、殺してしまった。以前、賢《かしこ》い人があってこういうことを聞かせてくれた。五逆罪を犯したものは地獄へおちなければならぬ。私ははかりしれない罪を犯してきたのだから、心配するなといったって心配せずにはおれないのだ。もうメチャメチャになってしまったのだ。なおるといわれても、私の体はもうなおるはずはないのだ」。そこで月称大臣が阿闍世王に申すには、「まぁそう悲しんだもんでもありませんよ」と、一つのうたで説いた。

「心配すればするほど心配が加算されていく。眠りを好むといよいよ眠りたくなる。婬欲《いんよく》を貪《むさぼ》るといよいよすけべえになってしまう。酒好きなものはいよいよ酒好きになって、しまいに中毒になってしまう。というのと同じだ」と。

「王さまは、『世の中に五人のものがあって地獄におちることまちがいない』というけれども、だれか地獄へいってきたものがありますか。そんなことは人がいうだけの話じゃないですか。あなたは『なおしてくれるという医者はない』とおっしゃいますが、しかし、富蘭那《ふらんな》というすばらしい思想家がおります。この人は、なんでもよく知っていて、『悪業《あくごう》というのもないのだ。善《よ》い業《ごう》もないんだ。そんな業なんてものはないんだ』と説かれています。こういう偉い方がいらっしゃるのですから、そこへいってなおしてもらったらどうでしょうか」と、すすめたんですね。「そりゃー私の罪を除いてくれるというならば、私はその人に帰依《きえ》する（信じ、したがいます）」と、こういうあいまいな返事をされたわけですね。

このように、次々と六人の家来《けらい》が、それぞれの縁によって、六師外道《ろくしげどう》を阿闍世王にすすめたわけですね。六師外道というのは、お釈迦さま在世の頃の流行の思想家なんです。富蘭那《ふらんな》をはじめ六師外道は、表のようにガチャガチャいろんなことをいうておるからわかりにくいですけれども、とにかく詭弁論者《きべんろんじゃ》ですよ。みな、論法がキチンとなっておりません。いい加減なことをいっています。あとにいろいろお釈迦さまがお説きなさるもの（一四七頁以下参照）と比べてみると、まちがっているということがわかってくるのです。

救いのスタートライン

「そのときに大医《だいい》あり、名づけて耆婆《ぎば》という。王のところに往至《おうし》してもうしてもうさく」。この耆婆というのは、ただの臣下《しんか》ではないのです。光瑞《こうずい》師に聞きますと、耆婆という人のお母さんは、その当時のインドの売れっ子芸人だそうです。芸人のお腹に子供ができた。頻婆娑羅王《びんばしゃらおう》が子供を生ませたようなんです。その子供が耆婆なんです。原名はジーヴァカ＝コーマーラバッチャ。王さまの子にふさわしくない仕事をやらせるわけにはいきませんから、遠い所へ留学させて医学の勉強をさせた。医学を修得《しゅうとく》し、帰ってから、医者をしながら政治の道にたずさわったので大臣といわれたのです。

その耆婆に阿闍世《あじゃせ》が悩みをうちあけた。「お父さんはいい政治をやられたのでなにも悪いところはない。私がまちがったのだ。もう夜もろくろく眠れないのだ。今にも地獄におちそうだから眠れないのだ」と。耆婆が答えて、「あなたは悪いことをされたけれども慚愧《ざんぎ》の心をおこしておられる。ああ結構なことだ」。

「私は慚愧している」と阿闍世がいったことに対して、耆婆大臣がひじょうにほめるんですね。なかなか耆婆大臣うまい。「六師外道のいうようなことと、お釈迦さまのいうておられることは違うのだ。お釈迦さまにかかったら、どんなものでもたすけてくださるんだから、そりゃできないというのは嘘なんだ。お釈迦さまよりほかにたすけてくれる人はないのだ」と、耆婆が阿闍世にすすめたのです。

そうすると天の声が聞こえてきたんだ。「地獄へおちる」とやられたものだからね、こりゃもうたいへんなことになった。その時、阿闍世はぶるぶるふるえたんですね。たいへんな恐れおののきです。息子（阿闍世）に殺されたお父さん（頻婆娑羅王）が形を現わさずして、「耆婆のいうことを聞いてお釈迦さまのところへ行きなさい」と声をかけてくださった。阿闍世は、自分の罪業《ざいごう》の深さを知らされ、気が遠くなり倒れてしまった。体中がうずいて、治療しようと思ってもますます熱が加わってどうしようもない。

罪業の深さを自覚した者には、単なる自己肯定の語は慰安とはならないことを、ここに学ぶことができる。ただ、「あんた罪がないんだ、心配しなくてもいいんだ」と慰めをいってもらっても自覚したものにとっては、そんな言葉に慰められるものじゃないんだ。六師外道の教えでは、「罪はない、心配するな」というんですね。「あんたは罪がない」とは耆婆はいわない。耆婆は、「阿闍世王に**懺悔《ざんげ》心《しん》がある、救いはそこからだ**」。ここが大事なところですね。「罪はない、罪はない」というところからは救いはでてこないけれども、懺悔のあるところから救いは出てくる、という耆婆のいい方には真実がこもっている。天から聞こえたお父さんの声は、いよいよ懺悔を深めた。六師外道のいうことと違って、懺悔というものをもっともっと深めていく。そこから徹底した宗教的自己否定が生まれてくる。やがてその否定こそ、「否定即肯定」というすばらしい世界へ導いてくれることになるのです。

救いなき者のために

この『涅槃経《ねはんぎょう》』を説かれたのは、お釈迦さまがこの世からすがたを消され、涅槃にお入りになさる三か月前だった。今、涅槃に入ってもいいのだけれども、「阿闍世《あじゃせ》の為《ため》に涅槃に入らないのだ」といわれた。仏は罪あるものを救うてやらなくてはならないし、罪あるものを救うとは末代《まつだい》のわれわれをも救うことになるから、「阿闍世の為に涅槃に入らず、まだこの世に命を長らえていなければならない」。如来の大慈悲の極まりのないところをおっしゃっているわけなんですね。

「為に」ということは、有為《うい》の衆生のためにということ。有為の衆生ということは迷いの衆生。「阿闍世の為に」というその「為に」は、阿闍世は当面の相手であるけれども、その「為に」の中に、これから後《のち》の迷っている衆生のみなの「為に」私は涅槃に入らないのだ、という意味があるわけですね。生きとし生けるものに仏性《ぶっしょう》（仏となるべき可能性）がみなそなわっているのに、それがわからんという「仏性を見ざる衆生」、そういうもののために生き長らえてやらなくてはならぬ。

次に「菩提心《ぼだいしん》を発《ほっ》せざるもの」、ありがたいともなんとも思っていないもの、いっしょうけんめいになって法を聞かなければならぬという心のないもの、そういうもののために仏さまはいのちを長らえてやらなければならぬとおっしゃる。

「煩悩《ぼんのう》の怨生《あだしょう》ずる」もののために――心に煩悩をもってそれを怨《あだ》（うらみ）としているもの――そういうもののために涅槃に入らぬ。阿闍世、阿闍世というが単に一人の太子を意味するものではない。われわれもみな阿闍世の後をゆくものなのだ。いっさいの罪をつくるものはみな阿闍世だ。

こういう解釈ですから、特定のものに限定した大慈悲を説いているものではないですね。「阿闍世の為に涅槃に入らず」ということは、私どものために涅槃に入らずして、罪をつくるものを救うという如来の大悲の極まりないことをあらわすために、お釈迦さまは涅槃に入ることを延期された。こういうことになる。

阿闍世へのホスピス

餓死しそうなもののためにはパンがさきで、それから説法して聞かせなくてはならぬ。体に瘡《かさ》ができて、七転八倒しているものに、法を説いて聞かせても耳に入りません。だからまず、その体の病気をなおしてやらなければならぬ。そのためにお釈迦さまは＊月愛三昧《がつあいざんまい》に入って、光明を放つ。その光明に遇《お》うたとたんに阿闍世王の体の苦しみがいっさいとれていったわけですね。体がスーッとしたものだから、仏法のおいわれ（如来のお心）が耳に入るようになってきた。

耆婆《ぎば》がたとえを出して、「七人の子供がある。この七人の子供がある中で病気のものが一人いる。あとの六人は放っておいても、その病人のためにかかりはてるのが親じゃないか。仏さまもそのとおりで罪のあるものが哀《あわ》れなのだ」と。それでここに、罪あるものをおさとりに導いていくというその大きな役割をはたされるのに、救うお釈迦さまが、すすめる耆婆大臣と二人三脚《ににんさんきゃく》をやっていなさる。

＊月愛三昧——やさしい月の光がきれいな青蓮華《しょうれんげ》を開かせ、夜道を行く人を照らし身心を喜ばせるように、迷いの世界の人びとに善心を生じさせ、歓喜《かんぎ》を与える三昧《さんまい》。三昧とは心を静かに統一して安らかになっている境地。

友だちほど大事なものはない

そこで、耆婆大臣がいろいろにすすめておることをお釈迦さまは大衆に向かって聞かせなさって、「仏法に入る時には友だちほど大事なものはないのだぞ。阿耨多羅三藐三菩提《あのくたらさんみゃくさんぼだい》（さとり）に近づくときの因縁というものは、善《よ》き友だちによることが一番にいいのだ」。味わうべきことですね。このように、われわれがあい寄って、こういう尊い法を聞かせていただくということは、みな善《よ》き友だちのおかげであることをよく味わわねばならぬと、お釈迦さまは大衆に教えなさった。

耆婆のすすめる言葉に従いなさい、とお釈迦さまが大衆におっしゃっておられる。同時にそれは阿闍世に聞かせる言葉でもあるのです。阿闍世に直接おっしゃらずに、大衆に語りながら、阿闍世に聞かせたい。それで、耆婆のいうことを聞け聞け、といわれる。たとえば、「和上さんのところへ来いよ」と私がいったって何にもならない。あんた方が、「和上さんのところへ参って聞かせてもらいなさい」というのはたいへんな功徳《くどく》になる。みなさんがおっしゃることは善《よ》い因《たね》になる。それでお釈迦さまは、耆婆のいうことを聞けというかわりに、大衆に向かって「友だちほど大事なものはない」と暗示していらっしゃる。お釈迦さまのご説法の、巧みでありがたいところですねー。「阿闍世王また前路《ぜんろ》において聞く、〈舎婆提《しゃばだい》に毘瑠璃王《びるりおう》、船《ふね》に乗《じょう》じて海辺《かいへん》に入りて火《ひ》に遇《あ》う、しこうして死ぬ。……須那刹多《しゅなせった》は種々《しゅじゅ》の悪《あく》を作りしかども、仏所《ぶっしょ》に到《いた》りて衆罪消滅《しゅざいしょうめっ》しぬ〉と」(聖典二八一頁)。毘瑠璃王は、親戚の釈迦一族を滅ぼした罪によって、やがて火難《かなん》によって焼かれて死ぬであろうと予言があった。そこで水の上に出ていれば火に焼かれないだろうと思って、船に乗って海に浮かんでたんですね。ところが、その船から火事がおこって逃げることもできず、毘瑠璃王は焼け死んで地獄へおちた。須那刹多という人はたいへん悪いことをしたけれども、お釈迦さまのところへ行ったおかげで罪が滅んでたすかった。こういうことを阿闍世王が聞いて、「どうか耆婆、いよいよおれはお釈迦さまのところへ行きたくなったからつれていってくれ。前から無上菩提心《むじょうぼだいしん》をおこしたものは地獄におちないと聞いている。お前は地獄へおちる気づかいはない。どうぞお前と一緒に象に乗せてくれ。お前にしっかりつかまっているから、おれが地獄へおちそうになったらおちないようにしていてくれよ」と、それほどまでにビリビリ震えたんですね。

ところが、「王もし罪を得《え》ば、諸仏世尊《しょぶつせそん》もまた罪を得《え》たまうべし」（聖典二八一頁）。頻婆娑羅王《びんばしゃらおう》の供養をお釈迦さまが受けなければ、提婆達多《だいばだった》はねたみ心をおこさなかった。提婆にねたむという因縁を与えたから阿闍世が逆害をおこした。そういう悪心をおこさせたのはお釈迦さまにも罪がある。こういうところに諸仏までも罪をかぶるというおおせによって、慰められるところがあったわけですね。

「罪がない」にも大違い

「夢の中で殺したって罪はない、幻《まぼろし》に現われた城はほんとうの城ではない、この世は夢なんだ、夢の中で犯した罪は罪ではない」これは問題となるところなんですね。六師外道《ろくしげどう》が「罪がない、罪がない」といったのとよく似ていることを、お釈迦さまはおっしゃる。

外道の無罪論《むざいろん》は、世俗（法律、道徳）の上にたっていうから迷妄《めいもう》である。法律・道徳という世間の上にたっていえば、人を殺しておいて罪がない、そんな馬鹿なことはない。人を殺したらかならず罪があるに決まっている。釈尊の無罪論は、第一義諦《だいいちぎたい》（大慈悲）の上にたって「空*・無我*」を説く無罪であるから、ひじょうに高次元のもので、殺すものなく殺されるものもなく、殺害もない。すべてこれ空・無我という高い次元に立ちながらも、倫理的立場での罪を無視しないものが慚愧あるものである。ナムナムナム……。

こういうように釈尊は、ひじょうに次元の高い空・無我の説をお説きになっていらっしゃる。それから六師外道はこれを世間の上に立って罪がないということをいうから、これは思想上の誤りをおかしているのである。お釈迦さまとよく似たことをいっているけれどもたいへんな違いがある。ゆっくりと原文（聖典二六七―二八六頁）をいただきながらそこのところを味わっていただきたい。

＊空――すべての事物は、因縁によって仮に和合して存在しているのであって、固定的な実体はないといったあり方。

＊無我――主体としての我の執着《しゅうじゃく》のないこと。

如来のシナリオ、だから喜べる

次に「無根《むこん》の信《しん》」（聖典二八六頁）のことですが、これはひじょうにおもしろい言葉です。根《ね》のない信心、われわれの意識的自己の中に現われる信心には根がないということ。人間の心から出ている信心ではない。それは超越した信心であって、**超越者の如来よりたまわる信心であるから、それはわれわれにとっては無根の信です**。これはうまい言い方ですね。われわれの心に信心というものがあるのは、超越者からたまわった信心。それで信心は内在か超越かという議論がありますが、超越にして内在、内在にして超越。われわれの心の内に内在するけれども、じつは超越するものが内在したのであって、超越即内在、内在即超越。この無根の信というところでも、超越の信心だということがひじょうに明確にされています。

あれほど地獄が恐ろしいといっていた阿闍世王が、いろいろご説法を聞かせていただいて地獄が怖くないようになった。「多くの親不孝者の見せしめに、**おれは地獄へおちて無量の苦しみを受けてもすこしも後悔しないぞ**」。こういう考えられない勇気が出てくるんですね。ここらあたりもたいへんな教訓ですよ。仏法のためにどんな苦労をしても差し支えがないという心にならなければだめなのだ。

高校野球で優勝したある監督にね、「二十九年の間、いっしょうけんめいに生徒の世話をされてどんなにか苦労だったでしょう」と記者が尋ねたら、「いゃー、おれはちっとも苦労しちゃいない。野球を楽しんでやってきただけだ」と答えていましたが、これは味わうべき言葉ですねー。われわれも「仏法のためにどんな苦労をしてもそんなことは苦労じゃない。楽しんでやらなけりゃならない。苦しみを楽しみにして仏法のためにやりましょう」というのでなければ、ほんとうの仏法者じゃないですよ。

阿闍世王はひじょうに重い罪をおかしたけれども、仏さまに帰依《きえ》することによって罪が軽くなった。そうして、マガダ国におったものが、みな阿耨多羅三藐三菩提心《あのくたらさんみゃくさんぼだいしん》（このうえないさとりを求める心）をおこした。仏さまを尊ぶ心がおこった。そして阿闍世王は、すでに天身《てんしん》（聖者の身）を得《え》、長《ちょう》命《みょう》を得た。そして常身《じょうしん》（仏身）を得た。このようにいろんなご利益がでてきます。

そして次に偈頌《げじゅ》（教えを詩句であらわしたもの）の讃嘆《さんだん》があって、口業功徳《くごうくどく》の讃嘆・意業功徳《いごうくどく》の讃嘆・身業功徳《しんごうくどく》の讃嘆、みな仏を讃える功徳ですね。そういう仏を讃えることがいかに尊いかということが述べられております。われわれはそんなふうには仏を讃えませんけれども、**南無阿弥陀仏と念仏を申させていただくことは、すべてそこにいっさいが含まれて口業・意業・身業に仏を讃えることと同じになるのです。**

つづいて、阿闍世過去の発心《ほっしん》(信仰心をおこすこと)を説き聞かせられた(聖典二八九頁)。この説法を、——大悲回向の大芝居をうった役者の一人が、阿闍世自身であることを知らせて、自信を持たせたお言葉——とみれば、じつにすばらしい如来の善巧方便《ぜんぎょうほうべん》*である。『涅槃経《ねはんぎょう》』の「迦葉品《かしょうぼん》」(聖典二九〇頁)を引用された親鸞聖人のお心は、悪逆の縁——すなわち人間の現実はそのまま浄土の救いの縁となる。業《ごう》の畑(ここでは現実の世界の意味)が仏《ほとけ》の種《たね》まき所となっていることを示された。

「迦葉品」の話はね、そういう非情な親子のドロ合戦。私はこれを読みながら、三千年昔のお釈迦さまの時代も、今の時代も一緒だなぁと思います。親が子供を殺したとか、子供が保険金ほしさに親を殺したとか、新聞に毎日出てくるじゃないですか。三千年昔もちっとも変わってはおりません。何とまぁこれ似ておるなーと思うんですよ。その中に、念仏を申してその罪を救われる道をお釈迦さまがお説きくださったということは、われわれはこの罪悪の横行する世の中に、よくよく味わうべきご因縁を恵まれているんじゃないか、と私はいただいております。ナムナムナム……。

＊善巧方便——仏・菩薩が衆生をさとりに導くために、衆生の素質や能力に応じて巧みに教化する大悲の具現としての手段・方法。

証巻

ようするに念仏——行の中に信

親鸞聖人の主著である『教行信証』（正しくは『顕浄土真実教行証文類』という）からいえば、「信」の次に「証」が出てきます。また、もう一つ別の「教行証」という「行《ぎょう》」から「証《しょう》」に続いてくる法門（ここでは教義の構成）があります。「教行信証」も大切な真宗のオーソドックスな法門でありますが、「教行証」といういただき方も、また聖人が残された大事な法門であるということを、味わわなければなりません。

『教行信証』のほかにもう一つ、『浄土文類聚鈔《じょうどもんるいじゅしょう》』というよく似た本があります。どっちが先にできたのかということに対しまして、学者に二つの説があります。この中で、『浄土文類聚鈔』が後であるという説のほうが正しい、と私は思っております。

なぜかといいますと、覚如上人《かくにょしょうにん》のお書物の中に、

「しかれば当流聖人《とうりゅうしょうにん》（親鸞）の一義《いちぎ》には、教《きょう》・行《ぎょう》・信《しん》・証《しょう》といえる一段《いちだん》の名目《みょうもく》をたてて一宗《いっしゅう》の規模《きぼ》として、この宗《しゅう》をば開《ひら》かれたるところなり。……しかれども、この書あまりに広博《こうはく》なるあいだ、末《まっ》代愚鈍《だいぐどん》の下機《げき》においてその義趣《ぎしゅ》をわきまえがたきによりて、一部六巻の書をつづめ肝要《かんよう》をぬきいでて一巻にこれをつくりて、すなわち『浄土文類聚鈔《じょうどもんるいじゅしょう》』となづけられたり」（『教行信証大意』、聖典九四九頁）このように書いてあります。

そうしますと、『教行信証』が先にできて、あまりにこのお書物が広範で難しいので、もう少し愚鈍なものでもわかるように、縮めて一巻にしたいとお書きになったのが『浄土文類聚鈔』であると覚如上人がのべておられる。

それがただ、縮めたというだけではなく、縮めると同時に、『教行信証』の中に味わえないもう一つの味わいを『浄土文類聚鈔』の中に書き残された。もう一つの味わいとは何であるかというと、『教行信証』が四法門（教行信証）という信から証に接していく法門（信証直接《しんしょうじきしょう》の法門）の書であったのに対して、『浄土文類聚鈔』は三法門（教行証）という行から証に接していく法門（行証《ぎょうしょう》直接《じきしょう》の法門）をお示しになった。

これについて、龍谷《りゅうこく》大学系統の研究誌だったと思いますが、その中に『教行信証』と『浄土文類聚鈔』とどちらが先にできたか、ということについて、龍谷大学の学者は『浄土文類聚鈔』が先であるという学説のようでした。これに対して大谷大学の若い学者で、「そうではない、これは『浄

◉三法門

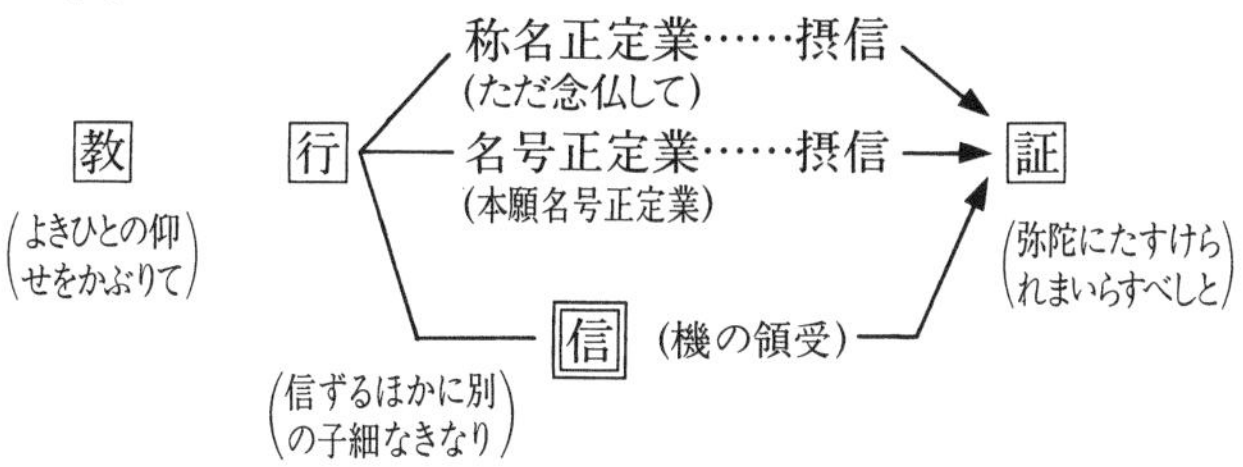

信心を強調することは観念(人間の思い・考え)と誤解される恐れがあるので,『浄土文類聚鈔』に三法門と示し,『歎異抄』第二節の説き方も三法門として示された。

◉四法門

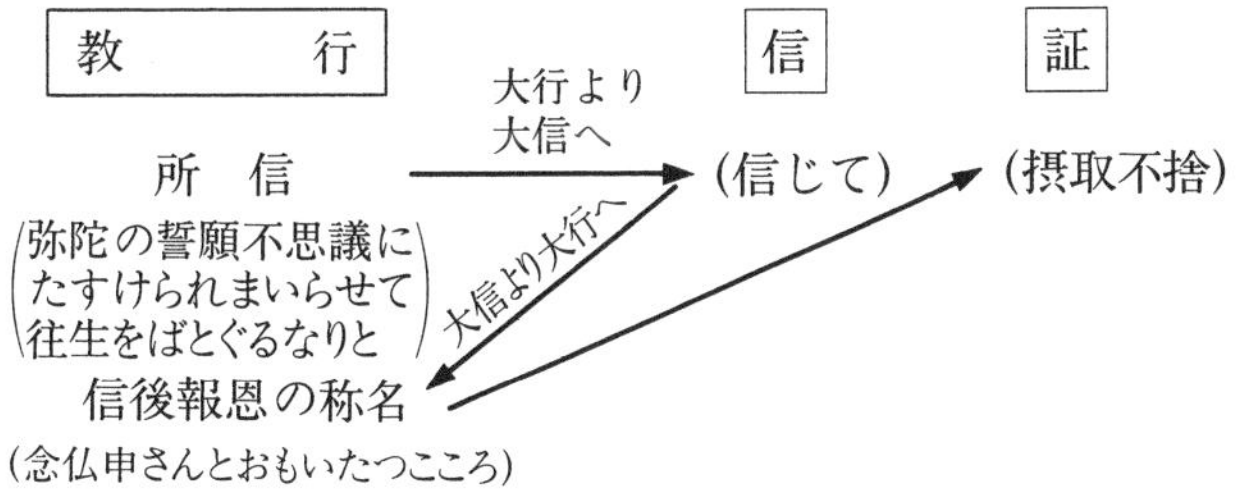

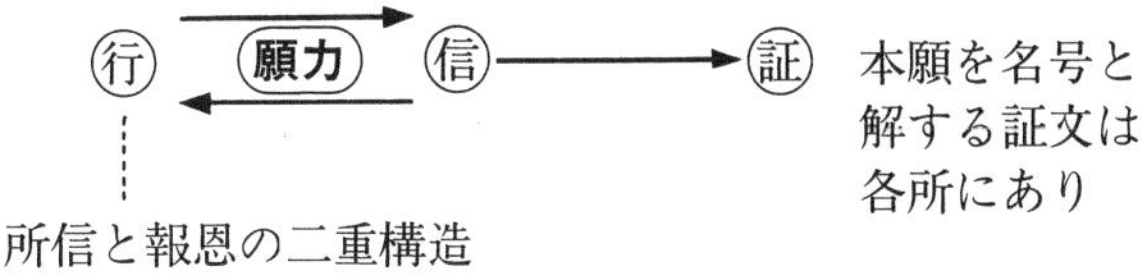

三法門は伝統…伝承の師説
四法門は己証…領納体験の表明

土文類聚鈔』が後だ」という説を立てられた方がいました。その先生いわく「『教行信証』に信というものを強調されたものだから、みんな信心というものを観念と誤った。これはいかん、これを訂正するために、『浄土文類聚鈔』の法門では三法門にして、行から証に接するという法門を立てなければならない必要があったんだ」と。私はこの人の説に賛成だな、と思いました。

確かにその面があると思っています。あまりに信心を強調されたために、なにか人間の心を思い固めるような誤解がおこってきた。そうではない、**信心というものは要するに念仏を申すことなんだということ**を、親鸞聖人が強調なさる必要に迫られて、『浄土文類聚鈔』の場合は「教行証」の文類で、「信」はどこにいったかというと、「行中摂信《ぎょうちゅうせっしん》」と申しまして、「行」の中に「信」をおさめてしまった。

『浄土文類聚鈔』を見ればわかりますように、「行」の中に「浄信《じょうしん》」が説かれてある。その「行」の中に「信心」を説かれた。ここに聖人は、「信というても行のほかにないんだ、行の中に信が入っているんだ」こういわれたかったんだ。ですから、親鸞聖人が、法然聖人から受けられた行証直接の法門を書く必要が生じて、これをお書きになったのだと、こういうふうに私は味わうのであります。

法然より親鸞へ

四《し》法門《ほうもん》というのは、覚如上人《かくにょしょうにん》（親鸞の曾孫）が伝えられた真宗のオーソドックスな法門です。その四法門を農村の人たち、知識のない人たちにもわかるように簡潔にされたのが蓮如上人です。元来、覚如上人はどうも三法門をあまり強調していらっしゃらない。覚如上人のご長男の存覚《ぞんかく》上人というお方は、学識は親より上ではないかと思われます。ひじょうに学問の範囲が広いですね。それで覚如さんは、存覚さんをけむたがられた。どうもそういう傾向がありますね。

もう一つ、存覚上人の書物を見ると、法然より親鸞への伝統の法門をひじょうに重く解釈していらっしゃる。それがどうも覚如さんのお気に入らなかったのではないかと思われる。その理由は何かといいますと、覚如さんは、真宗という宗派をたてることを大事にして、四法門を表へ押し出された。本願寺という立場から見れば、覚如さんはたいへんな功績のあるお方であります。「浄土宗のほかに真宗あり」と、一宗を出そうとするとき、あまりに法然と親鸞が一つだということをいっていたのでは、独立が鮮明にならんということがあるのです。法然のとおり同じものなら浄土宗でいいじゃないか、一宗をたてる必要はどこにある、とこうやられますから、一宗をたてる以上は違うところを強調しなければならない。幸いにして、法然聖人の時代には信心があまりやかましくいわれなかった。いわれてはいたけれどそれは裏のほうで、表向きは「念仏申せ、念仏申せ」「念仏申せば救われる」といわれていた。親鸞聖人のときは、「信心が大事である」といわれた。浄土宗のほかに真宗ありと主張するならば、これでいかなきゃーならんというわけで、信心正因《しんじんしょういん》を強調されたところが覚如さんのお聖教にはっきり出ております。

『歎異抄』には、親鸞聖人があれほど大胆に念仏をうちだされたというのに、覚如上人はやらなかったのか、やれなかったのか、問題はそこにあったと思います。学者の中では、存覚上人を見直せという運動がおこっているそうですが、これは私はおもしろいと思います。存覚上人のお聖教を読みますと、ほんとうに涙のこぼれるほど尊いお言葉がございますが、あれほどの大学者で信仰のあつい人を、なぜ本願寺の歴代門主《もんしゅ》から除いたのか、どうも腑《ふ》に落ちんところです。

そういう宗派とか宗門とかいう立場でなしに、親鸞聖人という方のおぼしめしを引き出していかなければならんということについては、もっと公平に見なければならないと思います。

ほんもの・かりのもの、くらべてみれば

【必至滅度《ひっしめつど》の願《がん》
難思議往生《なんじぎおうじょう》
顕浄土真実証文類《けんじょうどしんじつしょうもんるい》 四　　愚禿釈親鸞集《ぐとくしゃくしんらんしゅう》】
（聖典三〇六頁）

ここに必至滅度の願、難思議往生《なんじぎおうじょう》とあるので、これに対し三往生のことをいわなければならない。

この表にある三願《さんがん》、三機《さんき》、三往生《さんおうじょう》、三経《さんぎょう》、真仮《しんけ》を見てまいりますと、三願とは第十八・十九・二十の願であり、三機とは正定聚《しょうじょうじゅ》、邪定聚《じゃじょうじゅ》、不定聚《ふじょうじゅ》の機《き》です。正定聚の機、これが『証巻』に出ている難思議往生で、三経に当てると『大無量寿経《だいむりょうじゅきょう》』になります。これは真実であります。それから邪定聚の機、これが双樹林下往生《そうじゅりんげおうじょう》で、『観無量寿経《かんむりょうじゅきょう》』に当たり、仮《け》に当たります。第二十願は不定

◉真仮の対比

[三願]	[三　機]	[三往生]	[三経]	[真仮《しんけ》]
第18願	正定聚《しょうじょうじゅ》の機《き》	難思議往生《なんじぎおうじょう》	大無量寿経（大経）	真
第19願	邪定聚《じゃじょうじゅ》の機《き》	双樹林下往生《そうじゅりんげおうじょう》	観無量寿経（観経）	仮
第20願	不定聚《ふじょうじゅ》の機《き》	難思往生《なんじおうじょう》	阿弥陀経（小経）	仮

聚の機、難思往生《なんじおうじょう》で、これが『阿弥陀経《あみだきょう》』であり、仮に配当されるわけです。

この三定聚《さんじょうじゅ》のことは真宗だけでなく、一般仏教にもいうてあります。これをとりあげて、親鸞聖人は三願に該当させて、往生の因の真仮《しんけ》、報土《ほうど》の真仮を論じられているわけです。

難思議往生（第十八願）は、意識的自己の立場を完全にこえているので思慮しがたく、表現もしがたい、それで難思議。人間の意識の立場をこえておる。今、真宗で単なる言葉の上の学問だけを見ている方は、どうも信仰というものを人間の意識的な問題とせられる誤解がひじょうにたくさんあるように見うけられます。私は、信心は人間の意識のもとに求めるべきものではないと思います。あくまでも超越した意識であり、如来よりたまわるものであって、人間の心から出てくるものではけっしてありません。だから思慮できない、表現ができないのです。難思議往生とは、じつにうまくいいあらわしたものであります。

難思往生は第二十願です。これは昔から「教頓機漸《きょうとんきぜん》」といいまして、教えはまちがいではない。教えそのものはナムアミダブツなのです。ナムアミダブツには二つない。そのいただきようがまちがっているのです。いただきようが正しくないのですね。救いは超意識の純粋他力であるけれども、受領するがわの心がこれに同調していないので、表現不可能ではないから議の一字を除外して区別したんです。つまり、難思《なんじ》ということは表現できるのです。「念仏を称えるからこれでたすかる」これはなんとか理解できます。「どうもせんとたすかる」といわれると、ちょっと待ってくれといわなきゃならん。念仏を称えりゃたすかるといわれると、それならなんとかわかりますから、はからいの議という字を抜いて難思往生であって、難思議往生とはいわないのです。ここに第二十願の立場があると思います。

次に、お釈迦さまが沙羅《さら》双樹《そうじゅ》の間でこの世を終えられた。その双樹林下往生の仕方というものを目標にして、宗教的努力を積み重ねてゆく。しかしそういう姿勢では、有限なる肉体を抜け出られた釈尊の入滅のように、有限を否定し尽くすことはできない。双樹林下往生というのは、究極のさとりではない。やはり、完全なる無限の世界に結びつく時には、有限なるものの完全否定をしなければ無限にはなりませんから、その有限なる完全否定ができない姿を双樹林下往生と、こういわれたものと思います。

正定聚《しょうじょうじゅ》を、たくさんの学者がいろんな解釈をしておりますが、*香月院深励《こうがついんじんれい》師の説はこうです。「正定聚《しょうじょうじゅ》は第十八願の機《き》、真実報土《しんじつほうど》に往生し、成仏《じょうぶつ》に定まるが故《ゆえ》に。邪定聚《じゃじょうじゅ》は自力雑行《ぞうぎょう》を修行《しゅぎょう》するが故に邪定聚という。不定聚《ふじょうじゅ》は自力念仏の機、正定《しょうじょう》にあらず、邪定《じゃじょう》にあらず、進んでは第十八願に入り、退《しりぞ》いては十九願の雑行《ぞうぎょう》となるが故に不定なり」。こういう深励師のあっさりした解釈ですけれども、私はこれでいいと思います。

私にいわせると、「不定《ふじょう》」とは決定心《けつじょうしん》がないことで、往生決定《おうじょうけつじょう》がしっかりしておらんのです。なぜかというと、二種深心《にしゅじんしん》に該当しないから、もしくは存《そん》し、もしくは亡《もう》じ、若存若亡《にゃくぞんにゃくもう》の心が除かれない。若存若亡とは、ご和讃の左訓《さくん》に「あるときには往生してんずとおもい、あるときには往生はえせじとおもうを若存若亡というなり」（聖典五八七頁）というふうに書かれてあります。ときどき左向いたり右向いたりするような、心の決まらんところがありますから不定聚《ふじょうじゅ》なのです。

邪定聚《じゃじょうじゅ》の「邪」の字について昔からねー、諸行《しょぎょう》といえども邪というのはおかしいじゃないか、行きすぎではないかという議論がありますけれども、本願の真意に背いて非本願であるところの諸行に心をかけるから、これを邪という。阿弥陀如来のみ心に背いているから邪なんであって、親の心にしたがわぬを親不孝者というようなもんです。法が邪ではないけれども、仏法を受けとる心が邪である、まちがっておるというので邪定聚というた。別に諸行をののしっていったのではない、と解釈すればよろしいかと思います。真《しん》・仮《け》を比較して、ここから仮を引きだしてくる前提に、必至《ひっし》滅度《めつど》の願《がん》、難思議往生《なんじぎおうじょう》という表題の言葉がここにあるんだと思います。

＊香月院深励――一七四九―一八一七。福井県の人。大谷派の宗学を大成した人といわれている。

人と生まれた意味

【つつしんで真実《しんじつ》の証《しょう》を顕《あらわ》さば、すなわちこれ利他円満《りたえんまん》の妙位《みょうい》、無上涅槃《むじょうねはん》の極果《ごくか》なり。すなわちこれ必至滅度《ひっしめつど》の願《がん》（第十一願）より出《い》でたり。また証大涅槃《しょうだいねはん》の願《がん》と名《な》づくるなり。しかるに煩悩成就《ぼんのうじょうじゅ》の凡夫《ぼんぶ》、生死罪濁《しょうじざいじょく》の群萌《ぐんもう》、往相回向《おうそうえこう》の心行《しんぎょう》を獲《う》れば、即《そく》のときに大乗正定聚《だいじょうしょうじょうじゅ》の数《かず》に入《い》るなり。正定聚《しょうじょうじゅ》に住《じゅう》するがゆえに、かならず滅度《めつど》に至《いた》る。かならず滅度《めつど》に至《いた》るはすなわちこれ常楽《じょうらく》なり。常楽《じょうらく》はすなわちこれ畢竟寂滅《ひっきょうじゃくめつ》なり。寂滅《じゃくめつ》はすなわちこれ無上涅槃《むじょうねはん》なり。無上涅槃《むじょうねはん》はすなわちこれ無為法身《むいほっしん》なり。無為法身《むいほっしん》はすなわちこれ実相《じっそう》なり。実相《じっそう》はすなわちこれ法性《ほっしょう》なり。法性《ほっしょう》はすなわちこれ真如《しんにょ》なり。真如《しんにょ》はすなわちこれ一如《いちにょ》なり。しかれば弥陀如来《みだにょらい》は如《にょ》より来生《らいしょう》して、報《ほう》・応《おう》・化《け》、種々《しゅじゅ》の身《しん》を示《しめ》し現《げん》じたまうなり。】（聖典三〇七頁）

「つつしんで真実の証《しょう》を顕《あらわ》さば、すなわちこれ利他円満《りたえんまん》の妙位《みょうい》、無上涅槃《むじょうねはん》の極果《ごくか》なり」と、こう解釈されましたね。「利他円満の妙位」ということは、利他ですから他人を利益する、他人を利益することが完全にやれるということ。利他円満という、人のために完全なる還相《げんそう》の徳が得られる、そういうさとりをいただくということ。**還相完遂《げんそうかんすい》の位**であることを表明されたわけです。

私はこの『証巻』をいただくたびに味わっております、われわれはなんのためにこの世に生まれてきたのか。どうも**「我《が》」というものを始末するために生まれてきた**。人間、我《が》があるからして困るのであって、自ら迷うのも我《が》のため。「自我《じが》」というものをどうするか。この始末をすることが人間に生まれた第一の目的であろうと思います。

それから、自我の始末ができたならばその次に、自我の始末のできた喜びを人に伝えるにはどうしたらいいか。こういう、**人にも幸せになっていただく**ことが、人間に生まれた第二の目的だと思います。自我の始末だけで一生を終わったんではもの足りない。もう一つ、その喜びを人に伝えること。これがわれわれ念仏者の生きがいということになってこなければならんわけです。それを『証巻』をいただきながらつくづく味わっております。

「無上涅槃《むじょうねはん》の極果《ごくか》」――自分の我を始末するところの極点がこの証《さとり》ということなんだ、とこういうわけなんです。「無上涅槃の極果」というのは、実相《じっそう》の身《しん》です。それから「利他円満《りたえんまん》の妙位《みょうい》」というのは、為物《いもつ》の身《しん》です。如来さまのお体というものは実相身《じっそうしん》であり、為物身《いもつしん》であるということを知らなければ信仰者ではない。実相・為物が阿弥陀如来である、阿弥陀如来のお体は真実なるまごころ、真実のおすがたであり（実相身）、そのおすがたは同時にいっさいの生きとし生けるもののために尽くしてくださるところのお体である（為物身）。こういう二つの体ということを知らなければ真実の信心ではない、ということが『浄土論註《じょうどろんちゅう》』の中にお説きになってございます。そのことを「利他円満の妙位、無上涅槃の極果なり」という二つのお言葉のなかに味わうことができると思います。

実相為物二身のことは、『浄土論註』（下巻）の初めに出ています。「かの無碍光如来《むげこうにょらい》の名号《みょうごう》は、よく衆生《しゅじょう》の一切《いっさい》の無明《むみょう》を破《は》す、よく衆生《しゅじょう》の一切《いっさい》の志願《しがん》を満《み》てたまう。しかるに称名憶念《しょうみょうおくねん》することあれども、無明《むみょう》なお存《そん》して所願《しょがん》を満《み》てざるはいかんとならば、実《じつ》のごとく修行《しゅぎょう》せざると、名義《みょうぎ》と相応《そうおう》せざるによるがゆえなり。いかんが不如実修行《ふにょじつしゅぎょう》と名義《みょうぎ》と相応《そうおう》せざるとする。いわく、如来《にょらい》はこれ実《じつ》相《そう》の身《しん》なり、これ物《もの》のための身《しん》なりと知《し》らざるなり」（聖典二一四頁）。称名憶念《しょうみょうおくねん》すれども、所願満てざるものは何か――念仏を申すけれども、ちっとも腹がふくれぬのはどういうわけか、こういう問題を出されて、これは「不如実修行《ふによじつしゅぎょう》、名義不相応《みょうぎふそうおう》」、実《じつ》の如《ごと》く修行をしない――名義（ナムアミダブツの意味）にぴったり一致していない、だから満足できないんだ。こうおっしゃってある。

阿弥陀如来が実相身であるということを知らない。無限の世界から有限を見るから無明《むみょう》（一つのものを二つに見ることによっておこる、人間の意識の根本にある永遠の迷い）が破られる。有限の眼《まなこ》で無限の世界を見ようとするが、無限の世界は無限の眼でなければ見えないんです。これを有限の世界から解釈しようとする、だから無明がなお残る、ということになります。

為物身を知らないのは、自我《じが》の慢心が除かれないから。阿弥陀さまはいっさい衆生のために身を忘れてわれわれのために尽くしてくださる。それで、慢心を離れて自分というものの執《と》らわれを離れ、如来さまの前に頭を下げる、そうするとありがたくなる。けれども、それをやらないから無明が残る。ありがたくないということになる、こういうふうにおっしゃるのです。

衆生の志願《しがん》満足については、お念仏申すと志願が満足される、心が満足する。心の満足とはなんであるかというと、疑いがなくなってしまう。往生の疑いがなくなって安らぎの心を与えていただく。

これが親鸞聖人の「名《みな》を称《しょう》するに、よく衆生《しゅじょう》の一切《いっさい》の無明《むみょう》を破《は》し、よく衆生《しゅじょう》の一切《いっさい》の志願《しがん》を満《み》てたまう」（聖典一四六頁）『行巻』のお喜びです。

志願というのは往生の志願だと、昔からみんないうんですが、私の説ではもう一つある。往生の志願というと同時に、人さまのためにどう尽くせばよいか、人を幸せにしてあげたい、これが一つなければならん。志願の中に二つある。**往生の志願と、人に伝えたいという志願**、この二つがなければならん。二つともナムアミダブツと仏を讃えるところに満足をさせていただく。これをおっしゃったのが『行巻』だと。人に法を伝えたいという志願が含まれているというた人は誰もございませんから、これは桜井説と思うてください。ナムナムナム……。

見える世界、見えない世界

ここでは因願《いんがん》（仏になる前におこす悲願）とは四十八願の第十一番目の必至《ひっし》滅度《めつど》の願ですね。

【必至《ひっし》滅度《めつど》の願文《がんもん》、『大経《だいきょう》』（上）にのたまわく、「たといわれ仏《ぶつ》を得《え》たらんに、国《くに》のうちの人《にん》・天《でん》、定聚《じょうじゅ》に住《じゅう》し、かならず滅度《めつど》に至《いた》らずは、正覚《しょうがく》を取《と》らじ」と。】（聖典三〇七頁）

【願《がん》（第十一願）成就《じょうじゅ》の文《もん》、『経《きょう》』（大経・下）にのたまわく、「それ衆生《しゅじょう》ありて、かの国《くに》に生《うま》るれば、みなことごとく正定《しょうじょう》の聚《じゅ》に住《じゅう》す。ゆえんはいかん。かの仏国《ぶっこく》のうちにはもろもろの邪聚《じゃじゅ》および不定聚《ふじょうじゅ》なければなり」と。】（聖典三〇八頁）

因願では、定聚《じょうじゅ》に住《じゅう》すというのと、滅度《めつど》にいたるというのと、願いが二つあるわけですね。ところが、成就文《じょうじゅもん》では正定聚をいわれて、必至《ひっし》滅度をいわれてないですね。この大事な滅度をいわれてない、なぜいわれないんだろうか。

たとえとして、お盆の帰省にさいし、列車の切符入手が正定聚、切符が手に入ったら帰郷墓参はまちがいなくできるから、切符さえ手にいれればあとのことは論ずる必要がないんです。住正定聚は切符を手にいれるということで、滅度の帰郷はいわなくてもわかりきっている。

住正定聚は、具体的可視《かし》の世界だから、具体的に見えている。滅度にいたるは、いのち終わったあとのことだから、今はっきりしないんです。住正定聚は具体的可視の世界だが、滅度は抽象的不可視の世界でまだわかりませんから、それで今、正定聚のほうを取りあげて、成就の文には正定聚に住するんだということだけをおっしゃった。

滅度《めつど》は常楽《じょうらく》、畢竟寂滅《ひっきょうじゃくめつ》、無上涅槃《むじょうねはん》、無為法身《むいほっしん》、実相《じっそう》、法性《ほっしょう》、真如《しんにょ》、一如《いちにょ》であって、われわれにはさっぱりわからん世界なんだ。名前でいくつもいくつも書かれても、結局行ってみなけりゃほんとうのことはわからん世界なんだ。いろいろにおっしゃっても、われわれには理解のできぬ不可視の世界であるから、実相身《じっそうしん》から為物身《いもっしん》が出るのであります。

「報《ほう》・応《おう》・化《け》、種々《しゅじゅ》の身《しん》」、報身《ほうじん》というのは具体的非人間の人格身《じんかくしん》で、応身《おうじん》というのは具体的人間の人格身、化身《けしん》というのはその時その時の変化の人格身をいうのです。人格身であることにまちがいはないのだけれども、いろいろな形のすがたになって、如来の慈悲というものを伝えてくださるのであります。こういうわけでありますから、現在の正定聚に住するということが大事なのであって、「未来のことは待ってくれ、くわしくはいうたってわからない世界なんだから、成就文には示さなかったんだ」と、お釈迦さまのお心をこういうふうにおしはかったらどうかと思います。

限りなくひらかれてゆく

【それ真宗《しんしゅう》の教《きょう》行《ぎょう》信《しん》証《しょう》を案《あん》ずれば、如来《にょらい》の大悲《だいひ》回向《えこう》の利益《りやく》なり。ゆえに、もしは因《いん》、もしは果《か》、一事《いちじ》として阿弥陀《あみだ》如来《にょらい》の清浄願心《しょうじょうがんしん》の回向《えこう》成就《じょうじゅ》したまえるところにあらざることあることなし。因《いん》、浄《じょう》なるがゆえに果《か》また浄《じょう》なり。知《し》るべしとなり。】（聖典三一二頁）

この文は『証巻』の前半、本願第十一の願（必至滅度の願）の内容をあらわし終わられたところに示されてあります。それで前半を結ばれての釈文《しゃくもん》（解釈した文）のようでありますが、それよりも「真宗の教行信証を案ずれば」とございますので、むしろ教《きょう》・行《ぎょう》・信《しん》・証《しょう》の各巻をここまで説いてこられての結びとしての釈文である、といただくべきものと思います。

『教巻』のはじめに、

【つつしんで浄土真宗《じょうどしんしゅう》を案《あん》ずるに、二種《にしゅ》の回向《えこう》あり。一《ひと》つには往相《おうそう》、二《ふた》つには還相《げんそう》なり。往相《おうそう》の回向《えこう》について真実《しんじつ》の教行信証《きょうぎょうしんしょう》あり。】（聖典一三五頁）

とありますので、さきにあげられた結釈《けっしゃく》（結びの解釈）はまさにこの総標釈《そうひょうしゃく》（真宗大綱のこと。一九頁参照）に対応しての文であり、その中に示された「往相回向について」の結びの釈文といただくことができます。ですから往相《おうそう》の部を総括されるにあたって、『教行信証』の各巻に示された往生成仏の経緯、真実の行信《ぎょうしん》という生因《しょういん》によって必至滅度《ひっしめつど》と無限に開かれゆくのであります。その開かれてゆく真実の証果《しょうか》の道程の一つ一つが、すべて如来大悲回向《にょらいだいひえこう》のたまわりものでないものはないのだ、と大きな感動をもって仏力《ぶつりき》を仰《あお》がれつつ釈されておられるのです。そして、『証巻』は、次に還相の部に進むことを暗示されておられるわけです。

さらに申し述べたいことは、ここでの結釈は『証巻』最後の総結釈（一八七頁参照）にも対応しておりまして、ちょうど「信巻別序《しんかんべつじょ》」に相当する「還相別序《げんそうべつじょ》」ともいただけることであります。親鸞聖人が「還相」をひじょうに重要視されて、お力を注がれたことを深く味わいたいものです。

終着駅が始発駅

【二《ふた》つに還相《げんそう》の回向《えこう》というは、すなわちこれ利他教化地《りたきょうけじ》の益《やく》なり。すなわちこれ必至補処《ひっしふしょ》の願《がん》（第二十二願）より出《い》でたり。また一生補処《いっしょうふしょ》の願《がん》と名《な》づく。また還相回向《げんそうえこう》の願《がん》と名《な》づくべきなり。『註論《ちゅうろん》』（論註）に顕《あらわ》れたり。ゆえに願文《がんもん》を出《いだ》さず。『論《ろん》の註《ちゅう》』を披《ひら》くべし。『浄土論《じょうどろん》』にいわく、「出第五門《しゅつだいごもん》とは、大慈悲《だいじひ》をもって一切苦悩《いっさいくのう》の衆生《しゅじょう》を観察《かんざつ》して、応化《おうげ》の身《しん》を示《しめ》す。生死《しょうじ》の園《その》、煩悩《ぼんのう》の林《はやし》のなかに回入《えにゅう》して、神通《じんずう》に遊戯《ゆげ》して教化地《きょうけじ》に至《いた》る。本願力《ほんがんりき》の回向《えこう》をもってのゆえに。これを出第五門《しゅつだいごもん》と名《な》づく」と。】（聖典三一三頁）

往相の終着駅が還相の始発駅であると表にも書いておきましたが、元来この講義は一句一句講義をする目的ではないのです。こういうことが書いてあるというふうにお話をして、ご自釈を味わうというのが、この講義の目的です。

還相回向について、先に直接に弁ずる「直弁《じきべん》」といういい方があるわけなんです。それに続いて、還相回向を重ねて明かす「重明《じゅうみょう》」ということになってまいります。その中でまず、二十二願の願名がここへ出てきまして、そして『論註』の引証になってくるわけです。

◎還来度生《げんらいどしょう》の相《そう》

①還相名義《げんそうみょうぎ》――「還相とは、かの土《ど》に生《しょう》じおわりて、奢摩他《しゃまた》・毘婆舎那《びばしゃな》・方便力成就《ほうべんりきじょうじゅ》することを得て、生死《しょうじ》の稠林《ちゅうりん》に回入《えにゅう》して、一切衆生《いっさいしゅじょう》を教《きょう》化《け》して、ともに仏道《ぶつどう》に向かえしむるなり」（聖典三一三頁）。奢摩他《しゃまた》・毘婆舎那《びばしゃな》と、インドの言葉をそのまま引いてあります。翻訳するならば、奢摩他は止《し》で、毘婆舎那は観《かん》です。止というのは、心を一点にとどめて、静かになるということ。観とは、それをさらに徹底させて、もののすがたが明らかに見えてくるまでにいたればこれを毘婆舎那という。

②見仏超証《けんぶつちょうしょう》――仏さまを拝んで平等法身《びょうどうほっしん》の法をさとるということ。

◉還相回向《げんそうえこう》

重明《じゅうみょう》……直弁《じきべん》に対して重ねて明かす。

◎還来度生《げんらいどしょう》の相《そう》……浄土論出第五門

①還相名義《げんそうみょうぎ》……奢摩他《しゃまた》・毘婆舎那《びばしゃな》（止と観）

②見仏超証《けんぶつちょうしょう》……平等法身の法

③報生三昧《ほうしょうざんまい》……菩薩の神力四種

不動而至《ふどうにし》・一念遍至《いちねんへんし》・供讃自在《くさんじざい》・示法如仏《じほうにょぶつ》

④未証浄心釈《みしょうじょうしんじゃく》……往生して七地の菩薩と同等

⑤漸進超証《ぜんしんちょうしょう》……十地経

⑥畢竟平等《ひつきょうびょうどう》……畢竟と平等

⑦七地沈空《しちじちんくう》の難《なん》……浄土にこの難なし

③報生三昧《ほうしょうざんまい》――これは菩薩の神力《じんりき》四種《しゅ》で、あとに四種正行《しょうぎょう》というものが出てきますが、それと同じことなんです。浄土の菩薩には四つの徳がある。その四つの徳とは、不動而至《ふどうにし》、一念遍至《いちねんへんし》、供讃《くさん》自在《じざい》、示法如仏《じほうにょぶつ》とあり、「不動而至」とは、動かずして至る。

先日真々園の法縁の席で、「遠い諸仏の国へ神通《じんずう》自在《じざい》に衆生済度《しゅじょうさいど》におもむくというと、浄土の本体はお留守になってしまうのか」というおもしろい質問が出ました。出かけて行けば留守になるのが人間の世界のならわしですね。それとは違うんで、留守にならないんです。ご本体は動かずしておもむくことができますから、「不動而至」です。「一念遍至」というはひと思いのうちに、ワンセコンドの間に十方法界（全宇宙のすべて）へいっぺんに行くことができるということ。「供讃自在」というは、供養し讃嘆すること。仏さまに物を供えたり讃嘆することが自由自在なこと。「示法如仏」とは、仏法を示すことを、仏さまのとおりにやれるということ。これが四つの菩薩の徳ですね。

④未証浄心釈《みしょうじょうしんじゃく》――七地以下の菩薩が、往生して八地《はちじ》以上の菩薩と同等になること。

⑤漸進超証《ぜんしんちょうしょう》――これは『十地経《じゅうじきょう》』にお示しになる。

⑥畢竟平等《ひっきょうびょうどう》――畢竟とすなわち等しということをおっしゃる。

⑦七地沈空《しちじちんくう》の難《なん》――こういうものは浄土にはないということ。

【……阿弥陀如来《あみだにょらい》の本願《ほんがん》（第二十二願）にのたまわく、〈たといわれ仏《ぶつ》を得《え》たらんに、他方仏土《たほうぶつど》のもろもろの菩薩衆《ぼさつしゅ》、わが国《くに》に来生《らいしょう》して究竟《くきょう》じてかならず一生補処《いっしょうふしょ》に至《いた》らん。その本願《ほんがん》の自在《じざい》の所化《しょけ》、衆生《しゅじょう》のためのゆえに、弘誓《ぐぜい》の鎧《よろい》を被《き》て徳本《とくほん》を積累《しゃくるい》し、一切《いっさい》を度脱《どだつ》せしめ、諸仏《しょぶつ》の国《くに》に遊《あそ》びて、菩《ぼ》薩《さつ》の行《ぎょう》を修《しゅ》し、十方《じっぽう》の諸仏如来《しょぶつにょらい》を供養《くよう》し、恒沙無量《ごうじゃむりょう》の衆生《しゅじょう》を開化《かいけ》して無上正真《むじょうしょうしん》の道《どう》を立《りゅう》せしめんをば除《のぞ》く。常倫《じょうりん》に超《ちょう》出《しゅつ》し、諸地《しょじ》の行現前《ぎょうげんぜん》し、普賢《ふげん》の徳《とく》を修習《しゅじゅう》せん。もししからずは正覚《しょうがく》を取《と》らじ〉と。……】　（聖典三一六頁）

ここにこの文をもってきた理由を二つあげて、一つには浄土には沈空《ちんくう》の難《なん》がないことを証明するため、もう一つには超証《ちょうしょう》の実義《じつぎ》をあらわすために、ここへ第二十二願文をお引きになった。

トンネルの出口

仏教には頓教《とんぎょう》（すみやかに仏になる教え）と漸教《ぜんぎょう》（はかり知れない修行により仏になる教え）という二つの教えがありまして、頓教のほうではそういう段階的なことはいいません。禅宗、真言宗とかは一足飛びに仏になるというのですからね。漸教のほうでは段階的にいいますから仏になるには五十二の段階がある。『浄土論』に出てくる菩薩とはどの段階の菩薩（仏になるためにさとりを求め、慈悲の心で衆生を導く修行者）かといいますと、「地《ち》」という位、この辺が『浄土論』にいう菩薩です。『浄土論』の著者の天親菩薩《てんじんぼさつ》という方は、十向満位《じっこうまんい》の菩薩といわれ、十回向《じゅうえこう》のトップまでいったんです。初地《しょじ》のすれすれのところまで行ったのが天親菩薩です。

龍樹菩薩《りゅうじゅぼさつ》という方は初地にいっておられたが、その著『易行品《いぎょうほん》』の中には沈空の難が説かれてあり、七地の菩薩になっても空に沈んでしまって、なにがなんだかわからなくなってしまうという。自分すら信じられなくなったニヒリズムというのがありますが、あれも一つの沈空の難ともいえますかねー。必死に修行してきたのに、さとりもなにもわからなくなってしまう。仏も自分もなにもわからなくなってしまう。そういうところを沈空の難という。

　迷いの世界のわれわれに、菩薩のような偉い人のことをいうてもしょうがないではないかと思うでしょ。ここには断絶してなんの連絡もないはずなんだが、ところがねぇ、親鸞聖人はそうは見ていらっしゃらない。聖人はどう見ておられたか。この『浄土論』の菩薩といわれるのは、そんな菩薩ではないんだ。じつはもっと特別の見方がある。この『浄土論』に出てくる菩薩こそ法蔵菩薩《ほうぞうぼさつ》なんだ、こう見られたのが親鸞聖人なんですね。

　そうなってくると、法蔵菩薩がどういう修行をされたかということが、ここではっきりしてきた。五念門《ごねんもん》の行《ぎょう》というものを法蔵菩薩がなされ、五念門の行を成就《じょうじゅ》して仏《ほとけ》の境地《きょうち》に入られた。仏になる前（因位《いんに》）の法蔵菩薩と、仏になってから（果位《かい》）の阿弥陀仏。そこで因位の法蔵と果位の阿弥陀仏の因果関係がありますけど、人間の考えるような因果関係ではない。この因果は、因と果と二つに分けられない因果関係（因果不二）なんです。因位でいえば法蔵、果位でいえば阿弥陀仏なんです。阿弥陀仏がわれわれのために菩薩の行をしてみせなければならん。昔したけれど、今はやめたというのではいかん。今もやっておられる。上がって下がって（図参照）がありまして、これが因果不二の一貫した上がり下がりをひっくるめた阿弥陀如来の法蔵の因位であり、阿弥陀仏の果位なんだ。こうして「南無阿弥陀仏」ができてきたんだ。「南無阿弥陀仏」というものが仕上がったわけです。その「南無阿弥陀仏」を迷いのわれわれにくださるというんだ。「南無」の中に五念門の

◉漸《ぜんぎよう》教と頓《とんぎよう》教

〈十界〉　〈漸教で説く段階〉

※漸教では菩薩修行の段階を説くが頓教では説かない

悟りの世界　四聖
- 仏《ぶつ》界《かい》
- 菩薩界
- 縁覚《えんがく》界
- 声聞《しようもん》界

迷いの世界　六凡
- 天上界
- 人間界
- 修羅《しゆら》界
- 畜生界
- 餓鬼《がき》界
- 地獄界

〈漸教で説く段階〉

妙《みよう》覚《がく》 52位
↑
○弥勒《みろく》　等正覚 51位　一生補処《いつしようふしよ》
50位
↑
48位
47位　七地沈空《しちじちんくう》(易行品《いぎようほん》)
↑
○龍樹　十《じゆう》地《じ》 41位　初地《しよじ》(初歓喜地《しよかんぎじ》)
○天親　40位　十向満位《じつこうまんい》　『論註』の菩薩（『十地経』等による）
↑
十回向《じゆうえこう》 31位
30位
↑
十《じゆう》行《ぎよう》 21位
20位
↑
十《じゆう》住《じゆう》 11位
10位
↑
十《じゆつ》信《しん》 1位

一生補処〜50位：浄心菩薩
47位〜初地：未証浄心菩薩

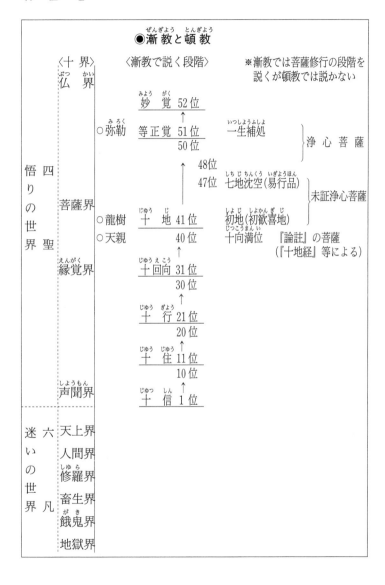

行が入っているんだ。この五念門の行をまっとうして、「南無阿弥陀仏」となってくださるんだから。

五念門《ごねんもん》とは、仏を拝む（礼拝《らいはい》）、仏を讃《たた》える（讃嘆《さんだん》）、浄土に生まれたいとねがう（作願《さがん》）、浄土のことをおもう（観察《かんざつ》）、それを人さまにわける（回向《えこう》）ことをいう。総括すると讃嘆門に入ります。讃嘆とは念仏のことです。念仏の中に五つが全部はまるんです。開けば五つです。そういうものを仏さまが成就して、われわれにくださるんですから、もらったわれわれは南無阿弥陀仏をいただけば全部入っている。法蔵の修行がみなここにこもってるんです。

これだとわかるでしょう。**われわれが念仏を称えるというと、この称える心に仏さまのことを拝みたくなるような心もそこからでてくるのです。仏さまのことをほめたたえる気持ちもでてくるのです。人さまのためのことを思う回向の心もでてくる。そういうものを如来がくだされた。**ここで今度は、われわれが、くだされたものを用いて、いのちが終わるまでぼちぼちとやっていかなきゃならん。念仏を称えて、ナムナムとね……。

そして死んだら、いっぺんに成就してしまう。五念門の修行がいっぺんにもれなく満たされる。この世でやっている間はまだ未完成、未完成交響曲とはこれだな。人さまに仏法をすすめる心を如来からたまわり（回向）、生涯をこのこと一つにかけさせていただくが、まだまだ未完成ですから、やりながら完成の暁《あかつき》を待っている。そうすると、いのち終わった時、一ぺんに完成する。五念を満足し、如来と一体となってきますから、今度、またこの世に出てくるんです。これが還相《げんそう》です。還

◉『入出二門偈』における親鸞聖人の法蔵菩薩観

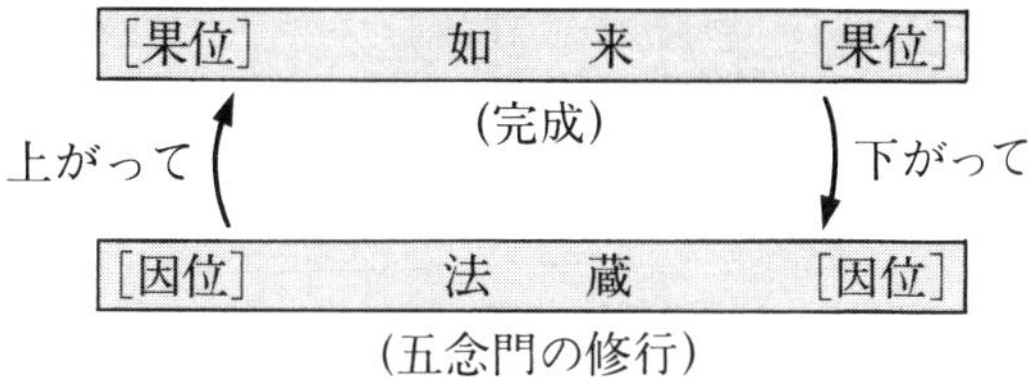

特別な因果関係……因と果も含めた因果不二での因位，果位。五念門の修行完成でできあがった南無阿弥陀仏。

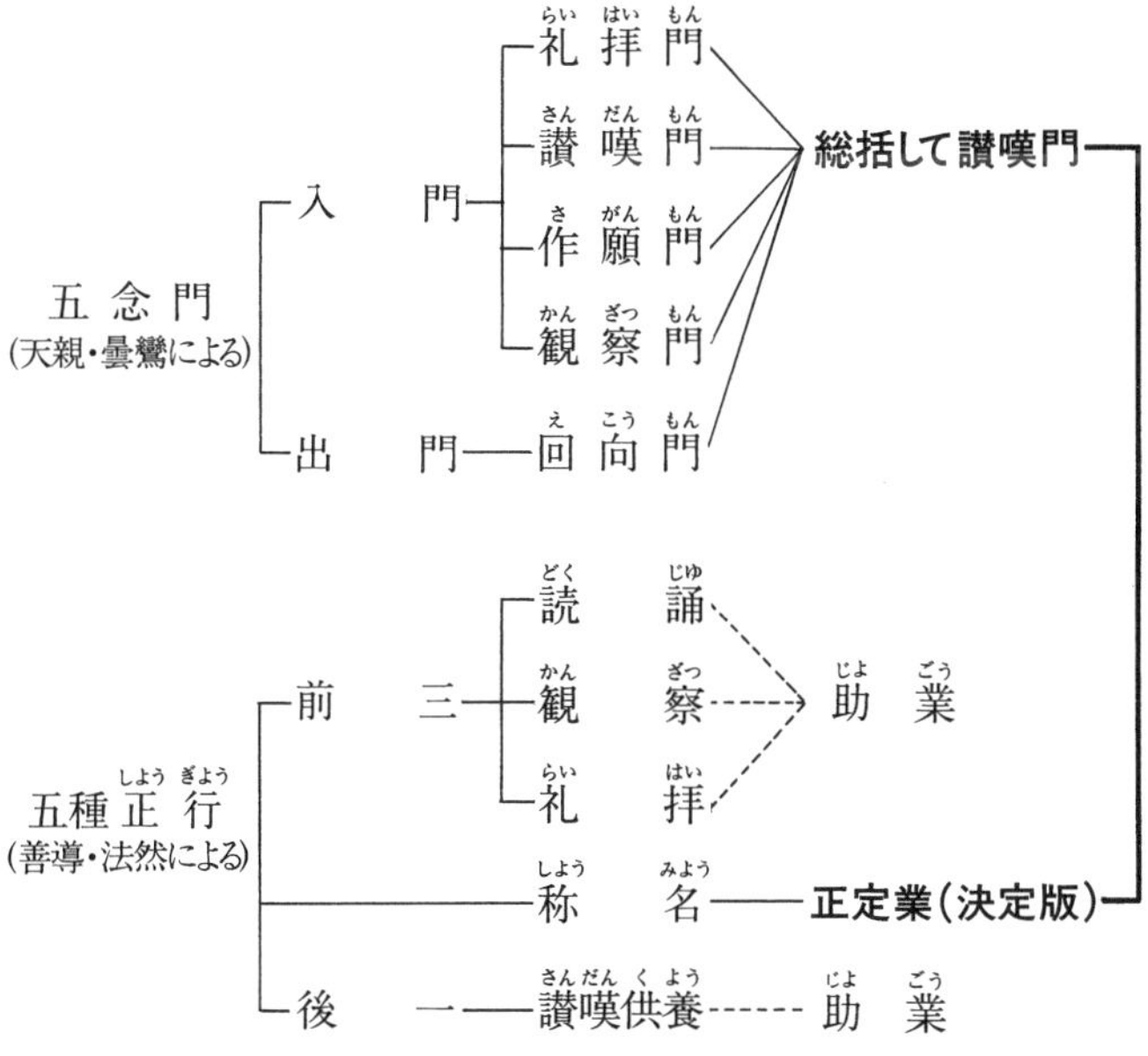

相の菩薩となって、またこの世界へ現れてこなきゃーならん。ナムナムナム……。

世に出てくるすがた

ここでねぇ、困ったことに、そんなら還相に出てきたものが誰かいるだろうか。「おれは極楽浄土から還相に出てきた。おれは阿弥陀如来の世界から出てきた」なんて、そんな人は一人もいないじゃないか。これ、疑問に思われるところです。この間ね、私が伊勢に行きましたところ、どなたでしたか、「九州のあるところの寺の次男坊に、村田和上が生まれていらっしゃるそうだ」と、こういうことをいうんだ。「これはほんとうでしょうか」と聞くもんだから、「そんな馬鹿な」というたんですが、こういう問題が出てくる。

これはねぇ、『大無量寿経』の異訳の二十二願文に、「かの国《くに》の菩薩《ぼさつ》は、乃至菩提《ないしぼだい》まで悪趣《あくしゅ》に堕《だ》せず、生々《しょうしょう》のところによく宿命《しゅくみょう》を了《さと》る。ただ五濁刹《ごじょくせつ》の中《なか》に世《よ》に出現《しゅつげん》するをば除《のぞ》く」（『無量寿如来会』、『真宗聖教全書一』、二〇五頁）とある。浄土の菩薩は、生まれ変わって衆生済度に出てくるときは、おれは浄土におったんだと、ちゃんとわかる。過去世の姿《すがた》というものがみなわかる。ただしですよ、ここが大事なんです。ただ、**五濁悪世に出てきたときにはわからんようにしてあるぞ**というんだ。今、五濁悪世ですから、おれは極楽から出てきたというのは、みなでたらめだ。

今の世に、浄土から衆生済度に生まれたという人があったら、そういうものはにせものだと解釈してよろしい。お経には、「過去世のこと、お浄土のことが思い出せないようにして世に送り出す」

と書かれておる。「ただの凡夫でございます」というて、一生ナムナムと念仏を称えてゆくすがたに、やはり見る世界から見れば、往相還相という世界が見えるわけです。

握れば一つ

菩薩を法蔵菩薩とみる親鸞聖人の見方をはっきりうちだされたのが、『入出二門偈《にゅうしゅつにもんげ》』（聖典五四五頁）という書物です。偈《げ》ですから歌になっております。その中に、菩薩というのは法蔵菩薩だという見方をしておられる。まことにすばらしい親鸞聖人の解釈だと思います。

『浄土論』の上では、菩薩とは十向満位《じっこうまんい》の菩薩とか初地《しょじ》の菩薩とかいわれておりますが、程度の高い龍樹・天親等の仲間を菩薩といわれ、ここにはわれわれは含まれておらんわけです。ところが如来がわれわれの代わりに法蔵菩薩となって修行をして、ナムアミダブツを行じて、成就された功徳をわれわれにくださった、とこういう解釈になっている。法蔵菩薩とわれわれは密接な関係をもっている。そういう解釈をされたのが『入出二門偈』です。

善導大師は五種正行《ごしゅしょうぎょう》（一七七頁図参照）ということをいわれました。他力的なわれわれの行という場合、五念門をいえばまちがいない。五種正行は自力と他力の両面ありますから、全部が他力的ということはできない。ただ、他力に解釈すれば全部他力とも味わえます。

法然聖人はその五種正行のほうをとって、四番目の称名《しょうみょう》が正定業《しょうじょうごう》、これが一番大事なんだとされた。これがお浄土まいりの決定版なんだ。前三《ぜんさん》（読誦・観察・礼拝）、後一《ごいち》（讃嘆供養）は助業《じょごう》であって決定版ではない。正定業が決定版、それは称名なんだ。こういうふうな善導大師の解釈を受けついで、法然聖人は正定業たる称名念仏を教えられたわけです。この正定業たる称名念仏すら、自分が称えるという誤りにどうもおちいりやすい。

五念門でいいますと、そういうおそれはないわけです。なぜ？　それは阿弥陀如来がなされているから。阿弥陀如来が行じて、われわれに「南無阿弥陀仏」としてくださるんだ。くださるんだから、称えていると出てくる。入っておるものが出てくる。こうなるんですね。

他力の念仏に助業をいうてはおかしいということを、私は申しております。助《じょ》とか正《しょう》とかいうことは他力にはおかしい。**助正論《じょしょうろん》は他力念仏にはない。**ただ念仏があるだけなんだ。こういうのが私の説でございます。法然聖人も「本願の念仏には、ひとりだちをせさせて助《すけ》をさゝぬ也。助さす程の人は、極楽の辺地《へんち》にむまる」（『和語《わご》灯録《とうろく》』巻五、『真宗聖教全書四』、六八二頁）。たすけるということをひじょうに嫌っておいでになる。その流れを受けるわれわれは、「ただ念仏して」の一行《いちぎょう》をいただいていくばかりです。念仏では足りないから、あれも持ってきてたすけにする、これももってきてたすけにする。こういうのは感心できない。

これを昔からのたとえ話で、お嫁入りのときのたとえですね。お嫁さんというのが称名、正定業なんです。それから後はみんな花嫁についてきた付き添いとか、親代わりとか、仲人とか、花嫁についてきたものです。「なるほどなー、いいおたとえだなー」と、感心しておったんです。すると村田和上はね、なんとおっしゃったかというと、「この頃はお供《とも》のおらん嫁入りも流行してきたそうな」。おもしろい言い方ですね。ここに親鸞教学の真髄をいうておられる。お聖教に、「助業《じょごう》をなおかたわらにしましまします事《こと》」（『口伝鈔』、聖典八九二頁）と、親鸞聖人はお念仏ばっかりになってしまわれた。そしてお経を読むことさえ最後におやめになったということが、お聖教の中に書いてある（二〇七頁参照）。そこのところを、「花嫁ばっかりになって、お供の者はおらんのがはやってきたそうな」といわれた。

あまり理屈ばかりいうと、いろいろ障《さわ》るカドもあるから、そのあたりをやんわりとやられる教えぶりの味わいが、やはりいうにいわれん。かみしめてよく味わえば、そこがよくわかる。そこまでかみしめることができないものが聞くと、まぁそれはそれでいいわー、という程度にしか聞こえない。いろいろな角度からいろいろな解釈ができるように、ズバリこうだと、おっしゃらんところに味があったんじゃないかと、私は味わいます。

五念門でいえば、やはり讃嘆門《さんだんもん》というものが全部をしめている。全部ここ（一七七頁図参照）に集まってくる。こういうふうな解釈をされた方が、広島県の大瀛《だいえい》（一七六〇―一八〇四）という方です。三業安心《さんごうあんじん》（九四頁参照）をたたくために、じつによく考えられた学説が一拳五指《いっけんごし》のたとえです。握りこぶしの中に指が五本入っている。開けば五指《ごし》になり、握れば一つになる。一つの「南無」の中に五念門の行《ぎょう》が全部入っている。含まれているものをいただいて、われわれがなさしめられるからして他力である。こういう学説をうちだされたのが大瀛師です。

ハタラキをいただけば

「名義摂対《みょうぎせったい》」に入りますが（聖典三二九頁）、名義とは、名目《めいもく》と義《ぎ》ということだ。名前といわれとが互いにおさめあっていることを名義摂対という。三種の菩提を障げる心をあげて、遠離《おんり》すべきことをのべられている。㈠に遠離《おんり》我《が》心貪着自身《しんとんじゃくじしん》、わが心わが身に執着《しゅうじゃく》することを離れるということ。㈡に遠離《おんり》無《む》安衆生心《あんしゅじょうしん》というは、他人を不安にさせるような心を離れてしまうということです。㈢に遠離《おんり》供《く》養恭敬自《ようくぎょうじ》身心《しんしん》、人に敬われるのを当然と思うような、そういう心を離れてゆくということです。

㈠遠離我心貪着自身――私は、『論註』を調べてこれを読んだときにね、ひじょうにありがたく思うたのは、菩薩がこういうふうになるというのは当然のことですけれども、われわれがそうなってゆくということ、これはありがたいことだ。仏さまからくださる「ナム」がこういういわれをもっていらっしゃる。われわれは、自分の心が自分の体から離れていこうとしないのです。体のことばっかり心配する。ゴホンと咳《せき》が出ても、「あー、これは死ぬのではないか」と心配する。そういうわれわれが、体のことを離れて軽く思わしていただくということ、「これはいただいたナムのおかげなんだなー」と、遠離我心貪着自身は、今現実に味わいつつあることなんだ、と気づかせていただきました。

㈡遠離無安衆生心――他人を不安にさせるようなことをやってはいかん。けっして人を不安に思わせてはいかん。そういう心を離れていかなければならん。「あいつと付き合っているが、油断もすきもならんやつだ」、こういうのは他人を不安にさせる。それは、浄土の菩薩のすることではありませんから、われわれもけっしてそうあってはなりません。「あの人と付き合っていると、なにかしらのんびりとして気が楽になっておもしろくなってくる。あー、いい人だなぁ」と思われなきゃならんのです。それがお浄土の菩薩の境界《きょうがい》なんです。それを如来からいただいた「ナム」で味わわさせられるのが、われわれのことなんですね。

㈢遠離供養恭敬自身心――「もっとおれに供養してくれてもいいものだ」「もっとおれに金をくれそうなもんだ」「あいつは欲ばったやつで、おれに金を出しようらん」、こういうふうな思いをもってはいかん。これは坊さん方によく聞いておいてもらわにゃならんことです。「もっとおれを敬《うやま》うべきだ、もっとおれをあがめるべきだ」、こういうふうな思いをもっていてはいかんということです。「あー、ありがたいいましめがあるんだなー」と思いましてね。しかも、いましめているのみならず、われわれがいただく「南無阿弥陀仏」でもって、そのようになさしめるハタラキをいただくということは、なんとありがたいことかと思いました。

三つの快楽

その次に快楽のことが出てくるんです。ここに三種の楽を説いてあります。
㈠外楽《げらく》――五識所生《ごしきしょしょう》の楽《らく》とは、眼耳鼻舌身《げんにびぜつしん》の快楽。おもしろい芝居を見たとか、踊りを見たとか、いい音楽を聞いたとか、においの快楽、味覚の快楽、触れあう快楽、こういう感覚上の楽しみは一

◉三種の楽

		[論　註]		[西田幾多郎説]
外楽《げらく》	………	五識所生楽《ごしきしよしようらく》	────	自然的快楽
内楽《ないらく》	………	意識所生楽《いしきしよしようらく》 (初禅・二禅・三禅・四禅天等)	────	精神的快楽
法楽楽《ほうがくらく》	………	智慧所生楽《ちえしよしようらく》	────	自我否定後の快楽

番程度の低い快楽で、これが西田幾多郎先生のいわれる自然的快楽ですね。

(二)内楽《ないらく》──初禅《しょぜん》・二禅《にぜん》・三禅《さんぜん》・四禅《しぜん》等の天上界《てんじょうかい》の快楽で、これは眼耳鼻舌身の五識をこえた心がシーンと静まる楽しみ。茶人《ちゃじん》が茶をたて寂静境《じゃくじょうきょう》を楽しむというのも、やや禅天《ぜんてん》を楽しむ快楽を味わっているんですよ。天上界、初禅・二禅・三禅というのは心が静まるということですから、そういうものが精神的快楽です。

(三)法楽楽《ほうがくらく》(法楽《ほうらく》)──智慧所生《ちえしょしょう》の楽《らく》。その智慧は何からくるかというと、自己を否定することから生まれる。智慧とはすなわち自我《じが》の否定ですよ。自我を否定しなきゃ智慧は出てこないんです。「おれは偉いもんだ」では智慧が出ないんです。そういう否定後の快楽といわれた先生の説は、まさしく法楽楽を意味する。

西田先生の三種の快楽はそっくり『論註』に出ているんです(聖典三三一頁)。法楽楽は三種の菩提門《ぼだいもん》を障《さまた》げる心を離れたところから生ずるもので、これが「妙楽勝真心《みょうらくしょうしんしん》」といわれるもの

<table>
<tr><td></td><td colspan="2">五《ご》念《ねん》門《もん》</td><td colspan="2">五《ご》果《か》門《もん》</td><td colspan="2">入《にゅう》出《しゅつ》二《に》門《もん》</td></tr>
<tr><td></td><td>曇鸞</td><td>親鸞</td><td colspan="2">曇鸞</td><td colspan="2">親鸞</td></tr>
<tr><td>1</td><td>礼《らい》拝《はい》門《もん》</td><td rowspan="5">讃嘆門（念仏）</td><td>近《ごん》門《もん》</td><td rowspan="5">当益</td><td rowspan="2">現益</td><td rowspan="4">入</td></tr>
<tr><td>2</td><td>讃《さん》嘆《だん》門《もん》</td><td>大《だい》会《え》衆門《しゅもん》</td></tr>
<tr><td>3</td><td>作《さ》願《がん》門《もん》</td><td>宅《たく》門《もん》</td><td rowspan="3">当益</td></tr>
<tr><td>4</td><td>観《かん》察《ざつ》門《もん》</td><td>屋《おく》門《もん》</td></tr>
<tr><td>5</td><td>回《え》向《こう》門《もん》</td><td>園林《おんりん》遊《ゆ》戯《げ》地《じ》門《もん》</td><td>出</td></tr>
</table>

◉五念門と五果門

です。西田先生ばかりに感心していないで、すでに曇鸞大師がここにおっしゃってあるのを、まるで焼き直ししたように先生がいわれた、と味わっていただきたいと思います。

今いただくご利益

曇鸞大師は、五念門《ごねんもん》に対して五果門《ごかもん》というものをお説きになります（表参照）。五念門という修行を経て、五果門という結果を得るのだという。五念門が五果門になるんだ。礼拝《らいはい》に対するものが近門《ごんもん》、讃嘆《さんだん》に対するものが大《だい》会衆門《えしゅもん》、作願《さがん》に対するものが宅門《たくもん》、観察《かんざつ》に対するものが屋門《おくもん》、回向《えこう》には園林遊戯地門《おんりんゆげじもん》である。そこで、こういう五果門というものを浄土でさとるんだ、とされたのが曇鸞大師です。

それに対して親鸞聖人の解釈は、近門・大会衆門は現在目の前でわれわれがいただくご利益なんだ。近門とは、仏法に近づくということ。大会衆門とは、時をこえ所をこえた無数の尊い浄土の菩薩（観音《かんのん》・勢至《せいし》・大海衆《だいかいしゅ》）の仲間入りをさせていただいたということ。この二つは今、現在ここでいただくご利益。宅門（浄土に生まれて安心すること）、屋門（浄土に生まれて種々の法楽を与えられること）というのは、浄土へまいって、いただくご利益だといわれています。

近門・大会衆門・宅門・屋門をひっくるめて「入《にゅう》の部」（お浄土へまいらせていただく相《そう》）であって、第五の園林遊戯地門が「出《しゅつ》の部」（お浄土から娑婆《しゃば》にかえって自在にハタラク相《そう》）になる。園林とは木のいっぱいはえている広い庭。ちょうど夏の暑いさかりでも、園林に入ると心も体もスーッとするように、衆生済度《しゅじょうさいど》のためにわれわれが厳しい迷いの世界に現われても、その迷いの苦しみを全然受けないで済度ができるものだから、ちょうど林の中で遊んでいるようなものである、とたとえられたのです。こういう楽しみをさせていただくのが、還相回向の楽しみと、親鸞聖人が解釈された。曇鸞大師もここまではっきりおっしゃっていない。やはり親鸞聖人までこないと、私どもに理解をさせていただけないというところがあるかと思います。

おれが教えた、おれが救った？

正定聚《しょうじょうじゅ》を現益《げんやく》（現在の世において受ける利益）と見るか、当益《とうやく》（未来の世において受ける利益）と見るかというと、曇鸞大師はこれを当益とみられた。浄土に正定聚のご利益があるわけですね。親鸞聖人は浄土に参らない先に、ここに正定聚の分人《ぶんにん》（いのち終われば必ず浄土に往生して仏となることにきまった仲間のひとり）にしていただく。こういわれたのが親鸞聖人で、一歩前進されたわけです。

次に、曇鸞大師は園林遊戯地門の遊戯について、「自在《じざい》の義《ぎ》」と「度無所度《どむしょど》の義《ぎ》」があるといわれます。浄土の菩薩が衆生済度をされるのは遊び戯れるようなものだということ。それは、われわれがいっしょうけんめいお説教をしてもね、さっぱりだめだ。人間の説教は自在性がないので、みんなを納得させられない。それにくらべると、浄土の菩薩は遊んでいるようなもんで、自在に人を納得させることができる。自由自在な衆生済度ができるからして、「自在の義」がそこにある。

それから、「度無所度の義」というは、いっさいの衆生を救うというたって、その衆生そのものが自性《じしょう》（それ自体の定まった本質）のあるものではないじゃーないか。そうすると、救うということも、救わないということも同じことになってしまう。私はこれを村田和上のところにいて味わいました。和上はねー、「おれが教えた、おれが救うた」、なんてことはけっして思うてはおられなかった。いつでもね、**「阿弥陀如来さまがお救いになるので、私はただ、南無阿弥陀仏と喜ばせていただくだけだ」**という態度です。「おれがたすけた、おれが救うた」なんてことは、いっさい和上にはなかったですね。「あー、度《ど》して度するところ無《な》し、といわれる浄土の菩薩のすがたとはこういうものか、なるほどなー」と、現実に「度無所度の義」というものを味わわさせていただきました。

舞台裏でのリハーサル

【しかれば大聖《だいしょう》（釈尊）の真言《しんごん》、まことに知《し》んぬ、大涅槃《だいねはん》を証《しょう》することは願力《がんりき》の回向《えこう》によりてなり。還相《げんそう》の利益《りやく》は利他《りた》の正意《しょうい》を顕《あらわ》すなり。ここをもって論主《ろんじゅ》（天親）は広大無碍《こうだいむげ》の一心《いっしん》を宣《せん》布《ぷ》して、あまねく雑染堪忍《ぞうぜんかんにん》の群萌《ぐんもう》を開化《かいけ》す。宗師《しゅうし》（曇鸞）は大悲往還《だいひおうげん》の回向《えこう》を顕示《けんじ》して、ねんごろに他利利他《たりりた》の深義《じんぎ》を弘宣《ぐせん》したまえり。仰《あお》いで奉持《ぶじ》すべし、ことに頂戴《ちょうだい》すべしと。】
（聖典三三五頁）

総体的結論として、阿修羅《あしゅら》の琴《きん》のたとえが出てまいります。その文章は、「〈本願力《ほんがんりき》〉というは、大菩薩《だいぼさつ》、法身《ほっしん》のなかにおいて、つねに三昧《さんまい》にましまして、種々《しゅじゅ》の身《しん》、種々《しゅじゅ》の神通《じんずう》、種々《しゅじゅ》の説法《せっぽう》を現《げん》ずることを示《しめ》すこと、みな本願力《ほんがんりき》より起《おこ》るをもってなり。たとえば阿修羅《あしゅら》の琴《きん》の鼓《こ》するものなしといえども、しかも音曲自然《いんぎょくじねん》なるがごとし」（聖典三三四頁）と出されています。阿修羅の琴《きん》は誰が鳴らすということなしに、自然《しぜん》に鳴る。自分の苦悩から解放されることは、如来のお力によってなさしめられる。それから人に教えをすすめるということも、如来の力によってさせていただくのです。こういうふうになんの努力も加えないで、自然のうちにやれるということが、これ本願力回向ということなんです。

還相《げんそう》というものは、死後にもあるし生前にもあるわけです。七里和上《しちりわじょう》は生前の還相を、「還相回向の下稽古」とおっしゃられましたが、私は若い人たちに、「生前は還相回向のリハーサル」といっています。舞台裏での下稽古、リハーサルが今、われわれがやっているところの還相回向のすがたである。やがていのち終わったとき、本番をやるんだ。

これは『歎異抄』の中に、いっさいの有情《うじょう》をどうしてあげることもできないから、ただ念仏申すだけだ。しかし、いのち終わったらいっさいの衆生を縁にしたがって救わなければならないんだ、といわれてあるとおりです。これはみな本願力回向ということによるんだから、今われわれは、「我《が》」というものに執着していてはいかんぞ、執心しないように、本願力を仰ぐということが、そのまんま人にも移っていくんだ。

私はこういうふうに真々園のお守《も》りをさせていただいて、ナムアミダブツと称えさせていただくところへ、別に招待状も出さんのに、みなさん方がひとりでに集まってくださるということは、まさに願力回向《がんりきえこう》の力なんだなーと、こういうふうに味わわせていただいています。生涯これをつとめさせていただくということが、親鸞聖人のおこころにも、曇鸞大師のお気持ちにもかのうているとか、と味わっております。ナムナムナム……。

＊阿修羅の琴――インドの善神のもっている琴。その福徳によって、聞こうと思えば弾《ひ》かなくても自然に意にしたがって妙《たえ》なる音を出すといわれる。

還相回向が行方不明

「証《さと》る」ということは還相《げんそう》の利益《りやく》を得《う》ることでしょ。しかし、今日、真宗の人たちは「証るとは、お浄土へ往生して楽しみをすることだ」と、こう一般に思っている。還相回向なんか考えている人はほどんどいない。「死んだらどうなると思う」と聞くと、たいてい、「これから極楽へいって、それから苦労のない生活をする」とそこまでいう。それで、あとはなにもない。そうすると、『教行信証』に「つつしんで浄土真宗を案ずるに、二種の回向あり」とあるにもかかわらず、往相回向ばかり喜んでいるのでは二種の回向にならない。還相回向が行方不明になっている。それが現代の浄土真宗という教えの退廃につながっていると思うのです。

ほんとうに、「あの人もこの人も、みんなが幸せになってほしい」と、心から願う人が少なくなったから、だんだん真宗はだめになってしまった。親鸞聖人のご晩年あたりは、みんなが幸せになってほしいという念願に、朝から晩まで思いづめにしてご一生を終わられたのじゃないかと、わが身も老年になってみて、つくづく思うのであります。私のところ（真々園）に来てご覧くだされば おわかりになりますが、ご本尊脇の床の間にお釈迦さまを安置して、親鸞聖人のご真筆から私が臨《りん》模《も》（横に手本をおき書き写すこと）したご和讃を一首かかげてあります。

久遠実成阿弥陀仏《くおんじつじょうあみだぶつ》　五濁《ごじょく》の凡愚《ぼんぐ》をあわれみて
釈迦牟尼仏《しゃかむにぶつ》としめしてぞ　迦耶城《がやじょう》には応現《おうげん》する
（『諸経和讃《しょきょうわさん》』、聖典五七二頁）

というご和讃です。「お釈迦さまとは人間の姿をした阿弥陀如来だぞ」という意味です。お釈迦さまの右側に少しさげて、親鸞聖人の鏡《かがみ》の御影《みえい》として知られる国宝の絵像の模写像をかけてあります。お釈迦さまの左側には少し下げて、対称するようにしてまた和讃一首、

安楽浄土《あんらくじょうど》にいたるひと　五濁悪世《ごじょくあくせ》にかえりては
釈迦牟尼仏《しゃかむにぶつ》のごとくにて　利益衆生《りやくしゅじょう》はきわもなし
（『讃阿弥陀仏偈和讃《さんあみだぶつげわさん》』、聖典五六〇頁）

「お浄土に往生すれば、再びこの世に還《かえ》り来て、お釈迦さまのとおりに衆生済度ができるんだぞ」

と、聖人がお喜びになった。そんな喜びが今の真宗の者になくなってしまった。「お釈迦さまなんておよびもつかない。われわれが考えてみても、なんにもならない」と、おっぽり出したんです。ただ極楽へいって苦難を免れればそれでいい。そこまでより一歩も前進していないのが、今の真宗ではないかと思います。

このあいだ私の友人が死にまして、やはり喜んで死んだそうですけれども、残念ながら還相《げんそう》の喜びというものは聞くことができなかった。どうも真宗の行きづまりはそこにあるのではないかと、私はこのごろつくづく思います。

親鸞聖人のおっしゃる「証《さとり》」というものは、「つつしんで真実の証《しょう》を顕《あらわ》さば、すなわちこれ利他《りた》円満《えんまん》の妙位《みょうい》、無上涅槃《むじょうねはん》の極果《ごくか》なり。すなわちこれ必至滅度《ひっしめつど》の願《がん》（第十一願）より出《い》でたり」（聖典三〇七頁）とある。その「利他円満の妙位」です。自由自在に衆生済度ができるという、それはとてもありがたいことじゃないか、というのが『証巻』でしょ。

極楽へいって楽しみしようというのは落第だ、ということを親鸞聖人は、曇鸞大師の『往生論註』からはっきりいわれてある。「ただかの国土《こくど》の受楽無間《じゅらくむけん》なるを聞《き》きて、楽《らく》のためのゆえに生《しょう》ぜんと願《がん》ずるは、またまさに往生を得《え》ざるべきなり」（聖典三二六頁）。だめだ。そのパチッとやられておることを、今、あいも変わらずやっている。真宗が低迷しているのは、そこに原因があると私は思うんです。そういうところを『教行信証』から学んでいただきたい。ナムナムナム……。

真仏土巻

仏というも浄土というも南無阿弥陀仏

この真仏土というのは、何によってなりたっているか。ほんとうの仏、ほんとうの浄土というものは何か。それは「光明無量《こうみょうむりょう》の願《がん》、寿命無量の願」からできておる。こう、願名《がんめい》をかかげてくださったのが「標挙《ひょうこ》の文《もん》」。それからずっとご引文《いんもん》（引用の文）が入ってまいりまして、結論はこうだというのが「ご自釈《じしゃく》」になっている。

まず正釈《しょうしゃく》（はじめにかかげたことを明らかにすること）ですが、その中で直明《じきみょう》（直接に明かすこと）・引証《いんしょう》（引用して証明すること）とあって、直明の中でまず真仏土《しんぶつど》を標定《ひょうてい》（はじめにかかげること）し、しかるのちに誓願《せいがん》に酬報《しゅうほう》（さきに願いをたて、そのとおり完成したこと）した仏土《ぶつど》なることを明かされた。

【つつしんで真仏土《しんぶつど》を案《あん》ずれば、仏《ぶつ》はすなわちこれ不可思議光如来《ふかしぎこうにょらい》なり、土《ど》はまたこれ無量光《むりょうこう》明土《みようど》なり。しかればすなわち大悲《だいひ》の誓願《せいがん》に酬報《しゆうほう》するがゆえに、真《しん》の報仏土《ほうぶつど》というなり。すでにして願《がん》います、すなわち光明《こうみよう》・寿命《じゆみよう》の願《がん》（第十二・十三願）これなり。】（聖典三三七頁）

その誓願に報いるということが、ずっと続いて引文に出てくるんです。お浄土というものは、阿弥陀仏の願があって、その願に報いたものだ。ただふわっとできたもんじゃない。誓いがあって、誓いのとおりにできあがってきた。これが阿弥陀仏であり、お浄土である。こういうことをいおうとして、ここに真っ先に「大悲《だいひ》の誓願《せいがん》に酬報《しゆうほう》するがゆえに、真《しん》の報仏土《ほうぶつど》というなり。すでにして願《がん》います、すなわち光明・寿命の願これなり」とあります。

【『大経《だいきよう》』（上）にのたまわく、「たといわれ仏《ぶつ》を得《え》たらんに、光明《こうみよう》よく限量《げんりよう》ありて、下百千億《しもひやくせんおく》那由他《なゆた》の諸仏《しよぶつ》の国《くに》を照《て》らさざるに至《いた》らば、正覚《しようがく》を取《と》らじ」と。】（聖典三三七頁）

これが、私どもが読んでいるサンガ＝ヴァルマン（僧鎧《そうがい》）訳の第十二願文でございます。引き続いて十三番目の寿命無量の願、次は第十二願成就文《じようじゆもん》、続いて十二光仏《こうぶつ》の名を並べて、その利益《りやく》を述べられた。人間も天人《てんにん》も阿弥陀仏の光明にあうと、三垢《さんく》（むさぼりの心・怒りの心・愚痴の心）が消え、身も心もやわらかくなり、喜びの心がおこり、善心《ぜんしん》が生ずる。いいこといっぱいで、いのちを終えてのちみな解脱《げだつ》をこうむる（人天遇光《にんでんぐこう》の利益《りやく》）。

次に、「三悪道《さんまくどう》（地獄《じごく》・餓鬼《がき》・畜生《ちくしよう》）で、阿弥陀如来の光明に遇《お》うた者は休息《くそく》を得《え》る」、三悪道が休みになる、とこう書いてあるんです。地獄にも休みがあるのかというと、休みがあるどころか、おおありだ。どういうのが休みかというと、われわれが人間に出てきたというのが、地獄の休みなんだ。ちょっと一分間ほど休みがあって（笑）、ちょっとごめんこうむって、地獄から今人間に生まれてきた。これがまぁ、人間百年くらいがちょうどそれにあたる。というのは、このことが源信和《げんしんか》尚《しょう》の『往生要集《おうじょうようしゅう》』に八大地獄を明かしてある。その中の等活《とうかつ》地獄のところに「人間の五十年を以《も》て四天王天《してんおうてん》の一日一夜《いちにちいちや》と為《す》。其《そ》の寿《じゅ》五百歳なり。四天王天《してんおうてん》の寿《じゅ》を以《も》て此《こ》の地獄の一日一夜と為《し》て、其《そ》の寿《じゅ》五百歳なり」（『浄土真宗聖典七祖篇』、八九三頁）とある。だから、一分間お暇をいただいて、三《さん》途苦難《ずくなん》（地獄・餓鬼・畜生道の苦しみ）の中から逃れて、人間世界へ出てきたというのが、「みな休息《くそく》を得《え》て」（聖典二九頁）という言葉です。そういう解釈をしないと、お経に味がない。

光明を聞き、光明を称える

【……この光明《こうみょう》を見《み》れば、みな休息《くそく》を得《え》てまた苦悩《くのう》なけん。寿《いのち》終《お》えてのち、みな解脱《げだつ》を蒙《かぶ》る。】（聖典三三八頁）

そこで、今度は、その休息《くそく》の間にご信心をいただいて、元に戻らんようにしなけりゃならん。それで、みな解脱をこうむる。

【無量寿仏《むりょうじゅぶつ》の光明顕赫《こうみょうけんかく》にして、十方諸仏《じっぽうしょぶつ》の国土《こくど》を照耀《しょうよう》して聞《きこ》えざることなし。ただわれいまその光明《こうみょう》を称《しょう》するのみにあらず、一切《いっさい》の諸仏《しょぶつ》・声聞《しょうもん》・縁覚《えんがく》・もろもろの菩薩衆《ぼさつしゅ》、ことごとくともに嘆誉《たんよ》すること、またまたかくのごとし。もし衆生《しゅじょう》ありて、その光明《こうみょう》の威神功徳《いじんくどく》を聞《き》きて、日《にち》夜《や》に称説《しょうせつ》し……】（聖典三三八頁）

ここにね、「光明を称する」とありますが、光明というものは、ただ目で見るものでなしに、称《たた》えるものだ。光明を称《たた》えるということは、南無阿弥陀仏を称《とな》えるということで、無量光ですね。先の標挙の文に、「光明無量の願、寿命無量の願」とありましたが、これは南無阿弥陀仏です。それで、南無阿弥陀仏を称《とな》えるということは、この光明を讃嘆《さんだん》しておるわけです。そのことをね、「無量寿仏の光明顕赫《けんかく》にして、十方諸仏《じっぽうしょぶつ》の国土を照耀《しょうよう》して聞《きこ》えざることなし」といわれた。日夜に光明を称《たた》える。南無阿弥陀仏を称《とな》えることなんだ。「ナムアミダブツ、ナムアミダブツ」と阿弥陀仏の徳をほめたたえる。「日夜《にちや》に称説《しょうせつ》し、心を至《いた》して断《た》えざれば」とあるから、途中でやめるのはだめなんだ。「意《こころ》の所願《しょがん》に随《したが》いて、その国に生《しょう》ずることを得て、もろもろの菩薩・声聞大《しょうもんだい》衆《しゅ》のために、ともにその功徳《くどく》を嘆誉《たんよ》し称《しょう》せられん」。今度は、われわれがまた、諸仏によってほめたたえられる。

これからあとが、第十三願成就文です。

【仏《ぶつ》、阿難《あなん》に語《かた》りたまわく、〈無量寿仏《むりょうじゅぶつ》は寿命長久《じゅみょうじょうく》にして、勝計《しょうげ》すべからず。なんじむしろ知《し》らんや。たとい十方世界《じっぽうせかい》の無量《むりょう》の衆生《しゅじょう》、みな人身《にんじん》を得《え》て、ことごとく声聞《しょうもん》・縁覚《えんがく》を成就《じょうじゅ》せしめて、すべてともに集会《しゅうえ》して、思《おもい》をもっぱらにし心《こころ》を一《ひと》つにして、その智力《ちりき》を竭《つく》して、百千万劫《ひゃくせんまんごう》においてことごとくともに推算《すいさん》して、その寿命《じゅみょう》の長遠《じょうおん》の数《かず》を計《かぞ》えんに、窮尽《ぐじん》してその限極《げんごく》を知《し》ることあたわじ〉」と。】 (聖典三三九頁)

この文の前後に光明のことがよく出てまいります。寿命のほうは、ちょっと出てくる。ひじょうに光明の讃嘆《さんだん》が多いですね。これはどういうわけかというと、光明無量・寿命無量とありますけれども、われわれに直接関係のあるほうは、光明なんですね。光明によって救われる。寿命というのは、光明が途中でなくならないように、維持するハタラキをもったもので、われわれにアピールするものは光明ですから、光明讃嘆がひじょうに多いわけでございます。

『真仏土巻』の初めの標挙の文に、光明無量の願と寿命無量の願とを並べて、真の仏とは光寿二無量で、光寿二無量は仏名である。されば**名号こそ真の仏身《ぶっしん》**であるとともに、**名号こそ真の仏土《ぶつど》**である。**仏というも南無阿弥陀仏、浄土というも南無阿弥陀仏**で、名号の中に仏身も浄土もおさまるのである。

サンスクリット語のスカーヴァティー（Sukhāvatī）を旧訳《くやく》（玄奘《げんじょう》の翻訳からを新訳とし、それ以前を旧訳とよぶ）では極楽世界、新訳では安楽世界と訳されているが、極楽は適訳ではない。「楽をもっている世界」と訳さねばならなかった。そこで、その楽なるものをどんなふうに表現するかが問題で、『無量寿経』にしても『阿弥陀経』にしても、当時のインドの民衆でも理解できるように説かれたのが、経の当面の説き方であります。

救われないものはない

その次にね、善星比丘《ぜんしょうびく》のことが出てきますね。

引用の文の終わりに、一闡提《いっせんだい》（原語はイッチャンティカ、断善根と訳す）に仏性《ぶっしょう》があるかないかを論じてある。中村元《なかむらはじめ》先生の『仏教語大辞典』（八四三頁）に、イッチャンティカについていろいろ説明してありますなかに、「真理の存在そのものを否定するニヒリスト」だという解釈がありますが、これはたいへんよくわかるいい解釈だと思います。今日でいうニヒリストですねー。むちゃくちゃな人ですね。この解釈をよしとすれば、「断善根《だんぜんごん》」の意訳は的中しておる（一三九頁参照）。「*一切衆生《いっさいしゅじょう》悉有仏性《しつうぶっしょう》」を主張する上からは、どうしても仏性未来《ぶっしょうみらい》（聖典三四九頁）をいわなければならない。それで、今は仏性を開発するということはないけれども、未来になって仏性をいわなけりゃならん。それでないと、仏さまの教えによって救われないものができてしまう。断善根のものまで救われるのでなければ、ありがたくない。こういうことを『涅槃経《ねはんぎょう》』にいおうとしておられる。仏の光明の力強さを示すものであります。ナムナムナム……。

＊一切衆生悉有仏性――一般には、すべてのものが生まれながらにして仏になる可能性をもっているという意味。しかし、親鸞聖人は如来の大悲心が生きとし生けるものに潜在していると説かれた。

仏に寿命はあるか

【……善男子《ぜんなんし》、如来世尊《にょらいせそん》、衆生《しゅじょう》のためのゆえに、広《こう》のなかに略《りゃく》を説《と》く、略《りゃく》のなかに広《こう》を説《と》く。第一義諦《だいいちぎたい》を説《と》きて世諦《せたい》とす、世諦《せたい》の法《ほう》を説《と》きて第一義諦《だいいちぎたい》とす」と。】　（聖典三五四頁）

『涅槃経』の「迦葉品《かしょうぼん》」に注目すべき第二の点は、「広略相入《こうりゃくそうにゅう》」である。「広略相入」ということは、曇鸞大師《どんらんだいし》の『論註《ろんちゅう》』（下巻の観察体相章《かんざつたいそうしょう》）にありまして、第一が国土《こくど》の体相《たいそう》（浄土の本質・すがた）。

第二が示現二利《じげんにり》（自利利他をあらわすこと）。第三が入第一義諦《にゅうだいいちぎたい》。その入第一義諦の文の中に驚くべきことが一つ書いてあるんですねー。その第一義諦（意識の対象とはなりえない絶対の真理）の文の中に、「第一義諦《だいいちぎたい》とは仏《ぶつ》の因縁法《いんねんぼう》（仏の大慈大悲による活動相）なり」（『浄土真宗聖典七祖篇』、一四〇頁）と示された。第一義諦というものは、因縁法（すべてのものは原因と条件によって生ずるという道理）じゃないわけですね。非因非果《ひいんひか》のものです。そういう因でもない、果でもない、そういう因果をこえた第一義諦がそのままで因縁法だと。こりゃいったいどういうことか。矛盾もはなはだしい。因果をこえておるものが因果だと、こういうんですから。しかし、これが仏教なんですねー。非因非果、因果と違うけれども違うままで非因非果なる第一義諦が因果になって現われてくる。そこで、広略相入ということが出てくるんだ。広略相入、広は具体、略は抽象。広略相入は広略即一《こうりゃくそくいち》、具体即抽象。即一《そくいち》は即非《そくひ》（人間の知恵分別をこえた道理）です。

ここで、阿弥陀如来と浄土が報仏報土《ほうぶつほうど》（慈悲の願いと努力によってできあがった仏身とその国土）であるということをいいたいんですね。なぜこんなことをいいたいのかといいますとね。このあとに、『観音授記経《かんのんじゅききょう》』が引いてありますが、そのお経の中に、阿弥陀仏が入滅《にゅうめつ》（ここでは死の意味）せられることが説いてあるんです。「阿弥陀仏に寿命がつきた」ということが出てくるんだ。そうすると、「おれがあと継いでやります」というて、観音菩薩があとを継いで仏におなりになる。そうすると、阿弥陀如来には入滅というものがある。亡くなったということがあっては、これはひじょうに程度の低い仏だ。これが中国で浄土教がばかにされた原因です。「阿弥陀さまというのは値うちのないものだ。あれは死ぬもんじゃないか。入滅があるもんならそれは応身《おうじん》（迷いの私たちに応じてこの世に現われた肉体をもった仏身）の仏さまで、お釈迦さまとおんなじだ。八十年でお釈迦さまはいのちを終わった。阿弥陀如来もいのちが終わるということがあるのなら、たいしたことじゃない」。こういって、ひじょうに低く見られた。浄影《じょうよう》・天台《てんだい》・嘉祥《かじょう》（中国の高僧たち）等は、みなこういう解釈をした。それに対して、善導大師は、「そうじゃない、報身《ほうじん》だ。阿弥陀如来はさきに願いをたて、実践によってそのとおり完成して現われたけれども、それは、入滅せられるような応身の仏さまとは違うんだ」と。ここがね、ひじょうにむずかしいとこだと私は思うんです。ナムナムナム……。

このあいだ、『法華経《ほけきょう》』の「寿量品《じゅりょうほん》」を読んでおりましてね、「なるほどなぁ、『本門《ほんもん》の釈迦（本来仏である釈迦）、迹門《しゃくもん》の釈迦（衆生のために肉体をもって現われた釈迦）ということをやかましくいうのはもっともだなー」と思いました。「お釈迦さまが、八十年で死んでしまうというんじゃ、仏さまといわれるのはどうもおかしい」というからね。「それはそうじゃない、けっして仏さまは死んでしまうんじゃない。それは、仮《かり》のすがたがこの世から消えたんであって、けっして仏さまは死んでしまうんじゃない」。

人間の寿命は八十年から百年ですね。これだけのところで論じると、お釈迦さまは八十年の寿命。「仏さまが八十年でいなくなるというのはおかしい。そんなものじゃない」と、仏の無限の寿命を論じたのが『金光明最勝王経《こんこうみょうさいしょうおうきょう》』の「寿量品」です。仏が入滅するというのは、それは仮のすがたであって、ズーッと仏の寿命というのは続く。こういったんですね。

それから、『法華経』の「寿量品」はね、お釈迦さまが、「私はカピラ城に生まれてそうしてガヤのほとりで仏になって、八十年たって死ぬ。そういうものを仏だとお前たちがいうておってはいかんぞ。私はそんな若い仏さまじゃないんだ。私は、久遠の昔から仏なんだ」。これが「久遠実成《くおんじつじょう》」の思想なんですね。今度はさかのぼっていったんだ。『金光明経』のほうは、この世を終えたあとのほうの無限の寿命を、『法華経』のほうは、この世に生まれる前のほうの無限の寿命をいうた。「五百千万億那由他阿僧祇《なゆたあそうぎ》の三千大千世界を、こっぱみじんにして、東方五百千万億那由他阿僧祇《なゆたあそうぎ》の国をすぎて一塵《いちじん》をおろし、このようにしてそれがなくなってしまうまでの国の数を数えられるか」。そうしたら弥勒菩薩は、「それはもうとても数えられません」「そうだろう、それより私は古いんだぞ」こういわれた。当時の人にいうときは、そのくらいにいわんとね、ただ無限無限というたって、ピンとこんのですね。そういう古い仏だということは、無限をいおうとしておるんです。

お釈迦さまはね、仏というものは無限、その無限のものが仏だから、仮の応身《おうじん》の仏というものを仏と思っていてはだめだ。それは法身《ほっしん》なんだ。そういうね、宇宙を貫いているダルマ（法＝宇宙いっぱいの真実）があって、そのダルマがこういうすがたを現わしてハタラキをした。それが釈迦なんだ。こういうことを『法華経』の「寿量品」にいうていらっしゃるんですね。そうするとね、時間の無限というものを、この両方の「寿量品」におっしゃるんですね。

田辺元《たなべはじめ》さんの『哲学入門』という本の中にね、「浄土真宗の人などは、時間というものを直線的に考えるからいかん」（八三頁取意）と、こういうことをおっしゃってあります。真宗のものは、ともすれば誤って時間を直線的に描くんです。すると、まっすぐに行って、極楽はここで行き止まりになってしまう。そういう時間の見方はまちがいだ。これは田辺さんばっかりじゃない。波多野精《はたのせい》一《いち》さんだって、『時と永遠』の中にそういうことをいうていらっしゃる（『波多野精一全集』第四巻、二九六頁）。時間というものは無限のものなんだ。時間は円環性《えんかんせい》のもんだ。無限の時間にハタライているものが、そこに一つのすがたを現わした、それが釈迦である。そういう無限の時間の中で、阿弥陀如来というものもわかるわけなんです。

「お釈迦さまは阿弥陀さまの応身仏《おうじんぶつ》」で、阿弥陀如来の本体は何かというと、報身《ほうじん》ですね。願《がん》があって、その願に報《むく》いた報身の仏さまだ、ということをやかましくいうてある。だからこれは終わりのない仏だと、報身だから終わりがないとこういう。ちょっと待ってくれ。そこが問題なんだ。真宗で一番困るのは、「はじめがあって、終わりがない」ということ。仏になる前というのがあった。法蔵菩薩という、因位《いんに》の因縁《いんねん》によってこれを説いておる。そうすると前があるんだ。仏になる前があって、仏になる。仏は死なないとこうなるが、はじめがあるもんなら、終わりがなければならない。死なないもんなら、はじめがあってはいかん。これ、矛盾しておるじゃないか。そういうことが出てくるんですね。

この問題についても、昔から学者のあいだにいろんな論争がありましてね、数々成仏説《さくさくじょうぶつせつ》――阿弥陀さまはなんべんでも成仏を繰り返していらっしゃるんだという学説――そういう説をとなえた学者もあります。

とにかくね、因縁に乗じてここに現われたということになると、因縁が尽きるということが出てこないか、これどうするのか。するとどうしてもね、法蔵と名のって、発願《ほつがん》し修行して仏になったその前というものを語らなければならんことになる。そこで親鸞聖人は、これはもう経典のそのまではいかんというので、「久遠実成阿弥陀仏《くおんじつじょうあみだぶつ》……」（一九〇頁参照）というご和讃ができた。あの「久遠実成阿弥陀仏」、あれは『法華経』からきたんじゃないか。『法華経』を借りてこなきゃならんというのでは困る。こういうのでね、『法華経』説が気に入らない学者がいたんですよ。浪速《なにわ》（大阪）の定専坊月筌《＊じょうせんぼうげっせん》という人ですがね、「言葉は『法華経』から借りてきても、思想は『無量寿経』にあるんだ」と説いた。『無量寿経』の序文の中に、「一湌《いちざん》の力をもって、よく寿命を住《とど》めたまうこと、億百千劫無数無量《ごうむしゅ》にして、またこれよりも過ぎたまえり」（聖典九頁）と書いてある。大谷光瑞師の『無量寿経』の翻訳では、一湌《いちざん》が「一握飯《いちあくはん》」となっている。「握《にぎ》り飯《めし》一つの力でもって、億百千劫《ごう》の寿命を保つ」と書かれてある。十劫《じっこう》どころじゃない。億百千劫の昔から寿命を保つ、それを仏という。だから、言葉は『法華経』から借りてきても、こりゃ久遠実成だということは明らかだ、こういう学説をいった人が、月筌という人であります。

こういう一つの円環的なさとりの、ダルマ（法）のハタラキの中で、阿弥陀如来が法蔵となって発願《ほつがん》し、修行し、成仏《じょうぶつ》し、そうして衆生の往生を誓って救う。こういうことになってこないとね、論理的に満足できないものがあって、教学上の論議を呼ぶ恐れが多分に出てくると思うんです。

＊定専坊月筌――一六七一―一七二九。私塾をひらき僧俗を問わず多くの学生を育てたが、名声を求めなかった

本願寺派の学僧。著述多し。

ここに救いの縁が

このあいだ、『法華経』の「寿量品」を勉強しておって、「はー、『法華経』の「寿量品」というのは、時間の円環性ということをいうたもんだなー」と、つくづくおもしろく思いました（『真仏教』一五五号「法華と念仏」参照）。近代の哲学者たちが、「時は円環性でなければならん」「無限ということは円環的なもんだ」というのは、まさに『法華経』にいう「久遠実成《くおんじつじょう》」にあたるんだなと味わっております。阿弥陀如来もこうなるというと、説明しきれんものが出てくるんです。

そうすると、やはり法身《ほっしん》があって、そこに法身が報身《ほうじん》のすがたを現わして、そして阿弥陀仏というすがたを現じておる。

弥陀成仏《みだじょうぶつ》のこのかたは　いまに十劫《じっこう》とときたれど
塵点久遠劫《じんでんくおんごう》よりも　ひさしき仏《ぶつ》とみえたまう
（「大経讃」、五六六頁）

古い仏なんです。無限の仏が、因縁を現わしたんだ。阿弥陀如来が発願し修行したここだけを、因縁というておる。それがまさにこれ、因縁法。「第一義諦とは仏の因縁法」という、「法」をいうたものです。これが第一義諦、これは因縁でないんです。因縁でわからないんです。だから第一義諦は、頭で考えることも言うことも思うこともできないもんだ。人間の頭で考えたらほんまもんじゃないことになってくる。第一義諦、そういうものがそのままで因縁法になって現われてくる。因縁法になってくるから、人間にわかることになるんです。「阿弥陀如来が法蔵となって、発願し、修行し、お前たちのために名号を成就した。ここに救いの縁があるぞ、心配するな」とこういう。これは宗教になってくるでしょう。この第一義諦だけでは、ありがたいというところへ行かんわけです。それでは凡夫は救われん。それで、「第一義諦とは仏の因縁法なり」とこうなる。因縁法で示さなければだめなんです。しかし、因縁法で示されるものだけを阿弥陀如来とこういうては不十分だ。第一義諦が、因縁法になってきたものである。これを知っておらんというと、阿弥陀如来の説明が納得できるような説明にならないですよ。

「第一義諦とは仏の因縁法なり」。これはすばらしいことを曇鸞大師はいわれたもんだと思いますね。ところがね、われわれの使っておる『大無量寿経』には、はっきりしておらんのですけれども、宋訳の『極楽荘厳経』にあるんですよ、これが。それを、大谷光瑞師がいつもいわれましたがね、「かの仏《ぶつ》如来は、来《きた》るに来るところなく、去るに去るところなく、無性無滅《むしょうむめつ》にして過《か》・現《げん》・未来《みらい》にあらず、ただ、願《がん》に酬《むく》い生《しょう》を度《ど》するをもって、現に西方にまします」（『華厳経』）という。かの仏《ぶつ》如来は、来るところもない、行くところもない。つまり非因非果《ひいんひか》でしょ。因縁でない。因縁でないものを、因縁のように説かなければ、人間が救われないという。だから、「第一義諦とは仏の因縁法なり」とこういう。

そこで、「阿弥陀如来が法蔵となって発願し、修行して、一切衆生のために本願を成就したぞ」という因縁法をもって、『大無量寿経』というものが表面にして説かれたものになっておるんだ、と。こういうところをね、よく味わわなければならんところがありますが、真宗の人はこういう大事なところを見逃しておって、あまりいわないですね。「第一義諦？　そんなものどこかほかの宗派の教学でもくわえこんできたんじゃないか」というような顔をしておる。それじゃ困るね。曇鸞大師がいわれておるんですから。第一義諦は、非因非果の法です。その非因非果のものが、因果になってくる。非因非果即因果だとこうなって、『大無量寿経』当面の発願修行になってくるんです。

こういうところを味わってみるというと、『大無量寿経』の教えというものの深さが、味わえるんじゃないか。もっと、そのへんを、これから味わっていただきたい。やはり、こういう第一義諦の話をお説きにならないと、納得のできない人がこれから出てくるんじゃないかと思うんです。ナムナムナム……。

お経か、お念仏か

「広略相入《こうりゃくそうにゅう》」のお話を申し上げます。「広略相入」ということを知っていないと、『教行信証』に、「光明無量の願、寿命無量の願」という標挙《ひょうこ》を出して、とくに「光明をもって本尊とする。その光明が阿弥陀如来である。この光明がお浄土である」、こういうふうにお味わいになったお気持ちというものがわかりません。

広略相入を知る根本は、天親菩薩の『浄土論』および曇鸞大師の『往生論註』にあります。

「世尊《せそん》、我《われ》一心《いっしん》に尽十方無碍光如来《じんじっぽうむげこうにょらい》に帰命《きみょう》したてまつりて、安楽国《あんらくこく》に生《しょう》ぜんと願《がん》ず。我修多羅《われしゅたら》の真実功徳相《しんじつくどくそう》に依《よ》りて、願偈《がんげ》を説《と》きて総持《そうじ》し、仏教《ぶつきょう》と相応《そうおう》せん。彼《か》の世界《せかい》の相《そう》を観《かん》ずるに、三《さん》界《がい》の道《どう》に勝過《しょうが》せり。……何等《なんら》の世界なりとも、仏法功徳《ぶっぽうくどく》の宝無《ほうな》からんには、我願《われねが》わくは皆往生《みなおうじょう》して、仏法を示すこと仏《ぶつ》のごとくせん。我論《われろん》を作り偈《げ》を説く。願《ねが》わくは弥陀仏を見たてまつり、普《あまね》く諸《もろもろ》の衆生《しゅじょう》と共に、安楽国に往生せん。」

(『浄土真宗聖典七祖篇』、三三頁)

「世尊我一心《せそんがいちしん》」の世尊とは、お釈迦さまをさしていわれた。「我一心」というのは、「天親菩薩《てんじんぼさつ》の自《じ》督《とく》の詞《ことば》なり」と『論註』におっしゃってありますが、これは帰依《きえ》(如来のお心のままに信じしたがうこと)の主体をはっきりさせて、一心の信仰、信心の中から五念門が出てくるということを、「帰命《きみょう》尽十方《じんじっぽう》　無碍光如来《むげこうにょらい》　願生安楽国《がんしょうあんらくこく》」と示された。

「帰命」というのは礼拝門だ。帰命という言葉は、信仰の内容についていわれる言葉ですけれども、その信仰の内容は行動に出てきますから、『論註』では、「帰命はすなわちこれ礼拝門なり」とおっしゃる。親鸞聖人は「帰命《きみょう》は本願招喚《ほんがんしょうかん》の勅命《ちょくめい》なり」とおっしゃった、この帰命は行動ではありません。「一心帰命」で、一心即帰命、一心の信心がそのまま帰命だとこういうふうなご解釈になっておる。それを誤って、「帰命はすなわち礼拝」と行動をもってきて大騒ぎしたのが、三業惑乱《さんごうわくらん》騒動(九三頁参照)ですね。人間の行動をもって、安心立命の基礎に置くということになってくると、これはまちがいです。親鸞聖人の帰命のあつかいは、一心と帰命と同じです。『論註』の帰命は、行動のほうになって、「帰命はすなわちこれ礼拝門なり」。一心が帰命というすがたになって現われてきた。五念門というのは宗教的すがたの行為である。こういうことになりますね。

それから、『論註』に「尽十方無《じんじっぽうむ》碍《げ》光如来《こうにょらい》はすなわちこれ讃嘆門《さんだんもん》なり」とありますから、「尽十方無碍光如来」は讃嘆門、すなわちお念仏です。われわれが、ナムアミダブツと称えておるということは、「尽十方無碍光如来」というお言葉と同じことを称えておるのです。讃嘆門ということには、広讃《こうさん》と略讃《りゃくさん》と二つありまして、広げて讃嘆をするということは、経典全部が広い讃嘆になる。それを一つにしたのがお念仏で、略讃とこういいます。略して、南無阿弥陀仏、これも讃嘆。お経さんをながながと読むばかりが讃嘆ではない。

親鸞聖人は広讃が本意であったか、略讃が本意であったかというと、**親鸞聖人の立場は略讃を本意にしていらっしゃる。**そういうことははっきりしておりますね。それは、越後から関東にお移りになったとき、お経を読むのをやめてしまわれた。お経を読むという広い讃嘆をさしおいて、お念仏よりほかには必要のないことだとして、親鸞聖人は広讃を廃して、略讃一本に絞って行動なさった。このことが、『恵《え》信尼消息《しんにしょうそく》』に出ております。

善信の御房（親鸞聖人）は、寛喜三年（一二三一年。聖人五十九歳）四月十四日のお昼ごろからいささか風邪気味になられ、夕方から床につかれました。腰も膝も打たせず、看病のものも側へ寄せつけませんでした。音もたてずただじっと寝ておられましたが、お身体にさわってみると火のように熱く、頭も動かせないようなご様子でした。四日目の明け方でした。苦しそうに「あー、そうだったのか」とおっしゃったので、「どうされたのですか、うわごとを申されたのですか」とお聞きすると、「いやー、うわごとじゃない。寝て二日目から、ずーっと『大無量寿経』が読まれてきてね。『大無量寿経』の文字が一字一字きらきらとハッキリとみえた。さてさて、これはなんということだ。私には、お念仏の信心よりほかになにも気にかけることもないはずなのになーと、よくよくほりさげてみると、十七、八年ほど前、えらそうに三部経を千べん読んで、その功徳を民衆済度《さいど》のためにささげようとしてお経を読み始めたことがあったね。あの時、これはなにごとか、〈自ら信じ、人を教えて信ぜしむること、難きがなかにうたたまた難し……〉とあるように、みずからもお念仏一つを信じ、他人にもお念仏一つを信じていただくことが、ほんとうに仏恩に報いることだと信じていながら、南無阿弥陀仏のほかに、なにが不足で読経しようとしたのかと、思いかえして中止したことがある。けれども、その時の気持ちの迷いが身体の底にまだ残っていたようだ。まったく、わが身をよしとし、自分の力に執《とら》われるこころは、よくよく知らされてゆかねばと気づいてから、お経を読むこともなくなった。そして床について四日目、「あー、そうだったのか」とつぶやいたと言われ、やがて汗もでてよくなられたのでした。（『恵信尼消息』、聖典八一五頁取意）

それからまた、覚如上人《かくにょしょうにん》の『口伝鈔《くでんしょう》』（聖典八九二頁）の中にも、「助業《じょごう》をなおかたわらにしましまず事《こと》」と、そのことが書かれております。

これで、親鸞聖人の場合は、略讃を本意とせられたことがはっきりします。ある学者がね、「お坊さんがあんまりお念仏申さんのはどういうわけでしょうか」という質問に、「あれは申さんでもいいんだ、お経を読んでいるから。お経を読むことも、お念仏申すことも同じだから。坊さんはお経を読んでいるから、お念仏申さんでもいいんだ」という解答をし、文章にも書いたんですね。広讃・略讃の中で、親鸞聖人は略讃にすわり（基本姿勢）があったということを、はっきりしておいてもらわないと困るんですよ。学者でもときどきまちがいますので、どうぞ気をつけてください。「安楽国《あんらくこく》に生《しょう》ぜんと願《がん》ず」これは作願門《さがんもん》です。その次、「我依修多羅……」以下八十八句ございます。これが観察門《かんざつもん》。「我論《われろん》を作り偈《げ》を説く。願《ねが》わくは弥陀仏を見たてまつり、普《あまね》く諸《もろもろ》の衆生《しゅじょう》と共に、安楽国に往生せん」これが回向門《えこうもん》。先にあげた礼拝門《らいはいもん》、讃嘆門《さんだんもん》と、あわせて五念門《ごねんもん》の行《ぎょう》が出てきております。

　信心は、初起《しょき》の一心《いっしん》（阿弥陀仏よりさずけられた他力信心のこと）であり、一念に違いないんだ。この信心、一心、一念といわれるものは、人間の意識的なものではないということをはっきりしておかないといけません。意識の上にきて信心を語ってもらうというと、それがまちがいのもとになる。三業惑乱というまちがいをしたのは、人間の行為の上に信心を語ろうとしたところにまちがいがあったわけです。このような行為までひっくるめて意識そのものをこえたところに、他力の信仰というものがなりたっておる。行為となってくると、その意識から出てきた信念がさらに具体化して人間の行為となって、礼拝となり、讃嘆となり、作願となり、観察となり、回向となる。こういう五念門の行になる。五念門の行為に出てこないような信仰は、にせの信仰である。ほんとうの信仰は、かならず人間の行為となって具体化される。それが宗教行為というものでございましょう。

　この五念門（一七七頁図参照）の中で、礼拝門、讃嘆門、作願門、観察門の四つが自利《じり》の行《ぎょう》。回向門が利他《りた》の行《ぎょう》。自分のいただいた功徳を人に与えて、「我論を作り偈を説く。願わくは弥陀仏を見たてまつり……」。天親菩薩はこういう論を作った。阿弥陀さまを讃嘆した。その功徳をみんなに分けてさしあげたい。これ利他の行でございます。論で直接とりあげているのは菩薩であるけれども、親鸞聖人の場合は、われわれの自利利他《じりりた》（自ら利益すること。他人を利益すること）の行為になってきます。それは如来の回向（仏の功徳を衆生へふり向けること）が、利他の根本なんです。如来の回向がわれわれに授けられて、礼拝せしめ、讃嘆せしめ、作願せしめ、観察せしめるということになってこないというと、如来の回向が徹底しない。利他というものがそういうところから出て、われわれが人さまのために幸せあれかしと、この仏法を人にも伝えてあげたいと思うのは、思うたんじゃない、思わせられたんだ。如来の回向によって思わせられたんだということになると、如来の回向から讃嘆門をさせていただく。礼拝門、作願門も、観察門もみんな如来回向によってさせていただく。そのところを、「往還《おうげん》の回向《えこう》は他力《たりき》による」（聖典二〇六頁）、往相も還相もみな他力による、というふうに親鸞聖人はおっしゃった。

仏の願い——たった一つの中に

広略相入《こうりやくそうにゅう》というのは、略から広が出て、広から略が出て、互いに入る。バラバラのものではない。『論註』の上では二十九種の荘厳《しょうごん》（身や国土をおごそかに飾ること）が説かれています。

国土《こくど》の荘厳《しょうごん》——十七種——清浄《しょうじょう》功徳《くどく》・量《りょう》功徳・性《しょう》功徳・形相《ぎょうそう》功徳・種々事《しゅじゅじ》功徳・妙色《みょうしき》功徳・触《そく》

功徳・三種《さんしゅ》功徳（水功徳成就《すいくどくじょうじゅ》・地《ち》功徳成就・虚空《こくう》功徳成就）・雨《う》功徳・光明《こうみょう》功徳・妙声《みょうしょう》功徳・主《しゅ》功徳・眷属《けんぞく》功徳・受用《じゅゆう》功徳・無《む》諸難《しょなん》功徳・大義門《だいぎもん》功徳・一切所求満足《いっさいしょぐまんぞく》功徳

仏《ぶつ》の荘厳――八　種――座《ざ》功徳・身業《しんごう》功徳・口業《くごう》功徳・心業《しんごう》功徳・大衆《だいしゅ》功徳・上首《じょうしゅ》功徳・主《しゅ》功徳・不虚作住持《ふこさじゅうじ》功徳

菩薩《ぼさつ》の荘厳――四　種――不動而至《ふどうにし》・一念遍至《いちねんへんし》・供讃自在《くさんじざい》・示法如仏《じほうにょぶつ》

あわせて二十九種。その二十九種の荘厳が、入一法句《にゅういっぽっく》、入一法句というのは、念仏です。南無阿弥陀仏です。南無阿弥陀仏に、二十九種の荘厳がみな入ってしまうんだ。

「国土の荘厳十七種」。仏《ぶつ》の荘厳のほかに、国土荘厳にも主功徳《しゅくどく》があるということは、お浄土というものも主人なくしてはなりたたないものですから、それで国土荘厳の中にも主功徳がはいっておる。そう味わっていただきたい。

「仏の荘厳八種」。これみんな阿弥陀如来の功徳でございます。

「菩薩の荘厳四種」。阿弥陀さま一人では極楽浄土はなりたちません。お浄土に参った人間もそこにいなければならない。参った人はどういうさとりであるかというと、四つのさとりをひらく。不動而至・一念遍至・供讃自在・示法如仏。不動而至というのは、動かずしてどこへでもいくんだ。一念遍至というのは、ひと思いのうちに十方法界どこへでもいける。供讃自在というのは、諸仏を供養し讃嘆することが自由自在であるということ。示法如仏というのは、仏法のひろまっていないところへ出かけて行って、仏と同じように仏法を示してあげたい。こういうすばらしい願をもち行動できるのが浄土の菩薩のすがたである。それが菩薩荘厳功徳四種として述べられてある。国土荘厳功徳十七種・仏の荘厳功徳八種・菩薩荘厳功徳四種とあわせて、二十九種の荘厳をお述べになっておられる。それが、入一法句で南無阿弥陀仏のなかに入ってしまう。こういうのが広略相入でございます。ナムナムナム……。

いよいよ最後の結論ですね。

【しかれば如来《にょらい》の真説《しんせつ》、宗師《しゅうし》の釈義《しゃくぎ》、あきらかに知《し》んぬ、安養浄刹《あんにょうじょうせつ》は真《しん》の報土《ほうど》なることを顕《あらわ》す。】 （聖典三七〇頁）

とにかくね、「安養《あんにょう》浄土は化土《けど》でなく報土《ほうど》だ」と、こういうことを強く強くうちだして、「阿弥陀如来の浄土というものは化土だ」と解釈した中国の高僧たちの意見をひっくり返して、ここに強調しておられるわけでございます。

ただ浄土がある、ただ阿弥陀さまがいるというんじゃない。その阿弥陀さまは、みんなわれわれのために誓いをおこして、できあがってくださった。浄土といっても、われわれを抜きにしてできあがっているというんじゃないんです。浄土というものは、私があって初めてできたものです。こういう誓願に酬報《しゅうほう》（一九二頁参照）して、裏づけになっていてくださる。そこを味わわないと、「西方に浄土というものがあるそうな」では、これはどうにもならんので、あるんじゃない、こしらえてくださったんですから。だれのためかというと、われわれのためにこしらえてくださった。「如来の願海《がんかい》によりて果成《かじょう》の土《ど》を酬報《しゅうほう》せり」（聖典三七一頁）とあるように、誓願がつねに裏づけになっている。

みんな仏になれるのに

【……惑染《わくぜん》の衆生《しゅじょう》、ここにして性《しょう》を見《み》ることあたわず、煩悩《ぼんのう》に覆《おお》わるるがゆえに。……ゆえに知んぬ、安楽仏国《あんらくぶっこく》に到《いた》れば、すなわちかならず仏性《ぶっしょう》を顕《あらわ》す。本願力《ほんがんりき》の回向《えこう》によるがゆえに。……。】（聖典三七〇頁）

そこで、「一切衆生悉有仏性《いっさいしゅじょうしつうぶっしょう》」といったって、その仏性をこの人間の世界において見ることはできないんです。それで、お浄土へいって仏性をあらわす。われわれの心の中に、仏さまの智慧、光明がみな入っているけれども、それは曇ってしまっているので、お浄土へいかないというと、仏さまの光明というものが輝いてこないんです。

次に引文（聖典三七一頁）がありまして、『涅槃経』の「少分《しょうぶん》、仏性《ぶっしょう》を見《み》ると説《と》く」というご文と、「衆生《しゅじょう》未来《みらい》に清浄《しょうじょう》の身《しん》を具足《ぐそく》し荘厳《しょうごん》して、仏性《ぶっしょう》を見《み》ることを得《う》」というご文と、『大乗起信論』を注釈した飛錫《ひしゃく》の『念仏三昧宝王論《ねんぶつざんまいほうおうろん》』をお引きになってございます。これらはみな、浄土の願生者は「必顕仏性《ひっけんぶっしょう》」を未来に期す。必ず仏性があらわれる。それはこの世ではだめなんだ。未来なんだ。

仏性論というのは、ひじょうに難しいものでして、辞書を引いてもね、仏性のところにはひじょうにごちゃごちゃ書いてあります。わかりにくいので、私は三つにまとめたらいいと思います。一般仏教では三位仏性説《さんいぶっしょうせつ》をとります。

A、自性住《じしょうじゅう》仏性

B、引出《いんしゅつ》仏性（正因《しょういん》仏性・縁因《えんいん》仏性・了因《りょういん》仏性）

C、至得果《しとくか》仏性

自性住仏性というのは、鉱山師が山に行って、「はぁ、この山に金が出るな」ということが、素人にはわからんけれども専門の人が見るとパッとわかる。ま、金《きん》があったってそんなものは素人にはわからないし、あるかないかも一般には信じられないものだけれども、専門家からみると確かにあるという見込みだけはついている。それが自性住仏性だ。いっさいの生きとし生けるもののみんな仏性がある。仏の性質を含んでいる。こういうことはいえてもそれはわからない。

それが、山から金鉱を掘り出して調べたら、これは確かに金が含まれているということがわかってきた。自性住仏性というのは、山にあるすがたのままですからわかりませんけれども、今度は山から取り出してきた。引出仏性ということになってきますと、ここに金があるなということがひじょうにはっきりしてきた。

今度はその金を高炉にかけ、不純な物をみな取り除くと、純粋な金だけとなって光り輝いた。ここへくるというと、これは至得果仏性。もう仏性の本体があらわれてしまった。

これを真宗の三仏性に合わせてみますというと、「いっさいの生きとし生けるものにみんな仏性が宿っておる」ということを、善導大師は『観経玄義分《かんぎょうげんぎぶん》』の序題門《じょだいもん》（『浄土真宗聖典七祖篇』、三三七頁）

の文で明確におっしゃっておられます。「一切法界《いっさいほうかい》の衆生《しゅじょう》の心の中に、仏性が宿っておる」とこうおっしゃってあります。けれども、この仏性というものはわからんものだ。それがだんだんだんわかってくる。仏さまのご因縁を重ねさせていただいて、「あー、そうであったか」と気がついた。この気がついたというところが、ご信心をいただいたというところですね。真宗でいいますと、信心をいただいたということが、まさにこれ、正因仏性《しょういんぶっしょう》。仏性の正因がなりたった。あるいは了因仏性といわれる。信心の因というものを了《りょう》した。自分のものになった。そういう信心正因《しんじんしょういん》がここにいわれる。その証拠のご文《もん》は「諸経和讃《しょきょうわさん》」でございます。「大信心《だいしんじん》は仏性なり、仏性すなわち如来なり」（聖典五七三頁）。

それから至得果仏性《しとくかぶっしょう》。今度は信心の仏性が花開いてお浄土へいって仏性があらわれたというのは、必顕仏性《ひっけんぶっしょう》。それこそ今、『真仏土巻』に、彼《か》の土《ど》にいたってかならず仏性をあらわすといった。その必顕仏性こそまさにこれ至得果仏性に相当する。こういうふうに味わえばよろしいかと思います。こういうふうに三仏性を当てはめることができます。

これが第一義《だいいちぎ》諦《たい》のすがたでございますね。第一義諦というてみたって、われわれにはさわることも当たることもできない。考えることも、思うことも、言うこともできないもので、どうにもなりませんからね。こういうふうに、あらゆるものに仏性というものが宿っておるけれども、「顕照《けんしょう》するに由《よし》無し」で、もう手がつけられん、煩悩に覆われてしまっておりますから。その次がありがたいんだ。「故に大悲《だいひ》をもて西化《さいけ》を隠《かく》し、驚きて火宅《かたく》の門《もん》に入《い》り」と。これがありがたいところですね。仏性があっても、あるもないも同じような格好になっているから、ここに因縁が熟して、縁によって、阿弥陀如来が立ち上がってくださった。「大悲をもて西化を隠し、驚きて火宅の門に入り」と、迷いの中に飛び込んでわれわれに救いの手をのべてくださる。そこで、いただいてある仏性というものが開発されて、「はぁ、おれは仏になれるんだなー」ということがわかってきた。ナムナムナム……。

如来の変化に涙こぼれる

化土《けど》という世界を説いてある。化土というのはいったい報土《ほうど》かどうか。報土というのは、因願に報いあらわれた土ということが報土ということですね。そうすると、化土もまた報土でなければならない。「報土中の報土」と、「報土中の化土」とあるのは、報土の中に化土があるので、報土をほかにして化土というのは独立していないことになる。「報土中の化土」、昔から学者はこれについて論争しておりますよ。報土のほかに化土があるかないかといういろんな論争がありますけれども、これはやっぱり報土の中に化土ありとしなければ理屈はわからん、と私は思います。化土とは変化して相手に応ずる世界ということですから、千差万別あってしかるべきです、理《ことわり》はここにあり、だ。

【……真仮《しんけ》を知《し》らざるによりて、如来広大《にょらいこうだい》の恩徳《おんどく》を迷失《めいしつ》す。……】（聖典三七二頁）

化《け》ということがわからんから如来広大の恩徳《おんどく》を迷失《めいしつ》す、化土だとかなんとかいうといやらしいもんだという、とんでもないことだ。**化土ほどありがたいものはない**と、私は思います。やむをえずして、仏さまがね、われわれのまちがっているものに応じて、そのまちがいを正しくしてくださるようないろいろな手だて（方便）をしてくださる。これが化でしょ。化、変化でしょ。如来の変化ほどありがたいものはない。変化の話を聞いて涙こぼれますよ。『化身土巻《けしんどかん》』を引き出す準備をここにしていらっしゃるんです。

形のない仏さま

『論註』の中に、二種法身《にしゅほっしん》をお説きになってあります。そこに、方便法身《ほうべんほっしん》、法性法身《ほっしょうほっしん》この二つが「相即」――二つのままで一つになっている。方便の法身ですから形がある。法性法身というのは形がない。形があるままで形がない。それが一緒になっていないといけない。形は形あるままで別になっていると、形あるものは壊れますから、壊れるものはさとりじゃない。形のあるままで法性という形なきさとりが裏づけになっておりますと、形があっても形が壊れない。

　弥陀成仏《みだじょうぶつ》のこのかたは　いまに十劫《じっこう》をへたまえり
　法身《ほっしん》の光輪《こうりん》きわもなく　世《せ》の盲冥《もうみょう》をてらすなり
（「讃阿弥陀仏偈和讃《さんあみだぶつげわさん》」、聖典五五七頁）

阿弥陀さまが仏になって十劫《じっこう》たった。十カルパ（劫）たった。一カルパというのは約四十三億二千万年と解釈（大谷光瑞説）しますと、だいたい地球ができて壊れるあいだを一カルパと推定することができます。地球が十ほどできて壊れる前に阿弥陀さまはさとりを開いた、こうおっしゃる。けれど、年限を区切った以上は有限のように聞こえるでしょ。十カルパという年限を区切ってあるからね。そこがぐあい悪いんだ。そこですぐ親鸞聖人は次に、「法身の光輪きわもなく」、ここに報身《ほうじん》が法身《ほっしん》の光を放った。法身となったら、これは形が何もないんです。形のある十劫正覚《しょうがく》（完全なさとり）の仏が、すぐ法身の光を放つ。そうすると先に形があると示したけれども、「形あるままにして形なきもの」が裏にあるんだ、と。で、ひとたび建立されて、再びほろびることのない浄土というものができあがる。ひとたび立ちあがって、涅槃に入るということがない阿弥陀如来（おさとりの身のままでまよいの世界を舞台として、いま現に慈悲の活動をしておられる如来）ができあがる。「弥陀成仏の和讃」一首いただいてもうまいことおっしゃってありますよ。「弥陀成仏のこのかたは、いまに十劫をへたまえり」。その次に、報身の光輪といかんならんことになる。ね、法身じゃないんだ。形のあるほうの、報いるほうのからだとこういわれれば、なるほどな―当然だ。しかし、当然はよろしくないんです。法身でないといかん。「法身の光輪きわもなく、世の盲冥をてらすなり」。こういうふうに二種法身がご和讃の一番はじめの、みなさん朝夕お勤めになる「弥陀成仏のご和讃」の中にちゃんと味わえるんですから。月筌《げっせん》師のごときは、「弥陀成仏のご和讃」一首に、本を一冊書いておられる。それほどにね、「弥陀成仏のご和讃」は深い道理を含んだものなのです。そういうところは、「方便法身即法性法身」という二種法身の心をもって味わっていただけば、よくわかる。それがまた、同時に、無形の仏《ぶつ》・無形の土《ど》という、有形のまま無形の仏であり、有形のまま無形の土である。真の仏土《ぶつど》というものはそういうものでなければならない。そこは、親鸞聖人のお心を推測すると、ここに「広略相入」をちゃんとおっしゃっていらっしゃる。ナムナムナム……。

浄土はどこに？　まぁ死んでみるか

それで、私はこう思います。求道心《ぐどうしん》の薄い人はどうも「広《こう》」にひっかかる。求道心の厚い人は「略《りゃく》」のほうにひっかかる。「広略相入」といけばいいけれども、いかない場合はどっちへひっかかったほうがいいか。このごろの真宗の人はみな、「広」にひっかかっている。極楽というとユートピアを向こうに描く。ディズニーランドのちょっといいのを向こうに想像する。鳥が歌い、花が咲き、七宝荘厳《しっぽうしょうごん》、八功徳水《はっくどくすい》、いい世界があるんだな。どこにあるんだろうということになってくるとわからん。なにか人間の頭の中に極楽という別世界を描いて、向こうに見る。そうするとこれ、なんだかわかったようなわからんような、参ってみなければほんとうのことはわからん。危ないことじゃな、けど、まぁ死んでみるか（笑）。死んでみなけりゃほんとうのことはわからんから、それで死ぬということがきわめて重大なことになって、死を恐れること、虎の尾を踏むがごとし。あー恐ろしい。どうなるかわからんけれども、たぶんうまいことといくだろうな、というような信仰になってしまうんです。ひじょうに困ったもんです。これはみな、「広」にひっかかった。

「略」にひっかかった人はどうかというと、「ナムアミダブツよりほかにないんだから、ナムアミダブツと称えて死んだって、ナムアミダブツの中にみな入っているというから、極楽なんてそんなこと問題にしなくていいんだ。ナンマンダブツと念仏さえ称えていればいいんだ」と。これは「略」にひっかかったんです。どっちも半端者だけれども、どっちがいいかというとね、私の先生の大谷光瑞師は、「広にひっかかるより、略にひっかかったほうがいい。まだ救いがある」とおっしゃった。「広」にひっかかっている者はじつに困るんです。このごろの真宗信者というのは、みんな「広略相入」の「広」にひっかかっている。それで、お念仏を忘れてしまっている。「極楽浄土、極楽浄土」と、極楽のことばっかり心にかけている。「死んだらどうなる、死んだらどうなる」ばっかり心配している。死ぬということがひじょうに重大になってしまう。あっさり死ねない。ナマンダ、ナマンダ。そこらへんはね、よくよく味おうてみなければならんところでございます。ナムナムナム……。

心は浄土にあそぶ

平生《へいぜい》、ナムアミダブツと称えているところに、極楽浄土が味わえることを、親鸞聖人はね、

超世《ちょうせ》の悲《ひ》願《がん》聞《き》きしより　われらは生死《しょうじ》の凡夫《ぼんぶ》かは
有漏《うろ》の穢《え》身《しん》はかわらねど　心《こころ》は浄土《じょうど》にあそぶなり
（帖外和讃《じょうがいわさん》）

と、喜んでおられる。しかし、死んでから極楽へいかなくてもここが極楽だ、とこうなるとこれちょっとゆきすぎになる。それは、自力の修行によってこの世でさとりを開く聖道門《しょうどうもん》ですね。それでは困りますから。浄土の香りを味わわせていただく、というところがいいんです。「心が浄土に遊ぶというは、南無阿弥陀仏と申すことなり」と、明教院僧鎔《みょうきょういんそうよう》師（七五頁参照）がおっしゃっておられます。京都の常楽台《じょうらくだい》の宝蔵《ほうぞう》から「帖外和讃」というものが発見されたのは、江戸時代中期ですから、ちょうど明教院さんがいらっしゃる時分ですね。いろいろご研究になって今日では、これは親

鸞聖人のお作りになったものにまちがいない、ということになっております。この中に、「超世の悲願聞きしより……心は浄土にあそぶなり」というご和讃があります。これは浄土の匂いがする、味わいがわかるということですね。ここが浄土だと断定するのでは困りものですから、そういうゆきすぎをなさらんように。それでは略にひっかかってしまったことになるんですね。親鸞聖人が現《げん》生《しょう》の「正定聚《しょうじょうじゅ》不《ふ》退転《たいてん》」を強調されたのは、このへんに理由がある。

真宗のご本尊は？

仏像を中心にするということは、元来親鸞聖人のお立場とは違うんですね。親鸞聖人が「帰命尽《きみょうじん》十方《じっぽう》無《む》碍《げ》光如来《こうにょらい》」を本尊とするとおっしゃったということは、聖人の曾孫であり、本願寺教団を開かれた覚如《かくにょ》上人が、はっきりおっしゃっています（『改邪鈔《がいじゃしょう》』、聖典九二〇頁）。親鸞聖人は光明を阿弥陀さまと拝まれている。

ところがね、本願寺派の内部でもご本尊について明和《めいわ》の法論《ほうろん》という有名な論争がおこったんです。どういう法論かといいますと、「真宗であがめているところのご本尊はいったいお経のどこから出てきたものか」。能化《のうけ》職側（九四頁参照）の学説では「それは、韋《い》提希《だいけ》夫《ぶ》人《にん》の前に立って現われた仏さんだから、これは『観無量寿経』の第七華《だいしちけ》座《ざ》観《かん》（聖典九七頁）からだ」。もう一方の学説では、「それはおかしい。浄土真宗というのは、『大無量寿経』によってなりたっている。『観無量寿経』というのは、方便をおびているお経なんだ。一面からいうと、これは十九願成就のすがたをあらわしている。その方便をおびている『観無量寿経』から真宗の本尊が現われるということはおかしいじゃないか。『大無量寿経』の霊山現土《りようぜんげんど》（聖典七四頁）をよりどころとするのが当然だ」。こういうんですね。

第七華座観というのは、観法《かんぽう》（極楽を観察する方法）の一つなんです。名からして、『観無量寿経』ですからね。心をしずめて行なう定善十三観《じようぜんじゆうさんがん》というものが、主な説法になっております。お願いもしないのに、お釈迦さまは親切に散善《さんぜん》もお説きになった。散善というのは、心がちりぢりばらばらのままで善根《ぜんごん》を行なう。親孝行をするとか、先生や目上の人に仕えるとか、世間の慈善を行なう。そういう道徳的な行ないをした。それはいいことに違いない。そういうもので極楽へ参りたいという人もあるかもしれん。まぁまぁ、そういうことなら我慢して、化土《けど》まで引っ張って行こう。ほんとうのところへは行けないから、門の入口までなら行けるだろう。こういうお気持ちで、お釈迦さまは散善をお説きになった。

それから韋提希夫人は、「どうぞ私に極楽をながめる方法を教えてください」「よしよし」というてお説きになったのが、定善十三観です。それで、第一日想観《につそうかん》、第二水想観《すいそうかん》……とお説きになって、第六宝楼観《ほうろうかん》までできた。第七華座観《けざかん》へきて、韋提希夫人は「こんな観法をやるということは、とうてい私にはできそうにない」と思うてきたんですね。するとお釈迦さまが、「そんなことをやれそうもないということを、お前はそろそろ思うてきたな。ここらでよかろう」と、ちゃんと観察なさって、「どうだ、こんなことができないのならば、苦悩を除くいい方法を教えよう」とこういわれた。

同時に阿弥陀さまが、観世音菩薩・大勢至菩薩を連れて、立って現われてこられた。他宗のご本尊の阿弥陀さまは坐っておられる。眞宗のご本尊は立っておられる。あれはなぜかというと、われわれの苦しみの世界を見るに見かねて、動いてやって来られた。それで立った仏さまなのです。

そうするとね、「これはおかしいじゃないか。阿弥陀如来の第十八願というのは、聞其名号信心《もんごみょうごうしんじん》歓喜《かんぎ》──、名号のいわれ（絶対無条件のすくい）を聞き信ずる。阿弥陀さまのすがたを拝まなければ信じられないのなら、ちょっと阿弥陀さまの本願とは違うじゃないか」こうなってくるでしょ。第十八願は、名号のいわれを聞き安心する。阿弥陀さまのすがたを拝んで安心するなんてことはどこにもいうてない。

このように、第七華座観の研究はなかなか難しいんです。

名がそのまま

ところがね、これを専門に研究している学者がありましてね、勝山善譲《かつやまぜんじょう》（一八六五―一九五一。福井県西応寺。本願寺派勧学）という方がおられたんです。その人が、第七華座観だけを講義されたことがありました。その時に一ついいことを教えてもらいました。それは、「第七華座観のはじまりに、お釈迦さまが、韋提希よ、苦悩を除く法を教えるぞよ、とおっしゃっている。これが名号のおこころだ」と。南無阿弥陀仏は、苦悩を除く法です。そこで名号の意味を説いているもんだから、こんどは光明を放った仏さまが出てこられたんです。第十八願は紙幣みたいなもので。金貨でない、お札なんだ。けれどもお札というものは、金貨一万円といつでも換えるという保証づきのもんだ（紙幣を金貨と引き換える兌換制度のたとえ）。便宜上お札になっておる。お札も金貨も同じ値うちだ。けれどもお札のほうが便利がいいので、お札ということになった。そこで第十八願には、「便利のいいほうのお札で、南無阿弥陀仏という名号でいい。本願のおこころを聞け、それでたすかる」とある。ところが、南無阿弥陀仏というのはからっぽのもんだと思うといかんから、ときどき金貨に換えて見せなければならない。韋提希夫人なんていうのは、疑いが深いからなおさらだろう。そこで、「なんじ苦悩を除く法を教えるぞよ」と「南無阿弥陀仏」の名号の意味を説いた。とたんに阿弥陀さまが現われた、本体（すがた）が出てきた。名号即本体だ。阿弥陀さまというのは、名がそのまま本体なんだ。名と本体と二つないんだ。人間は本体と名は別々だ。「花子」とよぶと、花子があっちのほうで返事している。花子は口からポッと出てきません。花子が体と名と一緒のものなら、「花子」といったとき花子が口から出てこなければならない。阿弥陀如来は「名体不二《みょうたいふに》」ですから、南無阿弥陀仏といったときに、ポッと仏が出てきたわけだ。それを見せたのが、『観無量寿経』の第七華座観。出てきたのは本体ではないんだ。名号のいわれのほうに本心があるんだ。こういうふうな説明を、勝山師から聞いた。

学者というものはうまいことをいうもんだな、と感心しましてね、それを、村田和上のところへいってお話ししたんだ。そしたら和上がね、「うまい説だな、そりゃいいなー」といって、ひじょうに共鳴されましてね。それで、年来の疑問が晴れました。仏さまを見なくてもいいんだ。お札をただの紙だと思ってもらっては困るから、本体が出てくる必要もあったんだ。そこで、第七華座観に現われた。これが、従来一般にいわれている真宗の本尊論の根拠なんですね。

このような本尊論に対して、智暹《ちせん》師（一七〇二―一七六八。兵庫県真浄寺）がね、「『観無量寿経』によって本尊を立てるというのはおかしい。華座観には、「無量寿仏《むりようじゆぶつ》、空中《くうちゆう》に住立《じゆうりゆう》したまう。観世音《かんぜおん》・大勢至《だいせいし》、この二大士《にだいじ》は左右《さう》に侍立《じりゆう》せり。光明《こうみよう》は熾盛《しじよう》にしてつぶさに見《み》るべからず」（聖典九八頁）とあり、観音やら勢至やらすがたが出てきている。脇菩薩まで拝むような本尊論はおかしい。「錯《あやま》りて脇士《きようじ》に事《つか》うることなかれ」と『御伝鈔《ごでんしよう》』（聖典一〇四六頁）に書いてあるじゃないか。親鸞聖人は、阿弥陀如来よりほかの仏・菩薩を拝んでいてはいかんといわれて、とくにご注意されているではないか。脇菩薩まで拝むようではほんものじゃない」と説いた。

「形のある本尊をあがめるということは、真宗らしくない」という説をたてたのが、智暹という方なんですね。

光明ばっかり

仏《ぶつ》、阿難《あなん》に告《つ》げたまわく、「なんじ起《た》ちてさらに衣服《えぶく》を整《ととの》え、合掌《がつしよう》し恭敬《くぎよう》して無量寿仏《むりようじゆぶつ》を礼《らい》したてまつれ。十方国土《じつぽうこくど》の諸仏如来《しよぶつにようらい》は、つねにともにかの仏《ぶつ》の無着《むじやく》・無碍《むげ》なるを称揚《しようよう》し讃歎《さんだん》したまえばなり」と。ここにおいて阿難《あなん》起《た》ちて、衣服《えぶく》を整《ととの》え、身《み》を正《ただ》しくし、面《おもて》を西《にし》にして、恭《く》敬《ぎよう》し合掌《がつしよう》して、五体《ごたい》を地《じ》に投《な》げて、無量寿仏《むりようじゆぶつ》を礼《らい》したてまつりてもうさく、「世尊《せそん》、願《ねが》わくはかの仏《ぶつ》・安楽国土《あんらくこくど》、およびもろもろの菩薩《ぼさつ》・声聞《しょうもん》の大衆《だいしゅ》を見《み》たてまつらん」と。この語《ご》を説《と》きおわるに、即時《そくじ》に無量寿仏《むりょうじゅぶつ》は、大光明《だいこうみょう》を放《はな》ちてあまねく一切諸仏《いっさいしょぶつ》の世界《せかい》を照《て》らしたまう。金剛《こんごう》囲山《いせん》、須弥山王《しゅみせんのう》、大小《だいしょう》の諸山《しょせん》、一切《いっさい》のあらゆるものみな同《おな》じく一色《いっしき》なり。たとえば劫水《こうすい》の世界《せかい》に弥満《みまん》するに、そのなかの万物《まんもつ》、沈没《ちんもつ》して現《あらわ》れず、滉瀁浩汗《こうようこうかん》としてただ大水《だいすい》をのみ見《み》るがごとし。かの仏《ぶつ》の光明《こうみょう》もまたまたかくのごとし。声聞《しょうもん》・菩薩《ぼさつ》の一切《いっさい》の光明《こうみょう》、みなことごとく隠蔽《おんぺい》して、ただ仏光《ぶっこう》の明曜顕赫《みょうようけんかく》なるを見《み》たてまつる。そのとき阿難《あなん》、すなわち無量寿仏《むりょうじゅぶつ》を見《み》たてまつるに、威徳巍々《いとくぎぎ》として、須弥山王《しゅみせんのう》の高《たか》くして、一切《いっさい》のもろもろの世界《せかい》の上《うえ》に出《い》づるがごとし。相好《そうごう》〔より放《はな》つ〕光明《こうみょう》の照曜《しょうよう》せざることなし。この会《え》の四衆《ししゅ》、一時《いちじ》にことごとく見《み》たてまつる。かしこにしてこの土《ど》を見《み》ること、またまたかくのごとし。

（『大無量寿経』、聖典七四頁）

インドの仏跡霊鷲山《りょうじゅせん》にのぼったときに、私はこの霊山現土《りょうぜんげんど》の文を思い出したんです。阿弥陀如来は西の方から現われたとありますが、これはね、霊鷲山の西のほうが、ずーっと見晴らしがいいんです。その向こうの隔たったところに山々がありまして、その峰づたいに、城壁が築かれています。私は、城壁の向こうの西の空をながめて、はー、あの辺に阿弥陀如来は現われたんだなと、いかにもその感じがよく味わえるんですねぇ。ところがね、阿難にはなにも見えないんです。「滉瀁浩汗《こうようこうかん》」満々たる大海原に、「ただ大水《だいすい》をのみ見るがごとし」。大水がおこったようなもので、いっさいの「万物《まんもつ》、沈没《ちんもつ》して現れず」、万物がみな水の中に隠れてしまった。「かの仏《ぶつ》の光明もまたまたかくのごとし」、光明の中にみな沈んでなにも見えなくなってしまう、光明ばっかり。ただこの霊山現土

十字名号を本尊とした真々園本堂

のときにね、阿弥陀さま（無量寿仏）がこっちを見ていらっしゃると同時に、こっちも阿弥陀さまを見ているんです。だいじな味わいのところなんです。われわれが仏を思うと同時に、仏もわれわれを思うていらっしゃる。ここに阿弥陀如来がある。阿弥陀如来があるが、これは光明ばっかり。すがたなんてすこしも見えない。観音も勢至もなんにも見えん。「大水《だいすい》をのみ見るがごとし」これが真宗の本尊じゃないか。だから「帰命尽十方無《きみょうじんじっぽうむ》碍《げ》光如来《こうにょらい》」をもって本尊と仰ぐということにならなければならんのではないか。親鸞聖人が、名号をもって本尊とせられたのは、ここに根拠がある。これが真宗の本尊だ。

木像・絵像もみな念仏

木像・絵像を安置するにしても、すがたあるままでもすがたなき仏と見なけりゃならん、すがたあるままですがたなき仏を拝まなければならない。念仏のほかに木像・絵像を見ておったらいかんのです。木像・絵像もみな念仏だ、こう思うて念仏に統一せられた見方をしなけりゃならん。日本中に一か寺ぐらいは、親鸞聖人のなされたそのままを模したこんな道場（真々園）があってもよかろうと思って建てました。親鸞聖人は「帰命尽十方無《きみょうじんじっぽうむ》碍《げ》光如来《こうにょらい》」をもって本尊とされた。本願寺を開かれた覚如《かくにょ》上人の『改邪鈔』にも、「『帰命尽十方無碍光如来』をもって真宗の御《ご》本尊《ほんぞん》とあがめましましき」（聖典九二〇頁）とおっしゃってあります。現存する親鸞聖人のご本尊というのは、十字名号（帰命尽十方無碍光如来）が一番多いのです。九字名号（南無不可思議光如来）もありますが、大部分は「帰命尽十方無碍光如来」をお書きになったと承っております。

そういうことで、親鸞聖人が『真仏土巻』にいわれているほんとうの仏さまは、光明の仏である。光明というのは人間の心を明るくする。明るくするのみならず、動かす、「光明即《こうみょうそく》力《ちから》」です。太陽の光で電池のエネルギーが生ずるように、ライト＝エネルギーです。光明即威《こうみょうそくい》神力《じんりき》です。力ですから、われわれを動かす、はぐくみ育てる。そういうのが如来の光明、この光明をもって本尊とする。これが親鸞聖人の本尊論です。

真実の仏というものは、光明である。光明は光るだけでなく、はたらく力であります。われわれを動かしてくださっていらっしゃる。われわれの目には見えなくても、われわれは光明に動かされて、こうやってきょうもここに仏さまを仰ぐことができる、ということを『真仏土巻』からいただけると思うのです。親鸞聖人は「仰《あお》いで敬信《きょうしん》すべし。ことに奉持《ぶじ》すべきなり。知るべしとなり」

（聖典三七二頁）と、結んでいらっしゃいます。ナムナムナム……。

化身土巻

真実から方便の味わい

私は、最近、『化身土巻《けしんどかん》』（聖典三七五頁）ばかりを、繰り返し繰り返し読んでみました。読んでみましてね、ひじょうに、ありがたい思いがしたんです。世間一般にね、「化身土」というと「方便《ほうべん》の話だろう、まぁ、たいしたことはなかろう。真実じゃないんだから」と、解釈しておられる方が、相当あるんじゃないか。これは、たいへんなまちがいじゃないかと、私は思う。

「化身土」というものがわかると、真実がはっきりしてくるんです。そのために、親鸞聖人は、この『化身土巻』をお書きになった。

明治の大徳《たいとく》七里恒順和上《しちりごうじゅんわじょう》はね、「方便を語ると、逆に方便にはまってしまって、まちがうおそれがある」というので、ほとんど真実ばかりをお話しになって、方便の話はなさらなかったそうです。

村田和上も、七里和上のところでご勉強になったお方ですから、ほとんど方便のお話はなさらなかった。ご法話がありましても、村田和上の口から、方便の話（第十九願・第二十願のこと）が出たことはほとんどない。村田和上がそういうふうにおっしゃるから、私もいわない。それで、いままでいわないできたんです。

方便の話は、まちがいやすいからしないほうがいいといわれるのには、理由があると思うんです。それは、説き方がひじょうに難しいんです。

説くものは、真仮《しんけ》三願《さんがん》（第十八願・第十九願・第二十願）の話をするけれども、真仮《しんけ》の「仮《け》」というものが、仏さまの慈悲のあらわれであるということを話さないで、「方便から真実へいく」ことの難しさを話すもんだから、「仮」の話を聞けば聞くほど、「真」に入りにくいということになる。逆に聞くものは、真実から締め出されるようなおそれをもつことになるのではないか。よくよく考えてみると、これではいかんのではないか。『化身土巻』にこんなありがたいことを書いてあるのに、これをいわないということも、どうかと思いますね。

富士山がありますね。頂上に雪があります。頂上が第十八願の弘願《ぐがん》、真実ですね。「下の方はいらないんだ。頂上さえあればそれでいいんだ」というと、富士山の趣《おもむ》きにはならない。やっぱり、下がないとだめなんだ。富士山の五合目あたりを第二十の願、真門《しんもん》としますか。裾野のほうへくると、これはひじょうに広い。第十九願、要門《ようもん》ですね。要門から真門へ、真門から弘願へと進んでいくというき方。それを私は、弘願から真門・要門へ、と逆に味わい説いてみました。

阿弥陀如来の本願というものは、「どうもせんままで救いたい」というのが如来の本願なんです。「どうもしないまま救いたい」というのが第十八願なんです。これを、昔の学者がね、「衆生《しゆじよう》、無作《むさ》にして、往生す」といっている。「無作」というのは、どうもしないでということになる。「どうもしないまま救われる」というなら、問題がないはずなんです。ところがね、「どうもしなくて救われるんだ」というとどうもおかしい。なにかが抜けておるんじゃないか。なにが抜けておるかというと、それを知る、聞いてわかるということだけが、抜けているんです。聞知《もんち》する（聞いてうなずく）ことがないというと、なりたたないんです。どうもせんと救われるのなら、ほっときゃいいわということになる。人に聞かせる必要もないし、仏法をひろめる必要もないし、まぁ、みな救われているんだということになると、宗教ということがなりたたないことになります。そうすると、「どうもせんと救われる」というけれども、「どうもせんと救われる」ということを聞知することが、一つの条件となる。無条件ですけれども、無条件の中の条件というすがたでなければならない。

そこでね、あまり楽ですから、疑いがおこってくるんですよ。

「どうもせんと仏になれる？　そんなうまいわけにいくものか。あんまり楽すぎてどうもおかしいぞ」

「そんなら、念仏称えたものはたすかる、というのはどうだい」

「それなら、承知いたします」

「そうか。そんなら一つ、お前さんのために特別に方便をもうけて、念仏称えりゃたすかる、とい

◉真仮三願（真実と方便）

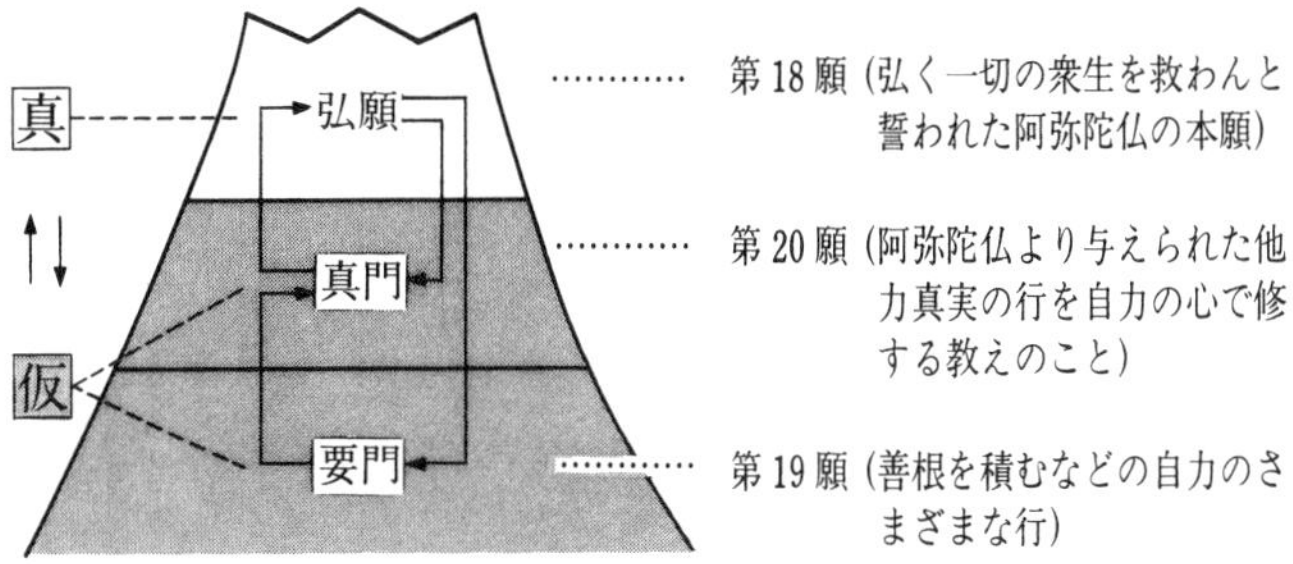

要門から真門へ，真門から弘願へと行くだけでなく，
弘願から真門・要門へと下がる面もある。

うことにしよう」

というて、阿弥陀如来が考えてくださったのが、真門ですね。

要門というのは、諸善万行《しょぜんまんぎょう》（念仏以外の自力の行）です。元来がこれ聖道門の行で、いろいろと仏道の修行をしておる。その修行をしたことを、阿弥陀如来のほうへ向けて、

「どうぞ、今までやってきましたこのような行が積んでございますので、これをもって、おたすけ願えませんでしょうか」

「そんなら、それもよかろう。まぁ本意じゃないけれども、仲間に入れてやろう」

ということになったのが、この要門なんですね。こういうふうに下がってくると、ちょっとわかる。

真実と方便というものは、下がる一面と上がる一面と――往《ゆ》きと還《かえ》りとの二面がある、ということを味わわねばならないんです。「真仮」というものは、真か

ら仮へ下がる。仮から真へ上がる。こういう交流がなければならない。それで、仮から真へ上がるだけをいうと、ひじょうに難しく聞こえますので、真から仮へ下がってきた――真実から、方便が出てきた面もいわなければならない。なぜかというと、仮から真へ上がるというのではたすかるものが少なくなる。阿弥陀如来はお慈悲が深いから、本意ではないけれどもみな救わずにはおかない、と範囲を広げてくださったのが方便というものですね。

これを『正像末和讃《しょうぞうまつわさん》』の中に、

報土《ほうど》の信者《しんじゃ》はおおからず　化土《けど》の行者《ぎょうじゃ》はかずおおし
自力《じりき》の菩提《ぼだい》かなわねば　久遠劫《くおんごう》より流転《るてん》せり
（聖典六〇八頁）

ほんとうの信者は少ない。多くの人を救いたいから、まぁ、にせものでもいいから仲間に入れておこう。にせものには、まだ仏さまの智慧を疑う心があるので、疑惑のくさりから解き放ってくださるところを「方便化身土」（化土）と、こういうのであります。

これまた、学問の上ではね、「真実の報土のほかに化土があるか。化土を説かれた心を得てみれば、化土がそのまま真実の報土ではないか」という学説。「いや、そうではない。化土よりいくところのない人間に対しては化土が必要であって、阿弥陀如来は化土というものを作ってお待ち受けになっていらっしゃるんだから、真実の報土のほかに化土がある」という学説の、ふたとおりあります。

救いのめあては……

【無量寿仏観経《むりょうじゅぶつかんぎょう》の意《こころ》なり
　至心発願《ししんほつがん》の願《がん》　邪定聚《じゃじょうじゅ》の機《き》
　　　　　　　　　双樹林下往生《そうじゅりんげおうじょう》
阿弥陀経《あみだきょう》の意《こころ》なり
　至心回向《ししんえこう》の願《がん》　不定聚《ふじょうじゅ》の機《き》
　　　　　　　　　難思往生《なんじおうじょう》】

（聖典三七四頁）

「邪定聚の機」「至心発願の願」というのは第十九の願、その願によって救われるのは、邪定聚の機（人間）だ。第十八願は正定聚《しょうじょうじゅ》の機《き》だ。正定聚ということは、仏となることに決まっておるということ。聚《じゅ》というのは、聚類《じゅるい》。グループということ。

ところが、邪定聚というのは、仏となることに定まっていないんです。なるかならんか、はなはだあいまいなんですね。必然性がないということです。「邪《じゃ》」という字は悪い意味にとりがちですが、正定聚の反対で、必然性がないから危ないという意味です。その第十九願の救われ方というのが、双樹林下往生です。「双樹林下往生」というのは、お釈迦さまが沙羅双樹の林の下で、涅槃にお入りになったすがたですね。そういうお釈迦さまの涅槃のすがたと、そっくりの救いというものが第十九の願だ、と親鸞聖人がおっしゃった。これはどういう意味か。

田辺元《たなべはじめ》博士がね、「時間というものは円環性《えんかんせい》のものだ。時間というものを直線的に考えたらまちがいだ。真宗の人は、時間を直線的に考えている。人間の世界が終わったら、極楽浄土へゆく。そこで、ゆき止《ど》まりになってしまう。これは直線じゃないか」(『哲学入門』、八三頁取意)というようなことを書いていらっしゃる。これはねぇ、田辺さん、浄土真宗の本質についてちょっと勉強不足じゃないかと思う。親鸞聖人は、往相回向《おうそうえこう》だけでなく、還相回向《げんそうえこう》までいわれました。円環性である。お浄土へいっても、戻ってくるんですから。

　仏は無限のものです。始めもなければ終わりもない。それが、ほんとうの仏です。八十年のお釈迦さまは、有限のすがたをして、人間に仮《かり》に見せた仏さまだ。すると、第十九の願によって救われるということは、同じように、仮の土《ど》であって化土《けど》ということだ。それは、長くそんなところへ留まっている世界ではないんだ。ちょっとひと休みしただけだ。親鸞聖人は、双樹林下往生ということを、双樹林のお釈迦さまの仮のすがたと同じようにお味わいになった。

　真《しん》の仏《ほとけ》というものは、始めもない、終わりもない。無限の時間を生きているものである。それを具体的に示すために、有限のすがたを現わしたのが、仏の仮のすがたである。それで、第十九の願によって化土に往生するということは、一時的な仮の滞在であって、長くそういうところにとどまるべき世界ではないんだ。やがては、真実の報土《ほうど》に生まれさせていただく仮休憩所のようなところが、方便の世界だ。そういうふうに、私は双樹林下往生というものを味おうている。

　そのことをまとめて、「無量寿仏観経《かんぎょう》の意《こころ》なり」とあらわされております。『観経』というのは、表からみれば、第十九願の解説のお経ですが、裏からみれば、第十八願の意と、このように見ていかなければなりません。

「至心回向の願、不定聚の機」というのは第二十の願、その願で救われるものは不定のものである。邪定衆ほどの危険さはないというところから、今度は、「不定聚の機」という名をつけられた。これは、「阿弥陀経の意《こころ》」だ。『阿弥陀経』の中に念仏の功徳を説いてある。それが、至心回向の願のあらわれである。発願《ほつがん》と回向《えこう》というのは、発願回向という字句があるものですから、別に区別のないようなものなんです。しかし、どちらを主にするかというと、第十九の願は第十八願に縁が遠いですから、発願（諸善万行、すなわち念仏以外の自力の行によって浄土往生をねがう）という字を使い、第二十の願は第十八願に縁が近いものですから、回向（自力念仏にはげんで浄土往生をねがう）という字を使ってあります。そして、どちらも発願であり、どちらも回向である。しかし、仮に自力からすると、発願と回向とに分けられている。

おこたり高ぶると……

【つつしんで化身土《けしんど》を顕《あらわ》さば、仏《ぶつ》は『無量寿仏観経《むりょうじゅぶつかんぎょう》』の説《せつ》のごとし、真身観《しんしんかん》の仏《ぶつ》これなり。土《ど》は『観経《かんぎょう》』の浄土《じょうど》これなり。また『菩薩処胎経《ぼさつしょたいきょう》』等《とう》の説《せつ》のごとし、すなわち懈慢界《けまんがい》これなり。また『大無量寿経《だいむりょうじゅきょう》』の説《せつ》のごとし、すなわち疑城胎宮《ぎじょうたいぐ》これなり。】

（聖典三七五頁）

こういうふうにお経にあるけれども、要するに、懈慢界はちょっとひと休みする場所であって、長く滞留するべき世界ではないということをあらわされた。

私は大学時代に民間の合唱団に入っていたんだ。そうしたら大学のほうで合唱団をつくるから、私に中心になってやってくれというので、卒業二年前に合唱団をつくった（現龍谷大学混声合唱団の前身になる）。ずっと交遊をつづけている瓜生津《うりゅうづ》隆雄《りゅうお》（一九〇一―一九九〇。滋賀県法城寺、本願寺派勧学寮頭）師も当時のメンバーの一人でね。彼は私の一年後輩で、私のタクトに合わせて歌っていたんだ。私がそういうことに夢中になったのはなぜかというと、ご信心がいただけないものだから、どうかしてご信心ということを忘れたかった。苦しいんです。信心というものは、求めれば求めるほど、わからなくなってくるんです。こんなことを、朝から晩まで考えておっても、頭が割れるような気がするけれども、それでもわからん。なんとかして、信心ということを忘れたいと思った。忘れるのに一番都合がよかろうと思うて、二か年ほど音楽にはまった。それで、少年合唱団もつくったりしてね。ピアノ弾《ひ》く稽古をしたものですから、だんだんじょうずになります。するとね、信心のことを忘れるのに、音楽は一番酔うてしまいますわ。懈慢界というのは、おこたり・高ぶりの世界、真実への欲求を忘れさせるものですね。真実を追求するのを妨げ、おこたり、忘れさせるもの、それがここに出てくる懈慢界という世界であろうと思います。

臨終を心配する人は……

【しかるに濁世《じょくせ》の群萌《ぐんもう》、穢悪《えあく》の含識《がんしき》、いまし九十五《くじゅうご》種《しゅ》の邪道《じゃどう》を出《い》でて、半満《はんまん》・権実《ごんじつ》の法門《ほうもん》に入《い》るといえども、真《しん》なるものははなはだもって難《かた》く、実《じつ》なるものははなはだもって希《まれ》なり。偽《ぎ》なるものははなはだもって多《おお》く、虚《こ》なるものははなはだもって滋《しげ》し。ここをもって釈迦牟尼仏《しゃかむにぶつ》、福徳蔵《ふくとくぞう》を顕説《けんぜつ》して群生海《ぐんじょうかい》を誘引《ゆういん》し、阿弥陀如来《あみだにょらい》、本誓願《もとせいがん》を発《おこ》してあまねく諸有海《しょうかい》を化《け》したまう。すでにして悲願《ひがん》います。修諸功徳《しゅしょくどく》の願《がん》（第十九願）と名《な》づく、また臨終現前《りんじゅうげんぜん》の願《がん》と名《な》づく、また現前導生《げんぜんどうしょう》の願《がん》と名《な》づく、また来迎引接《らいこういんじょう》の願《がん》と名《な》づく、また至心発願《ししんほつがん》の願《がん》と名《な》づくべきなり。】

（聖典三七五頁）

半満・権実とは、釈尊一代の仏教。仏教の法門に入っても、ほんものはじつに少ないんだ。福徳蔵とは、福ということはお金がたくさんあったりするのを福という。徳は功徳の徳。福々しい功徳を開いて、群生海を誘引してくださった。こういう修行をすると、利益があるとか功徳があるとかいって、誘うているような仏教の教えも、あちこちにあります。あれはやっぱり、福徳蔵ですね。そういうものにも、仏さまは応じてくださって、「釈迦牟尼仏《しゃかむにぶつ》、福徳蔵《ふくとくぞう》を顕説《けんぜつ》して群生海《ぐんじょうかい》を誘引《ゆういん》し」、引き寄せるための一つの手段として、そういうものを許してくださる。「阿弥陀如来、本誓願《もとせいがん》を発《おこ》してあまねく諸有海《しょうかい》を化《け》したまう」。お釈迦さまが、そういうふうにお説きになるということは、根本をいえば、阿弥陀如来の本願にあるものだから、いろいろな方便《ほうべん》のことをお誓いになって、結局はみんな、ほんものにしてやらなきゃならない。それには、初めからほんものになれないものには、方便をめぐらして引っぱり込んでいく。そのために「修諸功徳《しゅしょくどく》の願《がん》」、これは、いろいろな善根功徳ですね。お念仏も善根功徳の中に入れるには入れますけれども、第十九の願の中の念仏というものは、意味の軽いものですね。そういういろいろないいことをやれば、まぁ、なんとかしてやろう。こういう願が、第十九の願です。ついで「臨終現前《りんじゅうげんぜん》の願《がん》」から「至心発願《ししんほつがん》の願《がん》」まで願名をならべられた。その中で臨終《りんじゅう》に現われてやろうというのが、「臨終現前の願」「現前導生《げんぜんどうしょう》の願《がん》」。この願いの対象となる人は、ひじょうに臨終が心配になるんです。

　この間、実例をもって話をしたんです。いつも真々園にお参りに来ている方のお姉さんは、お念仏にご縁がなかった。そのお姉さんが病気になって、どうしても治らないということを自覚し、弟さんから仏法の話を聞かせてもらって、お念仏の尊さを知り、お念仏を称えられた。やがて、そのお姉さんの目の前へ仏さまが現われ、めでたく大往生を遂げられました。私の娘も、やはりそういうことがありました。中学二年の時に、「仏さまが現われた。仏さまが部屋中にいっぱい現われた」というて、ひじょうに喜んで死んでいったという体験をさせていただいた。臨終に仏さまが現われることは、『阿弥陀経』に書いてある。

「舎利弗《しゃりほつ》、もし善男子《ぜんなんし》・善女人《ぜんにょにん》ありて、阿弥陀仏《あみだぶつ》を説《と》くを聞《き》きて、名号《みょうごう》を執持《しゅうじ》すること、もしは一日《いちにち》、……もしは七日《しちにち》、一心《いっしん》にして乱《みだ》れざれば、その人《ひと》、命終《みょうじゅう》のときに臨《のぞ》みて、阿弥陀仏《あみだぶつ》、もろもろの聖衆《しょうじゅ》と現《げん》じてその前《まえ》にましまさん。この人終《ひとおわ》らんとき、心顛倒《しんてんどう》せずして、すなわち阿弥陀仏《あみだぶつ》の極楽国土《ごくらくこくど》に往生《おうじょう》することを得《う》。……」

（聖典一二四頁）

お経のとおりにやれば、かならず実証されてくる。こういう話をしたら、ある人がひじょうに喜んだ。「自分の親父は、ひじょうに臨終を心配して死んだ。それで、自分も死んでいく時に、暗い思いをして死ぬのは嫌だなぁ。明るい思いで死にたいなぁ、と思っていました。ところが、和上さんのお話を聞いたら、そんな心配は吹っ飛んでしまいました。じつに愉快な気持ちにさせていただいた。これで、私の心は晴れました」とね。

臨終というものは、みな心配になるもんだ。臨終現前・現前導生というと、自力のことばかりのように思うけれども、他力にもある。他力の念仏行者の臨終に現われなさるすがたは、臨終に現われるんじゃないんだ。平生から仏さまが護ってくださっているのが見えないだけである。「煩悩《ぼんのう》にまなこさえ（ぎ）られて、摂取《せっしゅ》の光明《こうみょう》みざれども」（「高僧和讃」、聖典五九五頁）で、平生は見えない。煩悩が薄くなり、人間の世の中に生きていたいという欲望も、だんだん薄くなる。そうすると、仏さまが拝めるということがある。『一念多念文意』（聖典六七七頁）という親鸞聖人のお聖教に、平生のお護りが臨終に拝《おが》めることをおっしゃってある。臨終に現われるのは、みな自力というふうに限定して考えるのはひじょうに狭い考えです。他力のものも、臨終ににぎにぎしくこの世を終わりたい。自力のものでさえ、にぎにぎしく終わるんなら、他力のものはもっとにぎにぎしく、なるべくなら管弦楽でもってお迎えを（笑）。

念仏以外のことをやっていても

【この願《がん》（第十九願）成就《じょうじゅ》の文《もん》は、すなわち三輩《さんぱい》の文《もん》これなり、『観経《かんぎょう》』の定散九品《じょうさんくぼん》の文《もん》これなり。】（聖典三七六頁）

三輩段の中に、「多少《たしょう》、善《ぜん》を修《しゅ》して斎戒《さいかい》を奉持《ぶじ》し、塔像《とうぞう》を起立《きりゅう》し、沙門《しゃもん》に飯食《ぼんじき》せしめ、繒《ぞう》を懸《か》け灯《とう》を燃《とも》し、華《け》を散《さん》じ香《こう》を焼《た》きて、これをもって回向《えこう》してかの国《くに》に生《うま》れんと願《がん》ぜん」（『大無量寿経』、聖典四二頁）とある。仏事にお灯明をあげたり、花をまいたり、お香をたいたりしている。お寺の坊さんが飯食うておるのは、みな第十九の願のおかげです。ところが、念仏よりほかにないのが第十八願ですからね。信じて念仏称える、それをいくらやっておっても飯食えませんから。それで第十九の願の力を借りて、飯食うておるのが現在の真宗のお寺のように思うんですが、どうでしょうかね。ナムナムナム……。

源信僧都《げんしんそうず》の『往生要集《おうじょうようしゅう》』には、懈慢《けまん》の相《そう》として、執心《しゅうしん》の浅いものはそれは雑修《ざっしゅ》である、と出ている。深いものはとりついて離れん。もうお念仏の信心というものは、とりつかれて離されんもの。これは、仏のほうから握りしめられたものですからね。われわれのほうから、すがりついたものなら浅いものですけれども、仏さまに握られたものなら深いものです。「正信偈《しょうしんげ》」に、「専雑《せんぞう》の執心《しゅうしん》、浅深《せんじん》を判《はん》じて」（聖典二〇六頁）とありますね。念仏の一行《いちぎょう》をもっぱら修《おさ》める心と、諸行《しょぎょう》を雑《まじ》えて修める心との深い浅いを判別する。握ったものと、握られたものと、逆になっているからね。専修《せんじゅ》のものは、仏によってつかまえられておるものです。

【しかれば、それ楞厳《りょうごん》の和尚《かしょう》（源信）の解義《げぎ》を案《あん》ずるに、念仏証抛門《ねんぶつしょうこもん》（往生要集・下）のなかに、第十八《だいじゅうはち》の願《がん》は別願《べつがん》のなかの別願《べつがん》なりと顕開《けんかい》したまえり。『観経《かんぎょう》』の定散《じょうさん》の諸機《しょき》は、極重悪人《ごくじゅうあくにん》、ただ弥陀《みだ》を称《しょう》せよと勧励《かんれい》したまえるなり。濁世《じょくせ》の道俗《どうぞく》、よくみずからおのれが能《のう》を思量《しりょう》せよとなり、知《し》るべし。】

（聖典三八一頁）

一人一人自分自分の能力をよく考えてみよ。第十八願は別願中《べつがんちゅう》の別願なんだ。人間の常識をもってはかっているような、そういう世界じゃないんだ。人間の常識をこえておる。「極重悪人、ただ弥陀を称せよ」。お念仏を称えなさい。念仏以外のことをいろいろやっていても、そんな迂遠《うえん》なことはだめなんだ。念仏までくれば、あとはすぐなんだから。ちょっとお念仏を称える方向を変えれば、すぐ第十八願になれる。隣までいらっしゃいよといって、あとは引っ張ってくださるわけなんですね。第十八願と第二十願の距離というのは、紙一重なんです。なぜかというと、念仏にかわりはないんです。**念仏には、自力も他力もないんです**。称える心に、自力あり、他力ありですから。称える心さえ改めれば、そのまんま、ほんものです。ところが第十九の願となると、行体《ぎょうたい》の質が違うんです。念仏じゃなく、諸善万行《しょぜんまんぎょう》ですから。

第十九の願から第十八願は、だいぶ遠いですけれども、第二十の願から第十八の願は、すぐ隣です。それで第十九の願のものを、「お念仏を称えなさい」というところへ引っ張ってくださる。世の中ごらんなさい。諸善万行にはまりこんで、念仏ぐらいとばかにして、あれだこれだと、いろんなことをいっしょうけんめいやっているんですよ。念仏は、それほどまでに重んじられ難いものです。それで、お念仏は尊いということまで知らせていただければ、すぐ隣にきているんです。そういうことが、ここで味わわれると思うんです。ナムナムナム……。

喜べないのはどうしてか

【まことに知《し》んぬ、専修《せんじゅ》にして雑心《ざっしん》なるものは大慶喜心《だいきょうきしん》を獲《え》ず。】（聖典四一二頁）

要門《ようもん》（二三三頁図参照）という言葉は善導大師《ぜんどうだいし》のお言葉でありますけれども、真門《しんもん》という言葉は親鸞聖人が初めていわれたお言葉であります。

法然聖人は、日本で初めて念仏で一宗をたてられたものですから、ひじょうな勢いであったと同時にひじょうな抵抗もあった。それで、法然聖人の教えというのは、もうほかのことをやっていても末世のものはたすからないのだから、「ともかく念仏もうせ」と、念仏をすすめることに急な教えであったわけです。

ところが、親鸞聖人の時代になってまいりますと、お念仏がだんだんひろまるにつれて、「せっかく念仏もうしながら念仏の味がわからん。なにか物足りない。念仏を申す以上は味わいのある念仏を称えたらどうか」ということで、親鸞聖人は念仏の称え心というものを重点に教えられた。それが、親鸞聖人の時代の背景の中でのご化導《けどう》（お念仏のこころにめざめ、おのずと自己変革されるように導かれること）であったわけであります。

「まことに知《し》んぬ、専修《せんじゅ》にして雑心《ざっしん》なるものは大慶喜心《だいきょうきしん》を獲《え》ず」、専修ですから南無阿弥陀仏を称えているのです。けれども心の中が雑心《ざっしん》、仏さまと一つになっていない。人間の利己心がまじっている。ひじょうに大きな喜びが得られるはずのものが得られない。なぜかというと、念仏申しながら自己流の心が入ってくる。「専修にして雑心なるものは大慶喜心を獲ず」ということはそういうことです。

【ゆえに宗師《しゅうし》（善導）は、「かの仏恩《ぶっとん》を念報《ねんぽう》することなし。業行《ごうぎょう》をなすといえども心《こころ》に軽慢《きょうまん》を生《しょう》ず。つねに名利《みょうり》と相応《そうおう》するがゆえに、人我《にんが》おのずから覆《おお》いて同行《どうぎょう》・善知識《ぜんぢしき》に親近《しんごん》せざるがゆえに、楽《この》みて雑縁《ぞうえん》に近《ちか》づきて往生《おうじょう》の正行《しょうぎょう》を自障障他《じしょうしょうた》するがゆえに」（礼讃）といえり。】

（聖典四一二頁）

ここに真門の四失策を並べられた。仏さまのご恩を報ずるということがない。なぜかというと、自分のほうに力が入り、何とかしてたすかりたいのでいっしょうけんめい念仏を称えている。そういうのでは自分のほうに力が入っているから、仏さまのご恩を思うこともない。また、ご恩を報ずるということもない。ご恩が軽くなるということは、お他力がいただけていないから、仏のご恩が思われない。だから、「業行《ごうぎょう》をなすといえども、心に軽慢《きょうまん》を生ず」、いろんな行為をしてもおれがやっているのだと思う。お念仏を称えていてもおれが称えているのだと、こう自分というものがそこへうちだされてくるものですから、自分というものの力でなにもかもやれるように思って、軽慢を生ずる。相手を軽んじて、自分が高ぶるという慢心《まんしん》が出てくるのです。本願の教えをいただいているものが高ぶることはあり得《う》べきことではないのですよ。真宗の人ほど、頭が下がらなくてはならないのです。

宗派によっては、「釈迦《しゃか》何人《なんぴと》ぞ、われ何人ぞ。われも人なり、釈迦も人なり」、お釈迦さんも自分も同じだと、高ぶりに陥りやすい教えもあります。真宗の教えは、「わが身は愚かもの」と宗教的自己否定をしなければ、如来の本願がいただけない教えですから、みずから高ぶることは真宗ではありえないことなんです。本願を信ずれば信ずるほど、わが身が頭を下げていかなければならない。仏さまの前に頭を下げることが、やがて人に対しても、高ぶるのはおかしいことになるわけですね。高ぶるのは我執《がしゅう》が出てくるから、「軽慢《きょうまん》を生ず」。「つねに名利《みょうり》と相応《そうおう》するがゆえに」、なんでもおれがやったおれがやったと「我《が》」が出てくる。それで「名聞利養《みょうもんりよう》」（世間的名誉と利益）がつねについてまわる。「人我《にんが》おのずから覆《おお》いて同行《どうぎょう》・善知識《ぜんぢしき》に親近《しんごん》せざるがゆえに」、おつれの念仏の仲間の人にも近づこうとせず、自分は偉いんだと思うているから、人と和してゆけないんです。念仏の人は頭が低い。高ぶる心の人は頭が高い。

「楽《この》みて雑縁《ぞうえん》に近づきて往生《しょうぎょう》の正行を自障障他《じしょうしょうた》するがゆえに」、自分からお念仏申しにくいようなところへ入っていく。お念仏を申しにくいところへ行きたがらないのがほんとうなのに、みずから好んで入りたがる。やむをえず入るのはこれはしようがない。われわれ、時によっては念仏もうしにくいところへ行かなければならぬこともございます。けれども、自分からすすんでお念仏の障《さまた》げになるところへ行きたがるのは、往生の正行を自障障他することになる。往生の正行とはお念仏ですね。お念仏を自分でも障げ、人によっても障げられる。

喜べない悲しさ

【悲《かな》しきかな、垢障《くしょう》の凡愚《ぼんぐ》、無際《むさい》よりこのかた助正間雑《じょしょうけんぞう》し、定散心雑《じょうさんしんぞう》するがゆえに、出離《しゅつり》その期《ご》なし。みずから流転輪廻《るてんりんね》を度《はか》るに、微塵劫《みじんごう》を超過《ちょうか》すれども、仏願力《ぶつがんりき》に帰《き》しがたく、大信海《だいしんかい》に入《い》りがたし。まことに傷嗟《しょうさ》すべし、深《ふか》く悲歎《ひたん》すべし。おおよそ大小聖人《だいしょうしょうにん》、一切善人《いっさいぜんにん》、本願《ほんがん》の嘉《か》号《ごう》をもっておのれが善根《ぜんごん》とするがゆえに、信《しん》を生《しょう》ずることあたわず、仏智《ぶっち》を了《さと》らず。かの因《いん》を建立《こんりゅう》せることを了知《りょうち》することあたわざるゆえに、報土《ほうど》に入《い》ることなきなり。】（聖典四一二頁）

過去永遠の昔から今にいたるまで（無際よりこのかた）、助正間雑（称名以外と称名がまじっていること）して、お念仏一本にならない。どこまでいっても念仏よりほかにいいことがあるように思って、探し求める心がなくならない。

定散心《じょうさんしん》というのは、定の三心、散の三心。定の三心というのは心を静めていいことをする。散の三心というのは心の散り散りばらばらなままで、世間的・道徳的ないいことをしようとする。いいことをするのは結構なことなんですけれども、お念仏よりほかになにかいいことがあるように思っているから、自然とお念仏が軽んじられるおそれがある。あまりいいことに執着《しゅうじゃく》することは感心できないんですね。定散の心というのは自力の心です。それが雑わるから、いつまでたっても迷いから離れられない。それで、ほんとうの大きな喜びというものが身につかないのだ。ああ悲しいことだ。南無阿弥陀仏というものは、自分のものにはできないものなんです。公金《こうきん》のようなものだ。それを私《わたくし》するということはいけない。南無阿弥陀仏をわがものにして自分のほうへもってくるから、安心ができない。

七里和上は、「降る雪を手にとりみれば消ゆるなり空に降らせてわがものとせよ」この歌をいつも愛誦《あいしょう》された。空から雪が降るといって、雪をわがものにしようとして手を出すとみな消えてしまう。雪は降るままで自分のものになってくださるのだ。本願の嘉号《かごう》（名号のほめことば）は自分のものとしなくてもよいのだ。これはこうだと手に握らなくてもいいのだ。これ、大事なことなのです。「かの因《いん》を建立《こんりゅう》せることを了知《りょうち》することあたわざるゆえに」、かの因を建立するということは、南無阿弥陀仏がどうしてできたのか、南無阿弥陀仏はみな如来の願力によってできたのだ。みな如来によってしあげられたもので、私などが手を入れることはすこしもないのだ。それがわからぬものだから、浄土へ参れないのだ。

うその生活と念仏の尊さ

定散心がまじわる。助正がまじわる。これいったいどう解釈すればいいか。私は、ある学者の講義録を調べてみました。ほかのことは、じつにくわしく書いてあるが、ここだけは書いてない。助正間雑のところだけは、スーッと停車なしだ。素どおりでした。ハハァ、助正間雑ということは、学者のいいたくないことなんだなぁと思いました。別の学者の本も読んでみました。これもスーッと無停車。ややこしいところは、触れないのが一番というわけで、スーッといく。なぜ助正間雑だけいいたくないのかというとね、これいうたら、真宗のお寺はみなつぶれていくんです。念仏よりほかのものが入りまじっておりますから。念仏ばかりの道場というたら、真々園だけなんです。

親鸞聖人が助業《じょごう》をお捨てになったことは、寛喜三年（一二三一年）の反省（二〇七頁参照）でわかります。関東へおいでになって、衆生利益のために三部経（『大経』『観経』『小経』）を千べん読もうと思うたけれども、「念仏よりほかに何を必要として、お経を読もうと思うたのか」と反省をされて、途中でお経を読むことをやめられた。このことを文化人の中には、「親鸞聖人は、このときまで、安心できなかった。法然のところに行ってもほんとうの信心をいただけなかった。寛喜の反省のとき、初めて信心を獲得《ぎやくとく》したんだ」とこういうことをいう。とんでもないことですよ。『化身土巻』に、ちゃんとご自分で書いていらっしゃる。「建仁辛酉の暦《けんにんかのとのとりれき》、雑行を棄てて本願に帰す《ぞうぎようすほんがんき》」（聖典四七二頁）。建仁元年（一二〇一年）に、雑行を捨てて本願他力のおいわれをいただいた。これ法然聖人のところでしょ。ご自分がいっていらっしゃる。寛喜の反省は、生活の純化というものであって、信心獲得とは違うんです。法然聖人のところで、他力の信心を得られたけれども、生活までは純粋化されていなかった。

この頃のお寺さん方はね、南無阿弥陀仏で安心しているけれども、生活はどうかというと、お経も読んだり、説教もしたり、ガチャガチャみないろんなことをやっている。それが、年とともに、だんだん整理させられていって、そしてこの世を終わる時までに整理ができたのが、満点なんだ。あるいはまた整理途中にして、この世を終わるかもわからん。それでもいい。お浄土参りを仕損《しそこ》なうことは決してないのです。安心はちゃんと決まっているんですから。

そこで、いったい方便と真実とはどんなかかわりがあるのか。真実から方便が出た。これは、そのとおりです。逆に方便から真実へかえることはないものかというと、ないなら、方便が方便たる役目をつとめませんから、方便がまた真実へかえってくる。方便と真実というものは、片一方を立てたとき、他の一方がなくなるということは決してない。いつでも、行ったりきたり両方なければならない。これを味わわねばならないと思うんです。

だからね、おれは嘘の生活ばかりしていて申しわけございませんと懺悔《ざんげ》するところに、いつでも真実へかえって行く生活がある。その真実の中から、いつでもまた、他のためにどういうふうに尽くせばいいのか、という方便が出てくるんです。方便から真実へかえらしめ、真実から方便が出て、いつでも二つが交流しているということ。そこを私は味わわなければ、真実と方便の妙味がないと思うのです。ナムナムナム……。

こうして私は、講義しておりますけれども学者でも何でもないんだ。学問なんか、とうに放ってしまっておる。村田和上のところに行ったとき、学問を放らしめられたんです。あそこで学問は捨てた。そんなら、再び学問を顧みないかというと、そうじゃない。和上が、私を能登の寺へ帰らせるときに、「桜井さん、もういっぺん真宗学をやりなさい」こういわれた。妙ですわ。「学問はいらん、学問はいらん」と、あれほどまでに学問無用をおっしゃる和上が、きょうは珍しいことをいわれたぞと思ってね。それから、寺へ帰ってお念仏申していたとき、念仏が嫌いだというて檀家の半数以上が寄りつかなくなったものですから、時間ができたのでこれ幸いと、十年ほどみっちりと真宗の学問をさせていただいた。私の現在身についておる真宗学の知識は、そのとき仕入れたもんだ。ところが、読めば読むほど、ありがたい。今までの学問と学問が違うんです。捨てた学問というものは、なんとまぁありがたいもんだと思う。

それから、時にあたっては、人に話をしなけりゃならんことも出てきたものだから、材料探しをしなけりゃならん。京都の本屋へ行きまして、本を探してその本を本屋に預けて伊勢にお参りする。和上のところで一週間念仏しているあいだに、いらんようになる。あー、いらんことに力が入ったなと。帰りに本屋へ行って、「あれは返すわ」（笑）。みな、いらんようになってしまう。人にお話をする材料も必要がないというようになってからのほうが、人は喜びなさる。それからほんとうの話ができるんですね。

捨てたものが必ず生きてくる、そこに真実と方便との関係があると私は思うんです。捨てては活《い》かし、活かしては捨て、そこに真実と方便の妙味があると思う。助正間雑の生活の中で、「南無阿弥陀仏だけがほんものなんだ、南無阿弥陀仏だけでいいんだ」ということをいよいよ心に味わい、心に誓っていくところに、方便が方便としての役割を果たしてくれるものがあるんじゃないか。

いつでも真実が方便を拒否するというけれども、それだけがすべてではない。真実は方便を拒否するけれども、同時に、真実は方便を摂取する。摂《おさ》め取るという一面もあるということをお味わいになれば、「助正間雑して」というのだけ目をふさいで、素どおりせんならんという必要はないんじゃないか。堂々と向きあって、助正間雑の中に私が生活させていただいて、その中で念仏の尊さというものを味わわさせていただいておるんだなーと、こうお味わいになれば、念仏というものの尊さが、いっそう身にしみてくるんじゃないですか。ナムナムナム……。

仏さまのご恩を知れば

【ここをもって愚禿釈《ぐとくしゃく》の鸞《らん》、論主《ろんじゅ》の解義《げぎ》を仰《あお》ぎ、宗師《しゅうし》の勧化《かんけ》によりて、久《ひさ》しく万行諸善《まんぎょうしょぜん》の仮門《けもん》を出《い》でて、永《なが》く双樹林下《そうじゅりんげ》の往生《おうじょう》を離《はな》る。善本徳本《ぜんぽんとくほん》の真門《しんもん》に回入《えにゅう》して、ひとえに難思往生《なんじおうじょう》の心《しん》を発《おこ》しき。しかるに、いまことに方便《ほうべん》の真門《しんもん》を出《い》でて、選択《せんじゃく》の願海《がんかい》に転入《てんにゅう》せり。すみやかに難思《なんじ》往生《おうじょう》の心《しん》を離《はな》れて、難思議往生《なんじぎおうじょう》を遂《と》げんと欲《ほっ》す。果遂《かすい》の誓《ちかい》（第二十願）、まことに由《ゆえ》あるかな。】

（聖典四一二頁）

天親菩薩《てんじんぼさつ》という方は、「他力」ということをやかましくおっしゃった方ですね。善導大師《ぜんどうだいし》によって「二種深信《にしゅじんしん》」（五八頁参照）を教えられた。南無阿弥陀仏のお心をいただくときに、人間の判断力が入ってくると迷いがおきてくる。二種深信というのは、人間の判断力というものを放棄せしめられることです。

念仏以外の第十九の願のもろもろの善根を頼むと双樹林下の往生（一六二頁参照）になってしまう。有限な、仮の世界にとどまることになる。それでそれを離れる。

「善本徳本」というのは念仏のことですね。念仏一つでなけりゃだめだというところへきた。念仏を善根のもとだ、功徳のもとだとこう解釈をしているのですから。善根を多く積んで、功徳を多くためて、それで救われようというのが真門の教えですね。その真門の教えのところへきた。難思往生というのは、第二十願の往生です。自己否定が半分しかできていないんですね。「しかるに、いまことに方便《ほうべん》の真門《しんもん》を出《い》でて、選択《せんじゃく》の願海《がんかい》に転入《てんにゅう》せり」。「いま」がいつかということを学者がいろいろ論議しましたね。

『教行信証』をお作りになったときが「いま」ではないか。「だから、五十二歳の時に、真門を離れて、選択の願海、第十八願弘願の教えに転入された」、と解釈をする学者もあるんですね。私はこの説には賛成できない。なぜかというと二十九歳の時に、聖徳太子のお告げをこうむって法然聖人のところへ行かれた。そのとき、私はもう自力というものがなくなったのだ、とご自分でおっしゃっておられる。「しかるに愚禿釈《ぐとくしゃく》の鸞《らん》、建仁辛酉《けんにんかのとのとり》の暦《れき》、雑行《ぞうぎょう》を棄《す》てて本願《ほんがん》に帰《き》す」（聖典四七二頁）こういう明文《めいぶん》があるのに、ああだこうだというておるのはけしからん。だから、私は賛成できない。名師に遇《あ》ったということをいつ思いおこしても「いま」なんですね。一生の間、なんべん思いおこしても「いま」。一生の間、死際になっても「いま」。だから、いつ思い出されても「いま」でいいじゃないか、こういうふうになる。西田哲学（六九頁参照）で「永遠の今」ということをいうが、あれが「いま」だと、そういうような解釈をしないとよろしくない。

「しかるに、いまことに方便《ほうべん》の真門《しんもん》を出《い》でて」といわれるのは、法然聖人にお遇いになったその時のこと。その時に真門を出でて選択の願海に転入した。今、弘願の他力に入ったのだ。半自力半他力のような、半分ほど自己否定をしたようなそんなことではなく、全部自己否定をして、自分というものはいっさい間にあわない、と捨て切ってしまった。それで今初めてホクホクと大きな喜びをいただいた。

「果遂《かすい》の誓《ちかい》」というのは第二十願ですよ。果たし遂げずにはおかんと誓われてあること、それほど、如来の大悲を感じさせられるものはないのです。果遂というものはいっぺんに一挙にいかないかも知れないけれども、何度でも手をかえ品をかえて、必ず第十八願に引き入れて本物にするぞ、と誓われた方便の願です。それで「果遂の誓、まことに由あるかな」、果遂の誓とおっしゃるがそのとおりだなー、本物にされるんだなー、あー、もっともだなー、こういうことをここにおのべになっていらっしゃるのです。

【ここに久《ひさ》しく願海《がんかい》に入《い》りて、深《ふか》く仏恩《ぶっとん》を知《し》れり。至徳《しとく》を報謝《ほうしゃ》せんがために、真宗《しんしゅう》の簡要《かんよう》を摭《ひろ》うて、恒常《ごうじょう》に不可思議《ふかしぎ》の徳海《とくかい》を称念《しょうねん》す。いよいよこれを喜愛《きあい》し、ことにこれを頂戴《ちょうだい》するなり。】

（聖典四一三頁）

ここで仏さまのご恩というものがわかってきた。仏さまのご恩を報ずるために私はこれを書いているのだと、親鸞聖人が『教行信証』をお書きになった気持ちをお述べになった。いろいろな引文をひろい集めてご自分の喜びを述べてこられたわけです。ナムナムナムナム……。

後序

【ひそかにおもんみれば、聖道《しょうどう》の諸教《しょきょう》は行証《ぎょうしょう》久《ひさ》しく廃《すた》れ、浄土《じょうど》の真宗《しんしゅう》は証道《しょうどう》いま盛《さか》んなり。しかるに諸寺《しょじ》の釈門《しゃくもん》、教《きょう》に昏《くら》くして真仮《しんけ》の門戸《もんこ》を知《し》らず、洛都《らくと》の儒林《じゅりん》、行《ぎょう》に迷《まど》いて邪正《じゃしょう》の道路《どうろ》を弁《わきま》うることなし。ここをもって興福寺《こうぶくじ》の学徒《がくと》、太上天皇《だじょうてんのう》　後鳥羽《ごとば》の院《いん》と号《ごう》す、諱尊成《いみなたかなり》　今上《きんじょう》　土《つち》御門《みかど》の院《いん》と号《ごう》す、諱為仁《いみなためひと》　聖暦《せいれき》、承元《じょうげん》丁卯《ひのとのう》の歳《とし》、仲春《ちゅうしゅん》上旬《じょうじゅん》の候《こう》に奏達《そうたつ》す。主上臣下《しゅじょうしんか》、法《ほう》に背《そむ》き義《ぎ》に違《い》し、忿《いか》りを成《な》し怨《うら》みを結《むす》ぶ。これによりて、真宗興隆《しんしゅうこうりゅう》の大祖《たいそ》源空法師《げんくうほっし》ならびに門徒《もんと》数《す》輩《はい》、罪科《ざいか》を考《かんが》えず、猥《みだ》りがわしく死罪《しざい》に坐《つみ》す。あるいは僧儀《そうぎ》を改《あらた》めて姓名《しょうみょう》を賜《たも》うて遠流《おんる》に処《しょ》す。予《よ》はその一《ひと》つなり。しかればすでに僧《そう》にあらず俗《ぞく》にあらず。このゆえに禿《とく》の字《じ》をもって姓《しょう》とす。空師《くうし》（源空）ならびに弟子《でし》等《ら》、諸方《しょほう》の辺州《へんしゅう》に坐《つみ》して五年《ごねん》の居諸《きょしょ》を経《へ》たりき。皇帝《こうてい》　佐渡《さど》の院《いん》、諱《いみな》守成《もりなり》　聖代《せいだい》、建暦《けんりゃく》辛未《かのとのひつじ》の歳《とし》、子月《しげつ》の中旬《ちゅうじゅん》第七日《だいしちにち》に、勅免《ちょくめん》を蒙《かぶ》りて入洛《じゅらく》して以後《いご》、空《くう》（源空）、洛陽《らくよう》の東山《ひがしやま》の西《にし》の麓《ふもと》、鳥部野《とりべの》の北《きた》の辺《ほとり》、大谷《おおたに》に居《い》たまいき。同《おな》じき二年《にねん》壬申《みずのえさる》寅月《いんがつ》の下《げ》旬第五《じゅんだいご》日午《にちうま》のときに入滅《にゅうめつ》したまう。奇瑞《きずい》称計《しょうげ》すべからず。別伝《べつでん》に見《み》えたり。】（聖典四七一頁）

親鸞聖人は、末法の時代と、お釈迦さまの時代とは、同じような考えではいかんぞ。今は今だと。

こういうことをひじょうに強くおっしゃる。それはなぜかというとね、ある人が私に、「親鸞聖人がご流罪におあいになったその原因は何であったとお考えですか」という質問をされた。それで私は、「それは結婚だと思う。女房をお持ちになったということが、天台宗のお坊さん方のたいへんな怒りをかったのだと思います」（『真仏教』一七三号詳述）と答えておきました。

親鸞研究の歴史学者の中には、「親鸞聖人が法然聖人の膝元におられた時は、結婚していらっしゃらない」という学説を立てている人もあります。それは、法然聖人が比叡山へ*「七箇条制誡《しちかじょうせいかい》」というお誓いの言葉を書かれ、門下生全部に署名をさせて送られた。その中に、「僧綽空《しゃくくう》」という署名をしていらっしゃるのが親鸞聖人です。そこでわざわざ僧とこう書いてある。僧と書いた以上は女房をもっていらっしゃらないに違いないんだという、こういう学説ですね。それにはどうも私は賛成できない。僧と書いてあっても女房もっていないということはいえない。また逆に僧と書いてなくても女房をもっていたという理由にはならない。例はいくらでもあるんです。

鳩摩羅什《くまらじゅう》（三五〇—四〇九ころ。中国の人）という『阿弥陀経』を翻訳された方は、中国の皇帝からたいへんおほめにあずかった。「お前のように才能のある子供を残してほしい。宝物をつかわすぞ」というて女の人を十人くださった。羅什*三蔵は女の人を十人かこっていたわけです。仏法の大徳《たいとく》でも女性と関係した人はいくらでも昔からあるのではないか。当時の比叡山の坊さんは、コソコソと山を降りて男女関係にはしっていたんですよ。そのことは無住法師《むじゅうほうし》の『沙石集《しゃせきしゅう》』に書いてありますよ。

親鸞聖人は、「女性に関係してはいけないという戒律はお釈迦さま時代の話なんだ。末世《まっせ》の今になってそんなことを決めているからなお悪いことがおこるのだ。それよりも正々堂々と結婚すべきだ。そういうのが時機《じき》相応《そうおう》の教えだ」と、みずから結婚の道を歩まれた。そこが親鸞聖人の偉いところで、僧の字を書かれたのは、僧がなぜ女房をもって悪いんだ、とこう開き直られたところがあったのではないか、というのが私の見解なんです。

これが比叡山や奈良のお坊さんのたいへんな怒りをかって、「この綽空（親鸞）というのは、法然門下の中でも不届ききわまりのないやつだ。そういうものをこの際に処罰しなくてはならぬ」というので、とくに朝廷にやかましく訴えたんだと思います。親鸞聖人は法然聖人のお弟子の中で、歳わずか三十五歳の青二才ですよ。まだ六十、七十の先輩たちがいっぱいおられるんだ。これらの人を放っておいて、三十五歳の若僧の親鸞をなぜ流罪にしなければならなかったのか。その理由は、女房をもったということが当時の旧仏教の僧たちの怒りをかった、と私は考えます。とにかく親鸞聖人の結婚問題に関しては、歴史の専門家たちのいうことは、必ずしも正しくはないと思っております。私は、私の見解で機関誌『真仏教』（一七三—一七六号）に書いておきましたから、くわしくはそちらをご覧ください。

＊七箇条制誡——一二〇四年に、比叡山延暦寺の専修《せんじゅ》念仏停止《ちょうじ》の訴えに対して、法然聖人以下門弟が言行《げんこう》を正すことを誓って連署《れんしょ》した書状。

＊三蔵——三蔵とはこの場合、経・律・論の三蔵に通じ、経典の翻訳に従事する僧のこと。

あとがき

【ひそかにおもんみれば、聖道《しょうどう》の諸教《しょきょう》は行証《ぎょうしょう》久《ひさ》しく廃《すた》れ、浄土《じょうど》の真宗《しんしゅう》は証道《しょうどう》いま盛《さか》んなり。……主上臣下《しゅじょうしんか》、法《ほう》に背《そむ》き義《ぎ》に違《い》し、忿《いか》りを成《な》し怨《うら》みを結《むす》ぶ。……

しかるに愚禿釈《ぐとくしゃく》の鸞《らん》、建仁辛酉《けんにんかのとのとり》の暦《れき》、雑行《ぞうぎょう》を棄《す》てて本願《ほんがん》に帰《き》す。……

慶《よろこ》ばしいかな、心《こころ》を弘誓《ぐぜい》の仏地《ぶつじ》に樹《た》て、念《おもい》を難思《なんじ》の法海《ほうかい》に流《なが》す。深《ふか》く如来《にょらい》の矜哀《こうあい》を知《し》りて、まことに師教《しきょう》の恩厚《おんこう》を仰《あお》ぐ。慶喜《きょうき》いよいよ至《いた》り、至孝《しこう》いよいよ重《おも》し。これによりて、真宗《しんしゅう》の詮《せん》を鈔《しょう》し、浄土《じょうど》の要《よう》を摭《ひろ》う。ただ仏恩《ぶっとん》の深《ふか》きことを念《おも》うて、人倫《じんりん》の嘲《あざけ》りを恥《は》じず。もしこの書《しょ》を見聞《けんもん》せんもの、信順《しんじゅん》を因《いん》とし、疑謗《ぎほう》を縁《えん》として、信楽《しんぎょう》を願力《がんりき》に彰《あらわ》し、妙果《みょうか》を安養《あんにょう》に顕《あらわ》さんと。】

（聖典四七一頁）

講義には「後序《ごじょ》」の一部しかありませんでしたので、ここに「後序」の文を掲げ、味わって終わりたいと思います。この『教行信証』六巻のご草稿本ができあがりましたのは、聖人五十二歳（一二二四年）のときといわれ、浄土真宗はこの年をもって立教開宗の年と定めております。この年は、ちょうど法然聖人のご往生十三周年の記念の年にあたりまして、ご生前、法然聖人が『選択集』の中で書かれた菩提心の解釈について非難を受けられましたが、その世間の誤解に対する解答としてこの『教行信証』が書かれたものともいわれております（二〇九頁参照）。そしてまた、聖人の末のご息女覚信尼《そくじょかくしんに》ご誕生という、じつにお喜びの重なったお祝いの意義深い年でもあったのでした。

ご草稿本のできあがる三年前、聖人四十九歳のとき「承久《じょうきゅう》の乱」（一二二一年）といわれる一大事変がおきております。承久の乱というのは、鎌倉幕府の北条政子・執権北条義時によって、朝廷の三上皇が流しものにされた（後鳥羽《ごとば》上皇・隠岐島《おきのしま》、土御門《つちみかど》上皇・土佐《とさ》、順徳《じゅんとく》上皇・佐渡島《さどがしま》）事件です。親鸞聖人はこの大事変の情報を得て、忘れることもできない十四年前（三十五歳）をただちに思いおこされたことでしょう。それは、承元元年（一二〇七）の法難であります。比叡山や奈良の旧仏教の圧力に乗じた朝廷は、念仏停止《ちょうじ》に留まらず、住蓮《じゅうれん》・安楽《あんらく》を死罪《しざい》にし、法然・親鸞をそれぞれ土佐・越後へ流罪《るざい》に処したのです。そのとき流罪宣告をした後鳥羽上皇が、このたびの承久の乱では反対に遠く隠岐の島に流されたわけです。この変わりゆく現実社会に、聖人の「煩悩具足《ぼんのうぐそく》の凡夫《ぼんぶ》、火宅《かたく》無常《むじょう》の世界は、よろずのこと、みなもってそらごとたわごと、まことあることなきに、ただ念仏のみぞまことにておわします」（『歎異抄』後序、聖典八五三頁）との確信は、ますます深められてゆかれたことでしょう。正しい仏法がすたれ、乱れたこの時代に生まれてきた人びとすべてがお念仏の救いにあずかるよう、さらに後々の人びとまでもが救われますようにとの願いをこめて、文末を結び終わっておられます。

「後序」をとおして親鸞聖人のお心を味わっておりますと、桜井和上のお心と二重うつしのように思えてまいります。師とのであいのたいせつさ、法難のご体験、お念仏ひとすじに生きられたお喜びの著述。この「後序」に書かれた聖人のお心が、そのまま和上の講義を結ぶにふさわしいと思います。

こうして出版のはこびとなりましたのも、ひとえに和上のご遺徳のしからしめるところでありましょう。つつしんで、和上のご影前《えいぜん》にご報告申し上げ、いま還相回向《げんそうえこう》のおはたらきを感得し、厚く謝恩の意をささげる次第であります。南無阿弥陀仏

（編集者代表、亀山純円）

★桜井 鎔俊《さくらいようしゆん》 略歴

明治33年	1900	2.1 石川県鹿島町明泉寺《かしままちみようせんじ》で誕生。
39年	1906	大谷光瑞師のもとで得度。
大正6年	1917	京都・平安中学卒業。
8年	1919	『同一念仏録』が縁で村田和上を知り訪ねる。
11年	1922	龍谷大学（当時の仏教大学）卒業のあと村田和上に師事し2年1カ月滞在。
12年	1923	自坊，明泉寺で称名念仏に反対する法難おこる。
昭和7年	1932	9年間の法難終息。
10年	1935	明泉寺三階に念仏道場「天平閣《てんぴようかく》」を開く。
22年	1947	東京信徒の要請で都内に「宗教法人真々園」設立。月刊宗教誌『染香《ぜんこう》』発行。
27年	1952	真々園会堂完成。
31年	1956	ネパール仏教会の特請を受け，世界仏教徒会議に出席，インドの仏跡巡拝。
35年	1960	『真仏教』創刊，真仏教協会（真々園の広報団体）設立。
36年	1961	死者供養等をしない真々園の経済基盤を支えるため「学精寮」（学生の寮）完成。明泉寺を三男瑞彦に譲り東京移住。
49年	1974	現代仏教学会開講。『論註』『選択集』『教行信証』等の講義続く。
51年	1976	「裏街道」作詞・作曲。そのほか「赤い椿」「けやきの森」「清き流れ」「であい」「安楽浄土に」など次々発表。
54年	1979	春秋社から『我が師村田和上』出版。
61年	1986	春秋社から『歎異抄を読み解く』出版。
63年	1988	春秋社から『真宗念仏講話』出版。（絶版）
平成元年	1989	4.29　満89歳で往生。

復刻版　あとがき

本書において筆者の桜井鎔俊和上は、親鸞教学の精髄である『教行信証』を、真宗教学の深い学識に基づきつつ、生活の中の念仏実践の立場から読み解かれました。そして、「自力も他力も弥陀のまごころ」（一一二頁）、「真の仏とは南無阿弥陀仏」（一九六頁）、「うその生活と念仏の尊さ」（二四八頁）など、独自の読解ポイントを明らかにされています。

とくに、『教行信証』で親鸞教学の根本が往相回向と還相回向《げんそうえこう》だと明言されていることを強調され、従来の解釈では「還相回向が行方不明」（一八九頁）になっていると強く警鐘を鳴らされました。そしてこれに基づいて還相回向の意味を、生活の中の念仏の場では、たとえば次のように説かれました。

「親鸞の思想は、時間というものを円環的に見ているのに、一般の真宗信者は時間を直線的に見て、死んだらそこで終るような感じにとらわれて、死を思うときに淋しさにのみおそわれている。この点をもっとよく学んで、還相の真意に体達すれば、死ぬ淋しさよりも還るよろこびのほうが大きくなり、悲哀の仏教から歓喜の真仏教へ脱皮することができるであろう」(『真仏教』一四一号)。

本書ではさらに、「還相回向は死後にもあるし生前にもある。生前は還相回向のリハーサル」(一八八頁)と示されました。真宗教学では近年、念仏者の現生《げんしょう》利他行《りたぎょう》や還相回向の現代的理解が模索されていますが、その糸口が見つかるのではないでしょうか。

そして、本書の末尾(二四八頁)には「助正論《じょしょうろん》」を示して従来の理解の誤りを正し、筆者が寺院生活の中で助正問題の苦悩を克服し体解《たいげ》した結論が語られています。

本書が、『教行信証』に関心を持たれる皆さまにとって、いっそう深い理解の一つの機縁となればと、切に願うものです。

なお、本書の源である念仏実践の道場真々園《しんしんえん》では毎月要藉会《ようせきかい》(念仏相続と座談会の集まり)が開かれています。お念仏のご縁にあい体解したい方は、ホームページがありますので「真々園」で検索してお訪ねください。

本書の「はしがき」には、真々園から「保存版」を出すことに触れてありますが、諸事情で困難となりました。このたび復刻版として出版されるにあたり、本書がより理解されやすいよう読者の便宜を考えて、「索引」を巻末に付しました。

真々園園主　桜井俊彦

【聖典掲載頁対照表】

本	大	本	大
131	149	266	251
135	152	295	271
138	154	306	279
141	157	307	280
142	158	308	281
143	158	312	284
146	161	313	284
170	177	316	286
186	189	335	298
187	191	337	300
189	192	338	300
209	210	339	301
211	211	354	311
229	223	370	322
231	224	372	324
234	227	374	325
241	232	375	326
245	235	376	327
246	236	381	330
250	239	406	352
251	240	412	355
253	242	471	398
264	250		

本＝浄土真宗聖典（本願寺派）

大＝真宗聖典（大谷派）

＊初出のみ掲示した

索　引

太字は編集段階で説明を付したもの。原文の言葉は対象からはずし，頻出する語句については主要なもののみに留めた。

■あ行

■か行

■さ行

■た行

■な行

■は行

■ま行

■や行

■ら行

■わ行

「真々園」とは，桜井和上が昭和 22 年に設立された単立の宗教法人で，親鸞聖人のとおりの草庵仏教を現代に具現したい，として建てられた念仏道場である。現在も，月例の要藉会《ようせきかい》（念仏実践の集い）が継続して開かれている。今後，『親鸞教徒が読み解く選択集』『桜井和上法語集』『法難』など出版予定。

真々園の住所
〒171-0052 東京都豊島区南長崎4-12-18
電話・ＦＡＸ 03-3952-3776

新装増補 教行信証を読む

一九九五年四月二十九日 初　版第一刷発行
二〇〇三年四月二十九日 初　版第三刷発行
二〇一七年十月二十五日 新装版第一刷発行

著　者 桜井鎔俊
発行者 西村明高
発行所 株式会社 法藏館
京都市下京区正面通烏丸東入
郵便番号 六〇〇―八一五三
電話 〇七五―三四三―〇〇三〇（編集）
〇七五―三四三―五六五六（営業）

装幀者 名子デザイン事務所
印刷・製本 亜細亜印刷株式会社

ISBN978-4-8318-6550-2 C0015